Matthias Politycki
DIE FARBE DER VOKALE

Matthias Politycki

DIE FARBE DER VOKALE

*Von der Literatur, den 78ern und
dem Gequake satter Frösche*

Luchterhand

1 2 3 4 5   00 99 98

© 1998 Luchterhand Literaturverlag GmbH, München
Satz: Greiner & Reichel, Köln
Druck und Bindung: Freiburger Graphische Betriebe
Alle Rechte vorbehalten. Printed in Germany
ISBN 3-630-86997-1

Neue Äusserlichkeit

Mitte der 90er Jahre, plusminus 1995, ist für die deutsche Literatur eine neue Epoche angebrochen – eine Behauptung, die sicher nicht überall auf Gegenliebe stoßen wird. Aber das jähe Ein- und Anbrechen des historisch Neuen ist, gerade *weil* es sich über Jahre hinweg gegen das »alte Wahre« behaupten und schließlich, in lauter kleinen und kleinsten Lebens- bzw. Überlebenskämpfen, dagegen durchsetzen mußte ––
das überraschte Innehalten, das ängstliche Erstaunen darüber, daß da »plötzlich« etwas Altvertrautes, im Lauf der Jahre Haßliebgewonnenes (das in seiner Übermacht ja selbst für die eignen antagonistischen Bestrebungen ein schützendes Dach bereithielt) unter prasselndem Getöse zusammenbricht? nein: unter kaum hörbarem »Pfff« die Luft läßt aus den diversen letzten und vorletzten Löchern, die ihm im Lauf der Jahre verpaßt worden ––
das ist ja auch ein *Vorgang*, der nicht von jedem bejubelt wird.

Ein langer Satz zu Beginn eines Buches, in dem die lange Entwicklung hin zu einem neuen Literaturlustprinzip nachgelesen werden kann: das Ende der Moderne, der Anbruch der Postmoderne, was immer das im Detail auch heißen mag. Grosso modo heißt es und, vor allem, *wird* es heißen: Mit dem Durchbruch der »Neuen Deutschen Lesbarkeit« meldete sich unsre Gegenwartsliteratur zurück unter die europäischen Literaturen, wo sie zwar niemals mehr das sein wird, was sie früher einmal war, aber immerhin *auch* etwas, das sie eine geraume Zeit lang *nicht mehr* war. Muß man sich dafür entschuldigen?

Man erinnre sich Darwins Gesetz vom »Kampf ums Dasein«, man erinnre sich der modernen Soziobiologie, die dem Kampf der Gene den Kampf der *Meme* zur Seite stellt, den Kampf kleinster geistiger Einheiten – Sprichwörter, Melodien, Gedichte, die Art, Brezeln zu backen oder Bücher zu schreiben – um ihre »Daseinsberechtigung« und schließliche Maximalverbreitung. Daß dieser Kampf mit den Fäusten oder gar mit dem Messer geführt wird, will uns das Wort »Kampf« leider beharrlich suggerieren; daß er eher vom Lustprinzip geprägt ist – Meme verbreiten sich ja nur dann erfolgreich, wenn sie uns attraktiver erscheinen, sprich, wenn sie unmittelbarer einleuchten bzw. unser Leben stärker bereichern als die Konkurrenz (während sie in Wirklichkeit nichts als gleichgültige Produkte einer besseren »Anpassung« sind) –, das beschreibt der englische Evolutionsbiologe Richard Dawkins auf eindringliche Weise.[1]

Auch literarische Programme bzw. ihre einzelnen Prämissen und gar deren Umsetzung in einzelne Kunstwerke – Gedichte, Aphorismen, Erzählungen, Romane, Essays – sind Meme und unterliegen Gnade und Gnadenlosigkeit des Zufalls; zu allen Zeiten stehen sie, als kleinste geistige, kleinste ästhetische »Erreger« unsres Kulturlebens, im selektiven Wettstreit miteinander. Indem sich gewisse Meme jedoch, sei's kontinuierlich, sei's exponentiell anwachsend, sozusagen aufgrund eines höheren Ansteckungsgrades in unsrer kulturellen Landschaft frappant vermehren und sie »plötzlich«, siehe oben, mit ihren »siegesfähigen Formulierungen«[2] *prägen*, bewirken sie einen Epochensprung – den Übergang in eine neue Zeit, wem das zu gewaltig klingt.

Das Ende der deutschen Nachkriegsliteratur, das wir gerade erleben – und ich fürchte, die Philologen der kommenden Jahrhunderte werden es auf das Jahr 1989 datieren: wo *diesbezüglich* ja noch gar nichts passierte! –, das Ende der deutschen Nachkriegsliteratur hat somit zwar etwas Zwangsläufiges, ist aber deshalb noch lange kein Ende mit Schrecken: Denn logischerweise werden *deren* Meme über die Jahrhunderte in ebendem Maße weiterleben, wie sich Leser von ihnen »anstecken« lassen – und obwohl das im Grunde nichts weniger bedeutet als daß sie, die Meme der Nachkriegsliteratur, damit endgültig von etwas Gegenwärtigem zu etwas Vergangnem mutiert sind, ist es doch immerhin tröstlich!

Insbesondre ist das Ende aber der Anfang: In sämtlichen gesellschaftlichen Bereichen ist z. Zt. vom Generationswechsel die Rede, auch im Bereich der Literatur. Die »Neue Lesbarkeit« – und ich verwende diese Formulierung nur deshalb so beharrlich, weil mir bislang keine andre einleuchten will –, die »Neue Deutsche Lesbarkeit« verspricht dabei im übrigen nichts *völlig* Neues, im Grunde ist sie nichts andres als die *alte* Lesbarkeit, wie sie's in allen Jahrhunderten aller literarischen Entwicklungen immer wieder einmal gegeben hat, ist nichts andres als die *ur*alte Lesbarkeit, herbeigeführt mit neuen, nachmodernen Mitteln. In der Wahl neuer Mittel besteht freilich die »kulturelle Mutation«, wenn man's soziobiologisch,[3] besteht das Generationenspiel, wenn man's soziologisch, besteht ein literarischer Paradigmenwechsel, wenn man's philologisch auffassen will. Muß man sich dafür entschuldigen?

Die Neue Innerlichkeit hat sich seinerzeit, als sie ebenso plötzlich wie massiv in unser literarisches Leben eintrat und es binnen kurzem beherrschte, die ehemals Neue Innerlichkeit hat sich ja auch nicht dafür entschuldigt, daß es sie dann über Gebühr lange »gab«; überdies ist's das Recht alles Neuen, schlicht-und-möglichst-ergreifend *da zu sein*. Schlicht-und-möglichst-ergreifend *erklären* sollte sich's allerdings auch, denn als Neues wird es den meisten ja nicht eher faßlich, als es sich überdeutlich zu erkennen gegeben, womöglich gleich selber auf den Begriff gebracht hat. Erst das Wort verbürgt die Sache; erst das Schlagwort, gerade *weil* es die Sach-Verhalte bis zur Kenntlichkeit entstellt, sorgt dafür, daß sie auch von denen wahrgenommen werden, die mit ihrer habituellen Trägheit immer erst mal so tun, als sei das Neue bloß eine lästige Erfindung derer, die keine Ruhe geben können.

Was also müßte das Schlagwort sein, das die Neue Deutsche Lesbarkeit auf ihren überdeutlichen Begriff bringt? Beim Zusammenstellen dieses Bandes, dessen einzelne Teile in einem Zeitraum von 18 Jahren entstanden und selbstredend nur einen eignen Epochen-Wechsel im Kleinen dokumentieren, fällt mir *eines* als sein Leitmotiv auf: das Insistieren auf der Form, die insistierende Rückbesinnung auf die Form als *den* Kardinalaspekt aller Ästhetik – der Kampf für eine Neue Äußerlichkeit.

Zweimal taucht der Begriff bereits in älteren Texten auf – als lapidare Abschätzigkeitsbezeugung,[4] als lapidare Hoffnung –,[5] *kein*mal im Leitartikel der ZEIT zur letztjährigen Buchmesse; trotzdem wird ausgerechnet darin die Neue Äußerlichkeit als Hauptkennzeichen *west*deutscher Gegenwartsprosa herausgearbeitet: Diese, die zeitgenössische Westprosa, zeige die »Kunst der Satzbildnerei in der ganzen Pracht ihrer [...] Blüte«, sie sei »ein wenig ironisch und minimal gedrechselt« und, vor allem, erzähle strikt »an der Oberfläche« dessen, was zu erzählen gerade anstehe.[6]

Der Vollständigkeit halber sei erwähnt, daß in besagtem Artikel eine *andre* Literatur bevorzugt wird: die der »tragischen Essenz«, »die sich von dem melancholischen Minimalismus des Westens weit entfernt hat«;[7] nicht unterschlagen sei auch, daß ich im Widerspiel jener zwei zeitgenössischen Tendenzen *keinen* unüberbrückbaren Ost-West-Gegensatz erkennen kann,[8] sondern den bereits erwähnten zwischen Moderne und Postmoderne. Weit interessanter ist mir ohnehin das ZEIT-Verdikt von der Oberflächlichkeit, das man auch als extremes Kompliment auffassen kann: Genau diese Oberfläche galt es schließlich gegen den literarischen Tiefsinn der letzten Jahrzehnte zurückzugewinnen, nämlich eine »Oberfläche aus Tiefe«, wie sie Nietzsche leitmotivisch lehrt[9] und wie sie Hofmannsthal all denen erklärt, die ihre kunstvoll glattpolierte Außenhaut bereits für die Sache selbst nehmen: »Die Tiefe muß man verstecken. Wo? An der Oberfläche.«[10]

Natürlich leiden die »Neuen Äußerlichen« deshalb keinen Deut weniger »an der Welt« als Autoren, die uns ihren Schmerz ganz unverblümt anvertrauen, direkt dem Herzen entrissen – wer hätte je freiwillig ein Buch geschrieben? Aber es kann auch eine Ehre sein, dem Leser, der dieses Buch aus einem ganz andern Interesse heraus gekauft hat – vielleicht tatsächlich »nur«, um sich damit ein paar vergnügliche Abende zu machen –, es kann, nein: es sollte dem Autor selber ein Vergnügen sein, jenem Leser *nicht* zur Last zu fallen: Je heiterer der Satzbau dessen, den man so obenhin als Humoristen etikettiert, desto bewundernswerter seine Fähigkeit, die bittersten Sprachlosigkeiten emporzuläutern zur Doppelbödigkeit des schönen Scheins – und das hat wirklich nichts mit Anbiederung an einen trivialen Publikumsgeschmack zu tun. Mit den Worten Roland Barthes':[11]

> Wenn ich mit Lust einen Satz, eine Geschichte oder ein Wort lese, so sind sie in Lust geschrieben worden (diese Lust steht nicht in Widerspruch zu den Klagen des Schriftstellers).

Leselust ist damit am Ende gar nichts andres als Schreiblust; freilich wirkt eine derartige Wirkungsästhetik zurück auf den Schreibvorgang selbst – noch einmal Roland Barthes:[12]

> Sich eine Ästhetik ausdenken […], die restlos […] auf der Lust des Konsumenten beruhte […]: die Folgen wären enorm, vielleicht sogar umwerfend […].

Hoffen wir es! Jede Zeit bekommt die Bücher, die sie verdient; die Re-Ästhetisierung all unsrer Lebensbereiche, wie sie in den 80ern begann und seit ein paar Jahren auch wieder den Satzbau erfaßt hat, ist *kein* Sekundärphänomen: Zwar hat die Neue Äußerlichkeit auch viel mit dem Aufkommen einer neuen Schriftstellergeneration zu tun, sie ist aber *kein* reines Generationsspezifikum: »Ein guter Text ernährt auch die gegensätzlichen Generationen«(Gide)[13] – hoffen wir es!

Und damit genug der Vorab-Erklärungen; Autoren der Neuen Äußerlichkeit – auch dieser Begriff ist nicht vereinnahmend gemeint, sondern deskriptiv-vorläufig – sind Autoren *aller* west-östlichen Altersstufen, die (wieder) primär in Sätzen, nicht in Inhalten denken. Sie sind »Satzdenker«, und ihre Erzählung folglich eine sinnliche Haut über dem Erzählten, »frisch, schmiegsam, fettglänzend, leicht rauh und vibrierend [...] wie die Schnauze eines Tieres« ...[14]

Hoffen wir's zum dritten! Denn die hier vorgelegte Sammlung von Essays ist ja nur zum Teil eine historische Dokumentation; zum andern Teil ist sie – ein Mem unter Memen, ein Manifest, eine sukzessiv entstandne Programmschrift für das, was gerade erst stattfindet oder gar erst noch stattfinden soll ... und deshalb läßt sie sich auch besser von hinten nach vorne lesen, der Chronologie der Sache entsprechend. *Noch* besser freilich wär's, man könnte sie auch von unten nach oben lesen, denn genau das ist ihr Thema: daß wir über Gebühr lange aufgeschaut haben zu unsern geistig-literarischen Vätern und daß wir es jetzt nicht mehr tun.

Müssen wir uns etwa dafür entschuldigen, daß wir uns nicht länger kleinhalten lassen als »*jüngere* deutsche Literatur«? sondern daß wir spätestens mit den Produktionen der 90er Jahre – mag man sie nun als Neue Deutsche Lesbarkeit, Neue Äußerlichkeit, Postmoderne, 78er-Literatur oder als was immer zusammenfassen – daß wir Teil geworden sind *der* deutschen Literatur?

Ottobrunn, 20. Mai 1998   MP

ERSTER TEIL
1995–1997

DAS GEQUAKE VON SATTEN FRÖSCHEN

Die Generation der Vierzigjährigen
und ihre Angst vor der Verantwortung

»Die Tugend der Orientierungslosigkeit« heißt ein Buch, das dieser Tage erscheint:[1] Hinter den Autorennamen Johannes Goebel und Christoph Clermont verbirgt sich eine »New Sign Werteagentur«, die sich – so die Selbstdarstellung – »intensiv mit den Lebens- und Wertewelten der 18- bis 35jährigen« beschäftigt:[2] und im wesentlichen zu dem Ergebnis gekommen ist, daß etwas, was man gemeinhin als Defizit empfindet – Orientierungslosigkeit –, von besagten 18- bis 35jährigen als Pluspunkt, gar als »Tugend«, als Generationen-Ausweis reklamiert wird. Orientierungslosigkeit nämlich sei nicht gleichbedeutend mit Perspektivlosigkeit, fördere vielmehr das »individualistische Projekt des guten Lebens«, den Rückzug aus der Gesellschaft, damit deren Zerfall zur Masse und …

Moment! Kennen wir das alles nicht längst, ich meine: wir, die wir in »den Lebens- und Wertewelten« der 35- bis 45jährigen leben und also gewiß nichts mehr mit der Zielgruppe einer »New Sign Werteagentur« zu tun haben, wir, die wir uns freilich schon immer mit ähnlichen Argumenten vor den Theorien der Altvorderen geschützt haben, 68er-Theorien, die allesamt auf Leuchtendem Pfad ins (Gemeinschafts-)Glück mündeten? Doch haben wir unsre Zweifel an all dem vorgegebnen Orientierungs-Sinn je ähnlich siegessicher artikuliert wie die »New Sign Werteagentur«, haben wir uns – in deutlicher Abgrenzung von all den Strukturalisten und Sinnstiftern – auch einmal *selbst* auf den Begriff gebracht und aus der Not (dem Zerfall von Strukturen und der damit einhergehenden Zwangsindividualisierung) eine »Tugend«, gar ein Generationskriterium gemacht?

13

Nein, das haben wir versäumt, und deshalb geistern wir allenfalls als Trittbrettfahrer der 68er durch die Feuilletons: als »78er«, wie sie Reinhard Mohr in seinem Buch »Zaungäste. Die Generation, die nach der Revolte kam«[3] definiert hat – bereits der Titel zeigt, wie rohrkrepierermäßig überflüssig diese 78er ganz eigentlich sind.

Sind? Oder vielleicht: waren? Mohrs Buch erschien 1992; inzwischen hat so mancher 78er die 40 überschritten und, selbstredend mit schlechtem Gewissen, den einen oder andern Karrieresprung absolviert, der ihn aus dem Faselland des ewigen Berufsjugendlichen heraus- und, zum Beispiel, an die Schnittstellen des kulturellen »Diskurses« herangeführt hat: Was vor fünf Jahren noch wie eine Generation aus halbherzig bewegten Friedens- und Unsinnsstiftern anmutete, was vor fünf Jahren noch so aussah, als wolle es lebenslänglich in der Verweigerungshaltung der Subkultur verharren, das scheint heute drauf & dran, endlich auch seinen Platz in der Kultur einzunehmen.

Oder eben nicht, oder eben nicht! Prinzipienreiter, die sie nun mal sind, haben die 78er zum überwiegenden Teil noch immer nicht kapiert, daß etwas, was gestern richtig war, heute bereits falsch und morgen verhängnisvoll sein kann: daß der Rückzug aus der Gesellschaft, das Augenverschließen vor aller Meta-Theorie, in den 70ern zweifellos – als sanfte Abwehr des 68er-Funditums – eine Tugend war, in den 80ern aber bereits zu einem bedenklich blind herumtappenden Privathedonismus verkam und in den 90ern nichts andres mehr ist als ein vogelstraußhaftes Kopf-in-den-Sand-Stecken. Konkret gesagt: Mit 15 oder 25 ließ sich – im Windschatten unsrer Überväter, die sich um alles kümmerten – prächtig Drauflosprivatisieren; nun aber, da die Überväter ersichtlich satt und matt geworden sind, nun aber, da sich keiner mehr so recht um diese »Gesellschaft« kümmern will: wer könnte da den *heute* Fünfzehnjährigen Windschatten bieten? Saturierte Sesselfurzer und programmatische Eckensteher, wie sie den Großteil der 78er-Generation auszumachen scheinen, jedenfalls nicht; und während wir weiterwursteln in unsrem höchst privaten Lebensfahrplan, ziehen andre –

jüngere – mit einem erschreckenden *Willen* zur Orientierungslosigkeit an uns vorbei.

Und? Ist das etwa zu bedauern?

Ja, das ist es, denn wir betrügen uns damit um eine Aufgabe – und um das Glück, das darin liegen könnte, sich ihrer auf halbwegs ehrenvolle Weise zu entledigen. Die Debatte um die 78er beweist das leider auf schmerzliche Weise: Kaum wagt man's mal, seine Altersgenossen daran zu erinnern, daß mit dem Wegräumen alter Tafeln (denn ein »Zerbrechen« war's ja nie!) auch die »Pflicht« verbunden ist, *neue* Tafeln aufzustellen oder wenigstens bei einer »New Sign Werteagentur« in Auftrag zu geben; kaum redet man von einer »gesellschaftlichen Aufgabe«, der sich sogar eine 78er-Generation endlich zu stellen habe –[4] und im übrigen möchte man ja damit beileibe kein Sprachrohr dieser Generation sein, möchte nur, daß sie endlich anfängt, *mit*einander zu sprechen! –, so kriegt man von Gleichaltrigen postwendend bescheinigt, man habe nicht mehr alle Tassen im Schrank. Gesellschaftliche Aufgabe? Wir doch nicht!

Und genau das ist der Punkt, an dem die 78er-Generation tatsächlich Gefahr läuft, zu einer »historisch überflüssigen Zwischengeneration« zu depravieren, als die sie – wie gesagt: vor fünf langen wichtigen Jahren! – erfunden wurde. Ist ihr vielleicht vorzuwerfen, daß sie (plusminus) 40 Jahre gebraucht hat, um sich jene Frage überhaupt einmal zu stellen? Ebenso viel und so wenig, wie's ihr vorzuwerfen ist, daß sie alle erdenklichen Umwege genommen hat, um ja nicht zu früh erwachsen zu werden. Irgendwann in den 90ern sind die Würfel allerdings gefallen – »Spät kommt Ihr, doch Ihr kommt! Der weite Weg entschuldigt Euer Säumen« –, irgendwann sind wir trotz unsrer habituellen Verweigerungshaltung, trotz unsrer irrationalen Angst vor Gruppenbildung dort angekommen, wo wir vor 20 Jahren am allerwenigsten hin wollten: im kulturellen Miteinander einer, oje, »Gemeinschaft«. D. h. *angekommen* sind wir nur de facto, schnittstellenmäßig, nicht aber geistig – es fehlt uns sogenannten »jüngeren« Kulturträgern völlig die Bereitschaft, und sei's vorübergehend, sei's spielerisch, unsre privatistische Optik einmal auszuwechseln gegen eine übergreifende, umfassende, die sich selbst als Teil einer Generation und diese Generation als Teil einer Gesellschaft sieht.

»Erst die Theorie entscheidet darüber, was man beobachten kann«[5] – könnte's nicht sein, daß uns jener versuchsweise Wechsel des Blickwinkels eine augenöffnendere Perspektive auf uns selbst und auf so manches weitere ermöglicht als unser leitmotivisches »Es gibt viel zu tun – überlassen wir's den andern«? Denn machen wir uns doch nichts vor: Die 78er-Entscheidung, sich aus allen »gesellschaftsrelevanten« Entscheidungen rauszuhalten, ist mittlerweile höchst fragwürdig und wirkt nicht mehr nur auf uns selbst, sondern auf alles und jedes in diesem Land lähmend: Nicht mehr Siegel der Integrität ist sie, wie während der 70er-Jahre, sondern bloß noch Eingeständnis der Schwäche, der Ideen- und Konzeptlosigkeit, wenn nicht: der Faulheit ... Äh, wie war das noch mal mit der Frage nach »unsrer« gesellschaftlichen Aufgabe als Schwellengeneration zwischen 68ern und 89ern, zwischen Schrift- und Hyperlink-Kultur?

Umhimmelswillen! quakt man erschrocken auf: Laßt uns lieber Tonträger sammeln, laßt uns lieber *hip* bleiben, *forever young* – das ist die Alternative von Thomas Meinecke,[6] ein schöner Beitrag über die Nutzlosigkeit, erwachsen zu werden, und für einen inzwischen 42jährigen in gewisser Weise auch ein recht mutiger.

Umhimmelswillen! quakt man erschrocken auf: Wir sind ja gar keine Generation, und wenn doch, dann eine, die immer wieder nur eines kann: scheitern. Laßt uns lieber Kinder zeugen, rät Helmut Ziegler,[7] laßt uns hoffen, daß diese Kinder dann den Karren aus dem Sumpf ziehen, den übrigens nicht wir dort hineingeschoben haben, oh nein, wir haben nur brav zugesehen, wie er langsam hineinrutschte – laßt uns zeugen! Halten wir ihm den Daumen, daß er, als 78er, nicht auch dabei scheitert.

Umhimmelswillen! quakt man erschrocken auf: Laßt uns lieber »Horaz lesen und einen Schlager hören«, rät Matthias Altenburg,[8] und er verrät auch gleich noch: »Das Loch, aus dem ich singe, habe ich mir selbst gesucht.« Na bravo. Wer möchte da noch widersprechen, wenn er seine »Überlegungen« zur

78er-Frustgeneration mit den Worten beschließt: »Bald blühn die Astern wieder. Ich werde weinen. Ich bin nicht da. Vergeßt mich.« Schon geschehen, keine Ursache.

Die Diskussion um die 78er ist – mit Ausnahme bislang des Beitrags von Hans Pleschinski, der die leidige These von der »Zwischengeneration« mit der wunderbaren Frage wegwischt, ob Brasilien etwa »ein Zwischenland [sei], weil es südlich von Kolumbien und nördlich von Uruguay liegt«[9] – diese Diskussion um die 78er-Generation ist bislang kaum mehr gewesen als das Gequake von satten Fröschen in ihrem Sumpf, und ich schäme mich dafür mit derselben Intensität, mit der ich mich als Schüler für all die Schauspielerinnen geschämt habe, die sich – ob das Stück nun »Die Räuber« oder »Die Ratten« hieß – auf der Bühne ausziehen mußten, obwohl sie's ersichtlich nicht konnten und gewiß nicht genossen. Sicher, es war nicht »*mein* Ding«, und ich hätte mich gewiß nicht für sie schämen *müssen*. Aber ich konnte nicht anders; und auch heute kann ich nicht anders, ich schäme mich für diese meine Generation, jedenfalls insofern, als sie bislang wieder mal nur ihr Knallchargentum unter Beweis gestellt und auf erbärmliche Weise das herausgetönt hat, was die 68er schon immer von ihr »wußten«. Wird sich mit einer solch SPD-haften Duldungsstarre denn jemals irgendwas *ändern* lassen im Stillstandort Deutschland? Nicht überall und sofort, aber, sagen wir, zum Beispiel in Sachen literarischer Ästhetik?

Ja wer sagt denn, daß *wir* was ändern sollen?

Wer denn sonst, wer denn sonst? Jahrzehntelang haben wir unsern Intellekt im echolosen Raum der Szenekneipen versprüht; mittlerweile ist Deutschland drauf & dran, zum literarischen Entwicklungsland zu werden – kein Hahn kräht mehr in Frankreich, England, USA nach unsrer Literatur, und selbst in deutschen Buchhandlungen gilt der Wunsch danach bereits vielfach als unsittlicher Antrag –, eine fürchterliche Belanglosigkeit hat dieses Land erfaßt: und wir schwärmen von Tonträgern, Astern, der Zeugung von Nachwuchs. Statt endlich die Angst vor der Verantwortung abzuschütteln, statt endlich den Mut zu einer neuen Leidenschaft zu finden und diesen gemeingefähr-

lichen Kreativitätsverweigerungsindividualismus aufzugeben –
statt Utopien nicht immer nur diesseits, sondern auch wieder
jenseits des eignen Türabstreifers zu suchen! Genau das ist sie
nämlich, die gesellschaftliche Aufgabe, der sich's zu allen Zeiten
aufs neue anzunehmen gilt – auch im Stillstandsjahr 1997.

Aber warum denn ausgerechnet von uns?

Ja von wem denn sonst? Die 68er haben ihren Part bereits gespielt, und wir sind ihnen dafür zu Dank verpflichtet. Zu was
aber, so frage ich euch Mit-78er, werden unsre Kinder, die ihr so
eifrig zeugt, werden unsre Enkel verpflichtet sein, wenn sie auf
das blicken, das ihr, das *wir* in diesem Leben bewegt haben? Sie
werden dazu verpflichtet sein, sich für uns zu schämen. Denn,
wie gesagt, die 68er haben den Karren BRD ordentlich in
Schwung gebracht, und daß er, nach gut 20 Jahren volle-Fahrt-
voraus, in den Graben und von dort in den Sumpf geriet: das
mag wessen Schuld auch immer sein. Aber daß keiner mehr
Hand an diesen Karren legen und sich die Finger dabei schmut-
zig machen will: das ist *unsre* Schuld, die wir ach-so-individuell
sind, daß jeder bloß sein eignes »Ding« macht, kaum einer aber
auch mal auf die Idee kommt, »*unser* Ding« zu machen.

Wenn's freilich wir nicht tun, wer dann? Das, was in ökono-
mischer Hinsicht schon längst erfolgreich praktiziert wird – die
Bündelung von Energien – könnte doch auch in intellektuell-
kreativer Hinsicht einen synergetischen Effekt haben. Bloß deshalb ist diese Debatte um die 78er-Generation ja so wichtig: damit wir endlich begreifen, daß es nicht nur beim Rentenmodell
einen Generationenvertrag gibt, und daß man sogar mit 40
noch nicht zu alt ist, um ihn einzulösen.

Das klingt entsetzlich nach einem Backslash ins 68er-Ethos
und wird folglich, so ist zu befürchten, keinen »echten« 78er
herauslocken können aus Asternbeeten und Plattenläden. Dabei
wäre's für uns »zumindest mal was Neues«, wechselnde Schnittmengen mit andern zu bilden und sich in dieser – vorübergehen-
den! – Allianz zu einer »Generation« die Gänsefüßchen abzuarbeiten. Orientierungslosigkeit wäre dann eine Tugend, die man
getrost an die Jüngeren abtreten könnte.

ENDLICH AUFGETAUCHT:
DIE 78ER-GENERATION

»Wie? 78er-Generation? Was soll 1978 denn gewesen sein?«

Nichts, das ist ja gerade das Schöne! – Abgesehen von ihrer Fähigkeit, jeden gleich niederzuduzen und sich in Männerselbsthilfegruppen mal so richtig auszuhäkeln, haben die heute 35- bis 45jährigen angeblich nicht viel zu bieten: Sei's dem Betroffenheitsfachmann, sei's der WG-Gleichstellungsbeauftragten in Sachen Geschirrspülen, sei's dem feministischen Softi, dem Latzhosen-Zorro für einen politisch korrekten Orgasmus – Reinhard Mohr bescheinigt ihnen allen, die er bereits vor fünf Jahren als 78er-Generation auf den Begriff gebracht hat, kaum mehr als larmoyante Mittelmäßigkeit.[1]

Holla! dachte ich damals: Meint der mich? Und wenn ja, ist mein irdisches Streben als Zwangsmitglied einer »historisch ›überflüssigen‹ Zwischengeneration«[2] dann von vornherein zum Scheitern verurteilt? Haben die Greiners dieser Welt etwa recht, wenn sie immer nur von sich selbst reden, den guten alten 68ern, und ein wenig seltner von dem, was sie in ihrem tiefsten Innern nicht verstehen und entsprechend argwöhnisch beäugen, den Neonkids der 89er-Generation, im Klartext: wenn sie unbeirrbar so tun, als gäbe's so einen wie mich gar nicht? Und auch keine(n) Burkhard Spinnen, Hans Pleschinski, Dagmar Leupold, Thomas Kling, Matthias Altenburg, Reinhard Jirgl, Robert Schneider, Thomas Meinecke, Jens Sparschuh, Andreas Mand, Ralf Rothmann ... und wie sie alle heißen.

Jaha, die 68er! Da weiß selbst Erna von der Käsetheke, worüber gesprochen und vielleicht auch gegrinst wird: K-Gruppe? Ausnahmslos jeder! Gesoffen? Wie ein Rohr mit drei Enden! Gekifft? Aus Posaunen! Kritisches Bewußtsein, Gesellschaftsveränderung, freier Sex? Nicht zu knapp, Jungchen, nicht zu knapp! Und die 89er? Gib Gas, ich will ...

»Moment mal! Sind solche Etikettierungen, obendrein von ganzen Generationen, nicht *irgendwie* gewollt? und durch jeden konkreten Vertreter dieser Generationen zu widerlegen?«

Ganz genau, das ist ja gerade das Schöne! Der Schrank, in dem wir leben, ist einfach zu voll, um ohne Schubladen auszukommen; wenn ich also trotz aller *irgendwo* berechtigten Einwände von einer 68er-, einer 89er- und, vor allem, von einer 78er-, von *meiner* Generation spreche, so deshalb, weil ebenjener 78er-Generation bis heute alle Schubladen dieser Welt versperrt sind, weil sie im hintersten Schrankwinkel eine schrecklich identitäts-, schrecklich würde- und sinn- und vor allem greinerlose Existenz fristet: deshalb.

»78er-Generation? Gibt's trotzdem nicht.«

Abwarten.

»Wie lange denn noch?«

Nolens volens allerdings als 68er abgestempelt zu werden, genau genommen: als fader Nachklatsch der 68er, das will man denn auch wieder nicht, will man sogar ganz & gar nicht:

»Also nee, die ha'm doch immer nur um den heißen Brei, also bis die mal konkret geworden, also das hat ja Ewigkeiten, also nee, hab ich nie was am Hut mit gehabt, ehrlich.«

Aber mit wem dann?

Enttarnt man sich jetzt als Schubladenbeauftragter – und die 78er scheinen sich ja gerade, nicht ohne Grund, an ihrer Haßliebe zur Schublade, an ihrem beständigen Schielen auf Schubladisierungsversuche jeder Art zu erkennen –, enttarnt man sich jetzt und hakt nach, beispielsweise in Sachen Musik, so wird in 9 von 10 Fällen, jede Wette, sofort klar, mit wem man »was am Hut« hatte. Schließlich kann es kein Zufall sein, wenn man sich sofort einig wird, daß die Aufteilung der Weltbevölkerung in Beatles- und Stones-Fraktion doch wohl von denen betrieben wurde, »die schon 'n bißchen älter waren«, und daß man darauf keinen Fliegenschiß mehr gegeben hat:

»Bei uns hieß das eher: Pink Floyd oder Deep Purple?«

Weil's aber keine sogenannten Kleinigkeiten gibt, nichts, das man als bloße Nebensächlichkeit abtun könnte; weil vielmehr alles mit allem in Verbindung steht und ein Indiz ist, ein Hinweis auf etwas anderes; weil also der todernste Klassenzimmerstreit um Hard- oder Psychedelic Rock ein unzweifelhafter Beleg ist für eine noch in 100 000 Studenten-WGs weitergeführte, *generationenübergreifend* weitergeführte Kanonisierungsdebatte; und weil dort natürlich auch um politische (Realos oder Fundis?), sportliche (FC Bayern oder irgendwas Anständiges?), ökologische (Ausstieg aus der Atomenergie, klar, aber was dann?) und Weiß-der-Teufel-welche-Fragen gestritten wurde: deshalb! ist's müßig, noch länger so zu tun, als habe man niemals was miteinander »am Hut gehabt« und als gäbe's die 78er gar nicht. Nämlich als Summe ihrer 100 000 einzelnen Vertreter, als Idee hinter ihren 100 000 Erscheinungsformen, auch wenn sie, ach was: auch wenn *wir* ein merkwürdiges, ein bezeichnendes Desinteresse haben, uns als Generation zu begreifen. Gerade weil wir es bislang stillschweigend abgelehnt haben zu fragen, was uns denn – jenseits unsrer vielfältigen individualistischen Abgrenzungstechniken gegenüber Gleichaltrigen wie Älteren – verbinden könnte, und selbst wenn wir, nach manchem Hin & Her, wieder nur zu dem Ergebnis kommen sollten, daß es »uns« ganz eigentlich doch nicht gibt: *fragen* sollten wir endlich. Auch danach, ob wir zwar rekordverdächtig lange gebraucht haben, um das Hase-und-Igel-Spiel gegen unsre geistigen Väter zu Ende zu spielen, uns aber trotzdem jetzt, da wir endlich erwachsen geworden und angekommen sind in dieser Gesellschaft, so was wie dem Ernst einer »gesellschaftlichen Aufgabe« – etwa als Missing link zwischen 68ern und 89ern – zu stellen haben …

»Gesellschaftliche Aufgabe? Hab ich nie was am Hut mit gehabt!«

Bloß eine *Frage*, bloß *eine* Frage.

»*Deshalb* also soll's uns plötzlich als Generation geben, *deshalb*, auch wenn wir 40 Jahre lang nichts davon mitgekriegt haben!«

Unter Umständen wäre das ja bereits ein drittes Charakteristikum dieser Generation, daß sie nicht von einem *einzigen* Großereignis geprägt wurde, daß sie sich vielmehr in Richtung Cordoba (Krankl!), aber auch in Richtung Gorleben oder Stammheim orientieren konnte – und vor lauter Vielheit der Lebensentwürfe gar nicht das Gemeinsame daran sah. Die 78er, das war und das ist eine Generation aus lauter hartnäckigen Einzelgängern, und da ihr über Jahre jede gemeinsame Schnittmenge zu fehlen schien, auf die sie sich hätte einigen können, bewies sich dieser Individualismus bislang – Achtung, viertes Charakteristikum – weniger im Verkünden eigener, als im Ablehnen bereits vorhandener politischer Doktrinen, philosophischer Theoreme oder ästhetischer Normen: In der Parteienlandschaft gerieten jahrzehntelang gültige Links-Rechts-Schemata aus den Fugen; in der Philosophie waren plötzlich die wilden Denker obenauf und alles sonst, was mit seiner poststrukturalistischen Haltung jeden althergebrachten Sinnzusammenhang »dekonstruierte«; in der literarischen Ästhetik herrschte und herrscht nach der Implosion der Moderne – der (selbstredend dialektischen) Antithese von Gruppe 47 und Neuer Innerlichkeit – das postmoderne Chaos: »Anything goes« – ist das nicht bereits ein fünftes Charakteristikum und wahrscheinlich sogar die kürzeste Definition der 78er?

»Wie bitte? So einer wie ich als Drahtzieher der Postmoderne – also nee, hab ich nie was am Hut mit gehabt.«

Gerade deshalb, gerade deshalb! Aber das ist eine andere Geschichte und soll – zusammen mit 99 995 weiteren Charakteristika – ein andermal erzählt werden.

KALBFLEISCH MIT REIS!
Die literarische Ästhetik der 78er-Generation

Als ich, das ist nun doch schon eine Weile her, in die 5b des Münchner Maria-Theresia-Gymnasiums eingeschult wurde, machte ich – bislang bloß vertraut mit dem Scherzgebaren, das im Goldnen Dreieck zwischen Putz-, Hohen- und Ottobrunn kultiviert wird – sehr abrupt Bekanntschaft mit den Fröhlichkeitsanwandlungen einer sogenannten Weltstadt, unter anderm in Gestalt eines Klassenkameraden, der, über Monate hinweg und ohne Ansehn der Person, den folgenden Witz über uns verhängte:

»Kommt der Mann ins Lokal, fragt den Kellner: ›Was können Sie mir empfehlen?‹ – Sagt der Kellner: ›Kalbfleisch mit Reis‹.«

Soll das ein Witz sein? dachte ich damals, während sich besagter Mitschüler, und zwar jedes Mal in schrillstem Diskant, die Heiterkeit aus dem Leib stülpte. Heute, geläutert durch eine Unzahl an Urlaubsbekanntschaften – »Du, servus, i bin da Dieter aus Erding« –, Urlaubsbekanntschaften mit vorzugsweise blonden Schnurrbärten und blauweiß gestreiften Plastikpantoffeln, Urlaubsbekanntschaften, die spätestens nach dem dritten Bier Drohungen ausstoßen – »Kennst’ *den* schon?« – und, beseelt vom Wunsche, der Platzhirsch der guten Laune zu sein, diese Drohungen in Form von Häschen-, Klein Erna-, Graf Bobby-, Radio Eriwan-, Ostfriesen- und Blondinenwitzen gleich gnadenlos wahrmachen: heute weiß ich, daß ich damals, in der 5b des Maria-Theresia-Gymnasiums, den besten Witz meines Lebens gehört habe, über den ich seither zwar noch nie lachen, aber schon ungezählte Male grinsen mußte:

»Kommt der Mann ins Lokal, fragt den Kellner: ›Was können Sie mir empfehlen?‹ – Sagt der Kellner: ›Kalbfleisch mit Reis‹.«

Im Unterschied zum konventionellen Witz – »Der eine Manta-Fahrer zum andern: ›Ich hab mir gestern den neuen Duden gekauft.‹ – Darauf der andre: ›Und? Hass'n schon eingebaut?‹«[1] – im Unterschied zum Witz mit einer »richtigen« Pointe übt sich derjenige, der Kalbfleisch mit Reis empfiehlt, im Heiterkeitsverzicht: Er verweigert die Pointe, die *direkte* Belohnung fürs Zuhören, und setzt an ihre Stelle die Nicht-Pointe, was natürlich – betrachtet man ihn als Witz übers Witze-Erzählen – *auch* eine Pointe ist, sogar eine, wie ich meine, ziemlich vergnügliche: parodiert sie doch all die Dieter, Rolfs und Günter und den in ihren blauweiß gestreiften Plastikpantoffeln enthaltnen Willen, ein reiches Innenleben zu entblößen.

Den Verdacht, ich hätte hier schon eine ganze Weile über die deutsche Gegenwartsliteratur geredet, sollte ich vielleicht durch den Hinweis erhärten, daß manch ein Günter oder Rolf schlicht Franz Xaver, Johano oder Siegfried heißt, gern auch Sarah, Christa, Gabriele ... Als ich im Frühjahr '97 mit dem Vertriebschef von Luchterhand zusammensaß, um über die Chancen meines neuen Romans beim Buchhandel zu spekulieren, da wiegte der Vertriebschef bedenklich sein Haupt:

»Ich glaube, dein Roman wird vor allen Dingen *ein* Problem haben, du weißt schon.«

Ich wußte es nicht.

»Naja – er fällt halt unter ›deutsche Literatur‹.«

So weit also war es, so weit also ist es schon gekommen. Während die Buchhändler bis vor wenigen Jahren erst dann ins Schwitzen und ins Stottern gerieten, wenn der Verlagsvertreter bei seiner Vorstellung des aktuellen Halbjahresprogramms zu Titeln wie »Im Schatten des Neumonds« oder »Winterglück« kam – sprich, zu den Herzensergießungen unsrer lyrischen Klosterbrüder –, so winken sie heutzutage bereits scharenweise ab, wenn ihnen Prosa »made in Germany« gepriesen wird: Die Produkte aus den amerikanischen Bestsellerfarmen sind zwar meist genauso schlecht wie die einheimischen, aber sie sind es auf eine andere, angeblich publikumswirksamere, verkaufsträchtigere Weise – und das heißt inzwischen, daß über die Hälfte aller

deutschsprachigen Neuerscheinungen aus dem Englischen übersetzt[2] und die Vorschüsse, die für ebenjene potentiellen Bestseller bezahlt werden, etwa das Zehnfache dessen betragen, was
ein deutschsprachiger Autor für ein vergleichbares Werk her-
aushandeln kann. Das Schlimme daran ist: Positives wie negatives Klischee – als ob's *die* deutsche, *die* amerikanische Belletri-
stik überhaupt gäbe! – haben sich in den Köpfen der literarisch
noch interessierten Öffentlichkeit mittlerweile dermaßen festge-
setzt, daß einem deutschen Roman, der wider Erwarten *doch*
einmal das Zeug zum Best- (oder zumindest zum Good-)seller
hat, daß diesem von einem deutschen Autor auf deutsch ge-
schriebnen und in Deutschland für ein deutschsprachiges Publikum veröffentlichten Roman derzeit kein höheres Kritikerlob
gezollt werden kann als die erstaunte Feststellung: Er, der Roman, sei erstaunlich »undeutsch«. Was für den Rest unsrer Gegenwartsliteratur ja wohl bedeutet, daß sie – gibt's zur Zeit
überhaupt ein vernichtenderes Urteil? – nichts als »deutsch« ist:
langweilig, verquast, bauchnabelverliebt, überflüssig.

Aus dem Gespräch mit meinem Vertriebschef trug ich damals
zweierlei Erkenntnis nach Hause: Erstens, daß man derartige
Klischees als einzelner Autor mit einem einzelnen Buch kaum
außer Kraft setzen, wohl aber unterlaufen könne – und daß ich
meinem *nächsten* Roman folglich einen marktgängigen Verfas-
sernamen würde gönnen müssen, etwa Wrigley Couchhauser
oder Sammy O. Sofaburger, ergänzt durch die kleine Unterzeile:
»Aus dem Amerikanischen übersetzt von Matthias Politycki.«

Schwerer freilich schleppte ich an der zweiten Erkenntnis:
Mochte die deutschsprachige Gegenwartsliteratur in den letzten
Jahren auch noch so viele Leser verloren haben – wenn ihren
angeblichen Ausnahmeerscheinungen bislang kein treffenderes
Etikett verpaßt werden konnte als »undeutsch«, so mußte es um
die Literatur*kritik* in diesem Lande noch erbärmlicher bestellt
sein als um die Literatur. Schließlich belegt das Gütesiegel »undeutsch« nicht nur einen eklatanten Sprachmangel, eine ekla-
tante Unfähigkeit zum differenzierten Blick, sondern, vor allem,
ein haarsträubendes Theorie-Defizit, das selbst professionelle

Kritiker in floskelhafte Kapitulationen vor ihrem Gegenstand treibt: »Ah, wie amüsant, wie undeutsch!«, will heißen, »wie amüsant, beinahe schon amerikanisch!«

Aber gibt's nicht auch Rühmkorf, Jandl, Gernhardt, Pastior, gibt's nicht Ror Wolf, Rosendorfer, Kieseritzky und wer-weiß-wen, die seit Jahren hier Bücher veröffentlichen, *vergnügliche* Bücher wohlgemerkt, die weder unter dem Label »undeutsch« gerühmt wurden noch gar mit dem entgegengesetzten gebrandmarkt?

Das aber sind ausnahmslos Autoren der *Moderne* und der damit verbundnen älteren, der 68er- oder gar Prä-68er-Generation; für *deren* Literatur gibt's natürlich längst eine mehr oder weniger adäquate Literaturtheorie, die zwar nicht jedes Fehlurteil verhindert, den Rezensenten jedoch ein ausreichendes Instrumentarium an Begriffen und Theoremen zur Verfügung stellt. Schwarzweißmalerei dagegen wird für sie erst bei den *postmodernen* Erzeugnissen zur Ultima ratio, bei Büchern von Brumme, Sparschuh, Spinnen, Pleschinski und wie sie alle heißen, die Vertreter einer jüngeren, einer 78er- oder Post-78er-Generation: die aufgrund theoretischer Versäumnisse ihrer feuilletonistischen Erstleser wohl bis auf weiteres zur *un*deutschen Gegenwartsliteratur gezählt werden müssen ... Es stimmt eben doch: Die angebliche Krise der deutschen Literatur ist in Wirklichkeit eine Krise der deutschen Literaturkritik;[3] eine kohärente literarische Ästhetik, die über das bloße Geschmacksurteil hinaus und in ein halbwegs gesichertes, überprüfbares Textverständnis hineingeraten würde, eine derartige *deskriptive* Ästhetik unsrer neuesten Literatur liegt noch nicht mal in Ansätzen vor: Anything goes, der Vielfalt an *literarischen* Neuansätzen versucht man noch immer mit den altbekannten Prämissen Herr zu werden – oder man verzichtet selbst darauf und lobt sicherheitshalber jeden Furz, sofern er nur ein wenig parfümiert daherkommt.

Jene verwirrende Gleichzeitigkeit des Ungleichzeitigen, die ich – als Leser – für den besten aller Zustände halte, den sich eine Kulturgesellschaft nur wünschen kann und der, zumindest im

Rückblick auf die deutsche Literaturgeschichte, vorzugsweise an Jahrhundertschwellen einzutreten scheint, jenes chaotische Mit-, Neben- und, vor allem, auch Gegeneinander der zeitgenössisch produzierten Literatur hat für mich – als Autor – jedoch einen entscheidenden Nachteil: Seitdem man sich an den Pointen unsrer Platzhirsche einigermaßen satt gelacht hat, gibt es zwar noch immer jede Menge und eigentlich: viel zu viele Witze, aber – jedenfalls im Urteil von Feuilletonisten à la Joachim Kaiser – keine »*großen* Witze-Erzähler«,[4] folglich auch keine wirklich großen Debatten mehr, die sich an deren Humor entzünden und (in beständiger Ergänzung, Modifikation, Widerrufung durch alle am öffentlichen Gespräch Beteiligten) immer wieder zu dem führen würden, das man die »derzeit herrschende Theorie des Witze-Erzählens« nennen könnte. Was den unschätzbaren Wert für jeden Erzähler hätte, daß er dagegen aufbegehren könnte, den unschätzbaren Wert für den Kritiker, daß es wieder Kriterien gäbe, die's anzuwenden oder eben für unzureichend zu erklären gälte, den unschätzbaren Wert für den Zuhörcr respektive Leser, daß er wieder wüßte, in welcher Gefahr er schwebt, wenn ein Buch bereits im Klappentext mit seinen Heiterkeiten loslegt:

> In eindringlichen Bildern von kristalliner Schärfe stellt sich X in seinem siebzehnten Roman dem uralten Menschheitsthema von Glück, Leid und Verlassenheit und verdichtet es im Brennglas seiner Sprache auf eine Substanz, die in der zeitgenössischen Prosa ihresgleichen sucht. […] Ein großer, ein wunderbarer Erzähler, und sein neuer Wurf, voller Schwermut und stilistischer Brillanz, ist sein bislang kühnster. Ein Meisterwerk.

Die Sirenengesänge der Klappentexte werden allenfalls noch von denjenigen der Rezensionen überboten, und Peter Buchka, selbst ein bekannter Kritiker, hat unlängst im Feuilleton der SZ eindeutig klargemacht, warum nicht nur die Schöpfer von Kunstwerken aller Art, sondern auch deren Kritiker allmählich ihre Rezipienten verlieren, jedenfalls solche, die Kritiken noch aus einem Informationsbedürfnis heraus lesen und nicht, um sich über deren unfreiwilligen Trash-Charakter zu belustigen. Buchka schreibt:

> Entscheidend […] ist der offenbar endgültige Verlust des Formbewußtseins, dessen kärglichen Resten nach dem Verschwinden der verbindlichen Zeitstile das postmoderne *anything goes* endgültig den Garaus gemacht hat. Weil heute wirklich alles geht und sich selbst für den größten Schwachsinn noch begeisterte Fans finden, haben verständlicherweise die am ersten ausgedient, die hartnäckig darauf bestehen, daß eben nicht alles gehen können soll. Ihnen wird, nicht zuletzt von den Kritisierten selber, jedes Werturteil mit den Verkaufszahlen oder Einschaltquoten aus der Hand geschlagen.[5]

Mit dem Verlust des Formbewußtseins in unsern Feuilletons geht aber der kleinste gemeinsame Nenner eines Gesprächs über Literatur verloren – was allenfalls bleibt, sind Geschmacksäußerungen, Vorlieben für gewisse (esoterisch oder unterhaltsam, E- oder U-mäßig servierte) Inhalte, für gewisse Haltungen, die in Texten zum Ausdruck kommen, für gewisse – moderne oder postmoderne – Erzählstrategien, was bleibt, ist das Bedürfnis nach Experimentalprosa, nach bloßem »Lesefutter« oder, wie man's ja bis zum Erbrechen häufig gesagt bekommt, »egal nach was, Hauptsache, es ist gut erzählt«. *Wie* freilich erzählt werden muß, daß es von einer keinesfalls demokratisch zu ermittelnden Mehrheit als »gut erzählt« empfunden wird, darüber verriet man uns in der Debatte um E- oder U-Literatur nichts: Während die E-Fraktion noch immer von Kugelfischen und pochierten Hummerbällchen schwärmte, von Hechtmousse an Kresseschaum und Lachs in dreierlei Lauchmantel, favorisierte die U-Fraktion ebenso unerbittlich Doppelwhopper und BigMäcs: Als ob's für einen Leser – wie auch für einen Autor – nicht möglich sein sollte, mal auf das eine, mal auf das andre Appetit zu haben oder auch auf etwas drittes, viertes, fünftes, das in den unzähligen Spezialitätenrestaurants auf der Karte steht! Und als ob's nicht, beim Kugelfisch, beim Bratling, aber natürlich auch bei all dem, was dazwischen liegt, also etwa bei Kalbfleisch mit Reis – als ob's nicht immer darauf ankäme, *vor allem* darauf ankäme, *wie* das gewählte Gericht zubereitet wird! Die hehre Debatte um die (Un-)Vergnüglichkeit deutscher Literatur – hinter der z. T. auch ein sehr konkreter Kampf gewisser Verlagshäuser steht, »ihre« Produkte auf dem Markt durchzusetzen – diese gewiß notwendige Debatte ist bislang über das *Benennen* von Lieblingsgerichten kaum hinausgekommen.

Dafür hat sie etwas andres bereits sehr deutlich gezeigt, etwas, das zwar auch viel mit der Aufstellung literarästhetischer Prämissen zu tun hat, jedoch weit darüber hinausgeht: Während die Vertreter der E-Fraktion im weitesten Sinne der 68er-Generation angehörten (einschließlich Helmut Böttiger, der zwar erst 1956 geboren ist, aber von sich selbst sagt, er sei von der 68er-Bewegung geprägt), so waren diejenigen der U-Fraktion, jedenfalls soweit ich weiß, ausnahmslos jünger – sie dürften heute zwischen, sagen wir, 35 und 45 Jahre alt sein: und damit der 78er-Generation angehören, wie sie Reinhard Mohrs Buch »Zaungäste. Die Generation, die nach der Revolte kam«[6] definiert und bereits auf dem Einbanddeckel ankündigt:

> Sie ist unübersehbar, aber man kennt sie nicht […]. In der öffentlichen Meinung ist sie merkwürdig profillos geblieben. Und doch hat sie einen eigenen Charakter. Auch wenn der Zeitgeist die Generation der »78er« behandelt, als sei sie durch den Rost der Geschichte gefallen – im Jahr 2000 wird sie die Geschicke der Bundesrepublik entscheidend mitgestalten.

Zumindest den Streit um E- oder U-Literatur hat sie also bereits einige Jahre früher, als es Mohrs Buch voraussagt, »mitgestaltet«, und es ist zu hoffen, daß der lang verschlafne Generationenkonflikt auch auf andern Gebieten nicht mehr nur durch wechselweises Belächeln ausgetragen wird. Was aber die Debatte um die deutsche Literatur betrifft, so halte ich's für höchste Zeit, die Position der 78er, die bislang vornehmlich darin bestand, *gegen* etwas zu sein – gegen die unerquicklich gewordne

Literatur der Moderne, gegen deren mangelnden U-, sprich: Unterhaltungswert –, was die Position der 78er betrifft, so halte ich's für höchste Zeit, sie von der etikettenhaften Fixierung auf »Lesbarkeit«, »Vergnüglichkeit« und dergleichen abzulösen. *So* schlicht dürfen unsere ästhetischen Bekenntnisse einfach nicht bleiben, auch wenn sie zunächst einmal dieser Schlichtheit bedurften, um das, was man gern als »die *jüngere* deutsche Literatur« auf subtile Weise daran hindert, einschränkungslos *der* deutschen Literatur zugerechnet und damit wirklich ernst genommen zu werden, als das zu profilieren, was es inzwischen längst ist: zumindest nämlich deren »*un*deutscherer« Teil.

Unser Bekenntnis zur Literatur – doch wer sind »wir« überhaupt? Diese 78er-Generation, von der lange Zeit niemand gesprochen und die's also im gesellschaftlichen Bewußtsein gar nicht gegeben hat, die aber allerorten – in den Lektoraten, den Feuilletonredaktionen, den Poetik-Vorlesungen und natürlich auch bei den allfälligen Autorentreffen selbst – diese Generation, die zunehmend ihre Plätze im Kulturbetrieb einzunehmen vermag, Plätze, die weiß-Gott lange von der Alt-68er-Riege besetzt waren: diese Generation tut sich wahrlich schwer mit sich selbst, ja mehr noch, sie zweifelt ernsthaft daran, ob es sie überhaupt gibt. Und wenn sie sich denn doch einmal – wie in Reinhard Mohrs »Zaungästen« oder auch im 1985 erschienenen Kultbuch »Von der Nutzlosigkeit, erwachsen zu werden«[7] – als Generation wahrnimmt, so treten ihre Minderwertigkeitskomplexe nur desto deutlicher zutage: Während es den 68ern immer »ums Ganze« ging und geht, um die Rettung der Welt oder zumindest um das dialektische Aufzeigen ihrer systemimmanten Widersprüche; während es den 89ern – jedenfalls in den Augen besorgter 68er wie Herrn Greiner von der ZEIT – um gar nichts mehr geht, außer um Maximierung von Knete, Karriere und aller Art »fun«, wissen die 78er vielleicht lediglich, daß sie das alles *nicht* wollen oder zumindest nicht dermaßen ausschließlich, als daß man's zum Generationenspezifikum erklären könnte.

Die Beschreibung, die Reinhard Mohr – selbst 1955 geboren – von dieser angeblich »historisch ›überflüssigen‹ Zwischengeneration« gibt,[8] fällt entsprechend ätzend aus: Abgesehen von ihrer Fähigkeit, jeden gleich niederzuduzen und sich in Männerselbsthilfegruppen an die Erstellung von Gehäkeltem zu begeben, haben ihre Vertreter nicht viel zu bieten; sei's dem Betroffenheitsfachmann, sei's der WG-Gleichstellungsbeauftragten in Sachen Geschirrspülen, sei's dem feministischen Softi, dem Latzhosen-Zorro für einen politisch korrekten Orgasmus – Mohr bescheinigt ihnen allen kaum mehr als larmoyante Mittelmäßigkeit.

Müßig zu sagen, daß ich Mohrs Einschätzung für mittlerweile überholt halte und, wie ja bereits seine Benennung der 78er als 78er zeigt, für viel zu sehr an den 68ern ausgerichtet. Was wäre denn 1978 gewesen, daß man – analog zu 1968 bzw. 1989 – von einem generationenspezifischen, generationenprägenden Ereignis sprechen könnte? Nichts, insbesondre im Vergleich zu 1977, dem Jahr des »deutschen Herbstes«, nichts – ausgenommen natürlich die Schmach von Cordoba und Krankls, des zweifachen Torschützen, anschließendes Bekenntnis: »Wann i an Deitschn sich, werd i zum Rasenmäher«! Das ist ja das Schöne, das ist ja das Bezeichnende dieser Generation, daß sie nicht von einem *einzigen* Großereignis geprägt wurde, daß sie sich vielmehr in Richtung Cordoba, aber auch in Richtung Gorleben oder Stammheim wenden konnte: Die 78er, das ist eine Generation aus lauter Individualisten, und da ihr über Jahre jede gemeinsame Schnittmenge zu fehlen schien, auf die sie sich hätte einigen können, bewies sich dieser Individualismus bislang weniger im beherzten Nein- als im kleinmütigen Ja-aber-Sagen: Weil uns ein von der Geschichte zugewiesner, für alle verbindlicher Standort fehlt, von dem aus man den Rest der Welt betrachten könnte, ein Standort, auf dem man sich, zusammen mit den meisten andern 78ern, geistig zu Hause fühlen und eine entsprechend selbstverständliche Sicherheit entwickeln könnte, weil also jeder nur seinen eignen Standort hat und eine entsprechend habituelle Unsicherheit, aus der heraus er alles

31

anschmeckt und – in der beständigen Sorge, etwas andres, Schmackhafteres zu verpassen – wieder zurückgehen läßt, deshalb haben wir bislang nur eine Meisterschaft des Mäkelns entwickelt.

Dabei wär's doch höchst angebracht, diese unsre Vielheit an Standorten und Perspektiven nicht mehr als Mangel, als »Perspektivlosigkeit«, sondern als Überfluß, zumindest als Pluspunkt zu begreifen – schließlich wären wir die ersten, die Nietzsches Theorie des Perspektivismus als Lebensmodell einer kompletten Generation umsetzen! – ebenso wie die Tatsache, daß wir sicherlich mit Recht beanspruchen können, keine schnellen Brüter, ja vielleicht die Generation mit der längsten Halbwertszeit zu sein: Wann sonst hätte es das schon mal gegeben, daß die 40jährigen gegen ihre geistigen Väter rebellieren? Und zwar nicht durch die Setzung neuer politischer Doktrinen, philosophischer Theoreme oder ästhetischer Normen, sondern durch deren flächendeckende Außerkraftsetzung: In der politischen Landschaft geraten jahrzehntelange Links-Rechts-Schemata aus den Fugen und das System der »bürgerlichen Volksparteien« demnächst auch; in der Philosophie sind die wilden Denker obenauf und alles sonst, was mit seiner poststrukturalistischen Haltung jeden Sinnzusammenhang destrukturiert, dekonstruiert; in der Literatur herrscht nach der Implosion der Moderne – der Antithese von Gruppe 47 und Neuer Innerlichkeit (die an diejenige von Jungem Deutschland und Biedermeier erinnert) – in der literarischen Ästhetik herrscht das postmoderne Chaos.

Es stimmt, zu derlei umfassenden Umwälzungen bedarf's mehr als einer einzigen, relativ eng umgrenzten Bevölkerungsgruppe; und wenn man schubladisierenden Konstrukten, wie sie Generationenbegriffe ja stets sind, skeptisch gegenübersteht, wird man genug Einzelbeispiele finden, die sich der begrifflichen Zuordnung entziehen. Aber das Leben ist zu kurz und die Kunst ist zu lang, um ohne Schubladen auszukommen, sonst müßte man ja jeden Morgen wieder beim abwiegelnden Relativieren anfangen, beim relativierenden Abwiegeln, und würde niemals dorthin kommen, wo sich die Dinge verändern lassen.

Wenn ich also trotz allem von einer, von meiner Generation spreche – und nur deshalb so ausführlich darüber spreche, weil niemand sonst darüber spricht und weil, worüber niemand spricht, gar nicht zu existieren scheint –, so meine ich immer die *Idee* derselben, nicht ihre konkrete *Erscheinung*. Auf dieser Ebene allerdings behaupte ich: Die Durchsetzung der Postmoderne war, die Durchsetzung der Postmoderne ist die Sache der 78er – und ohne diese, die 78er, gäbe's auch keine Postmoderne. Denn für einen 68er, der sich mit Vorliebe aufs Prinzipielle stürzt, und dies auch noch auf eine prinzipielle Art & Weise, wäre der Abschied vom Prinzipiellen,[9] das Hinausstolpern in den offnen politischen, philosophischen, ästhetischen Raum geradezu undenkbar gewesen; und die 89er, die sich mit erschreckendem Elan in ebenjenen offnen Raum stürzen, der bis vor wenigen Jahren mit den Versatzstücken gesellschaftskritischer Theorie regelrecht vernagelt schien, die 89er waren seinerzeit einfach noch zu jung, hatten noch nicht genug Gatekeeper-Positionen besetzt, um die kritische Masse zu bilden, die den Zeitgeist bestimmt.

Der mögliche Einwand, daß manche, gar alle Leitfiguren der Postmoderne *vor* den Jahren 52–62 geboren wurden, verfängt meines Erachtens nicht: Leitfiguren einer Epoche, Stichwort Herder, Stichwort Mallarmé, sind sehr oft älter als diejenigen, die die Epoche dann »machen«: nicht zuletzt durch Auswahl ebenjener Leitfiguren aus der jederzeit vorhandnen Menge an unterschiedlichsten potentiellen Vordenkern, durch Auswahl im Hinblick darauf, daß diese Leitfiguren als Orientierungspunkte etwas verkörpern sollten, nach dem man sich selber sehnt. Nämlich in unserm speziellen Fall nach umfassender Dekonstruktion überkommener literarästhetischer Prämissen – womit die Berufung auf die französischen Dekonstruktivisten wohl eher Mittel als Zweck ist.

Dekonstruktion, die Freiheit wovon, ist allerdings bekanntlich nur das eine, Konstruktion, die Freiheit wozu, das andre,

33

das bedeutend Schwierigere. Wenn die 78er, diese Genies des Jeder-für-sich-und-bloß-keine-Hektik, wenn die 78er nicht endlich ihre Hintern hochbekommen und die Freiräume wieder schließen, die sie durch bloße *Ablehnung* vorhandner Positionen geschaffen haben, wenn die 78er nicht endlich ein paar halbwegs intellektuelle Anstrengungen unternehmen und *ihre* Visionen politischer, philosophischer oder eben literarästhetischer Art über diesen im schlechtesten Sinne herrschaftsfreien Raum stülpen, dann wird er sehr bald überfüllt sein mit tolldreisten Urlaubsbekanntschaften vom Schlage eines Christian Kracht, die sich, begnadet durch eine noch spätere Geburt, um überhaupt nichts mehr scheren, am allerwenigsten um die Frage, was ein vollgeschwalltes Stück Papier von einem literarischen Text unterscheidet.

Mit einem Wort: Es genügt nicht, einen längst überfälligen Kulturbegriff, Stichwort E-Literatur, aus dem Weg zu räumen; um eine neue, womöglich »vergnüglichere«, »unterhaltsamere« Kultur durchzusetzen, die eben nicht nur »Vergnügen«, »Unterhaltung«, sondern weiterhin »Kultur« ist, bedarf es auch des Mutes, den freigeräumten Raum anschließend selber zu besetzen – *praktisch*, durch die entsprechenden Publikationen, und *theoretisch*, durch das Postulat einer neuen Literaturauffassung. Bzw. *vieler* neuer Auffassungen, die, zwar im Wettstreit miteinander ertönend, insgesamt jedoch so etwas wie einen Sound ergäben, an dem man sich – als Autor, als Lektor, als Kritiker, als Leser – wieder orientieren könnte, und sei's durch vehementes Verstopfen der Ohren. Alsdann, her mit den Kesselpauken und Tröten und Rasseln und Pikkoloflöten und Triangeln – hier sind zumindest schon mal *meine* sieben Vorüberlegungen zur literarischen Ästhetik der 78er:

1. Längst überfällig ist eine Umwertung des Avantgarde-Begriffs. Was uns unter dem Etikett »literarische Moderne« noch immer als »innovative«, »experimentelle«, »zukunftsweisende« Literatur serviert wird, Stichwort Hettche, Stichwort Waterhouse und wie sie alle heißen, die letzten Kugelfische der Nouvelle Cuisine, das schmeckt zwar sicherlich

»interessant«, aber eben doch, seit Anbruch der Postmoderne, nur wie eine wieder und wieder aufgewärmte Moderne.

Kugelfische, die in gewissen Feinschmeckerkreisen als Delikatesse gelten, obwohl oder vielleicht gerade *weil* sie bei unsachgemäßer Zubereitung durch ein tödliches Gift, das in ihren Eingeweiden enthalten ist, den Verdauungsvorgang extrem verkürzen können, Kugelfische sind – entgegen der respektvollen Hochachtung, die ihnen von Gourmets gezollt wird – mindestens ebenso harmlos wie die meisten andern Fische eines Korallenriffs: mit dem einzigen Unterschied, daß sie jede Menge Wasser schlucken und damit – zum Zwecke der Einschüchterung – ihr Körpervolumen um ein Vielfaches vergrößern können. Tödlich, harmlos, aufgebläht – nicht, daß ich rückwirkend die gesamte literarische Moderne umwerten möchte, schließlich war ich ihr mit meinem ersten Roman, der 1987 erschien, ausdrücklich selber verpflichtet –, aber wer *heute* noch so schreibt, Stichwort E-Literatur, der ist, als Vertreter der Aftermoderne, ein Epigone: meinetwegen auch ein »sehr deutscher«.

Zum Vortrag an einer germanistischen Fakultät, meine ich, gehört zwingend auch die Germanistenschelte – schuld also am völlig veralteten Avantgarde-Begriff, wie er zahlreichen Klappentexten und sonstigen Gesängen der Buckelwale zugrunde liegt, schuld sind die Germanisten, die es, Schisser, die sie nun mal sind, vorziehen, mit Eifer Selbstrechtfertigungen zu verkünden wie: Ein Text sei desto besser, je mehr man ihn interpretieren könne – in schöner Regelmäßigkeit habe ich als Student derartige Behauptungen aus berufnem Munde vernommen. Nun sind Germanisten ja von Berufs wegen zu Umwegen verpflichtet; abgesehen davon aber, daß bei einem derartigen Ansatz von vornherein »Faust II« als Testsieger feststeht – ein rundum gescheiterter, weil völlig überinstrumentierter, völlig undynamischer, unsinniger Worthaufen, an dem man sich nur mit dem verkniffnen Arsch des Materialhubers delektieren kann –, abgesehen davon, daß derlei solipsistisches Forscherglück im krassen Widerspruch zu Talleyrands Devise steht »Mißtrauen wir vor allem unserm ersten Eindruck. Es ist meistens der Richtige«,[10] so wird, im Hinblick auf die zu leistende Lehre, vor allem eines sträflich vernachlässigt: die systematische Fortbildung des subjektiven Geschmacks zu einem mit guten Gründen untermauerten ästhetischen Urteil, und es wird höchste Zeit, daß man *diesen* Germanisten – es gibt ja auch andre – Gregor Schattschneiders Gedicht »Penners Nachtlied« um die Ohren haut:

> Unter allen Brücken
> Ist Ruh.
> 'nen Haufen Krücken
> Sähest du,
> Bauch liegt an Bauch:
> Die Penner schnarchen auf Halde.
> Warte nur, balde
> Schnarchst du dort auch.

Wer nämlich während des Studiums bereitwillig mitschnarcht, sprich: *nicht* sich einübt in Urteilsfindung über Texte bzw. in die je spezifische Ästhetik, von der aus sie zu bewerten wären, der wird sich auch späterhin, als Rezensent von aktueller Gegenwartsliteratur, an die Faustregel halten, je aufwendiger und tiefschürfender die Interpretation eines Textes gelinge, desto besser sei – nicht etwa nur er, der Interpret, sondern mit ihm der Text. Das aber ist ein Kardinalirrtum, der durch den typisch deutschen Hang, alles Aufgeblasen-Verquaste gleich für gewaltig und genial zu halten, aufs glücklichste genährt wird.

Fazit: Auch in der Literatur ist das Einfache oft viel schwerer zu gestalten – und zu erkennen – als das Schwere, das Komplizierte; der neuen *postmodernen* Avantgarde läßt sich mit den alten *modernen* Beschwörungsformeln nicht mehr beikommen, mit dem immerwährenden Geschmatze und Gezuzel und Gesülze über Hummerbällchen und Kugelfische. Gerade der *Verzicht* auf ein mittlerweile aftermodernes Avantgarde-Gebaren, gerade die Selbstbescheidung beim Erzählen, gerade das, was man die »Neue Deutsche Lesbarkeit« nennen könnte, ist heute avantgardistisch.

2. Andrerseits darf die Ästhetik der Postmoderne aber auch nicht zum Rückfall in prämoderne, Nadolny-hafte Erzählmuster führen; die Konzepte der U-Literatur, Stichwort Creative Writing, halte ich für mindestens ebenso veraltet wie diejenigen der aftermodernen E-Literatur. An die Stelle des genialen, des quasi-religiösen Gelabers setzt das Creative Writing zwar knallhartes Handwerk – *gut*; es kann jedoch, gerade *weil* es sich so stringent vom Primat der Leser-Unterhaltung her definiert, es kann niemals mehr bieten als Mach-Werke, als Kopien von Kopien von Kopien althergebrachter Erfolgsmuster, die per se keinerlei Anspruch auf Literarizität, also auf *Weiter*entwicklung des literarischen Instrumentariums erheben können. Die Rückkehr der Yedi-Ritter mit ihrem linear-dynamischen Erzählmodell, ungeachtet der Tatsache, daß wir spätestens mit der literarischen Moderne unsern letzten Funken an erzählerischer Naivität verloren haben, dieser Rückfall ins Hollywoodmäßige – und in der Tat sind derlei Romane, die in festen Seitenabständen auf sogenannte »Plot Points« hingeschrieben werden, an den Mustern erfolgreicher Drehbücher orientiert – dieser Rückfall ins BigMäc-mäßige der Literatur bedeutet nichts weniger als eine Barbarisierung des Lesevergnügens, das sich doch gerade am erzählerischen Surplus jedweder Art, an merkwürdig aus dem Rahmen fallenden Abschweifungen und überhaupt am leeren Raum entzünden kann, der die gelungensten Sätze umflirrt: Dieser Rückfall in eine Gottschedianisch anmutende Regelpoetik, allerdings eine, die streng kapitalistisch auf Gewinnmaximierung zugeschnitten ist, kann eigentlich nur einem einzigen zeitgenössischen Autor zwangsempfohlen werden: einem, der vor

Jahrzehnten mit der vielbeachteten Behauptung an die Öffentlichkeit getreten ist, seine Kollegen litten ausnahmslos an »erzählerischer Impotenz«, einem, der in schönster Regelmäßigkeit seither alles mögliche in seinen Publikationen beweist, nur eben keine »erzählerische Potenz« – ich rede natürlich von Peter Handke: *dem* täte's wahrlich gut, endlich Abschied von der Vorstellung zu nehmen, er sei ein Genie, und anzufangen, sein Handwerk zu erlernen. Denn dazu – und *nur* dazu – sind die Lehrbücher der Creative Writer geeignet; allerdings sollte man sich hüten, bloß deshalb, weil man in Befolgung derselben einigermaßen flüssig, vielleicht sogar »gut« erzählen kann, die solcherart erstellten Texte für Literatur zu halten.

3. Die Ästhetik der Postmoderne müßte sich also, etwas andres ist bei der 78er-Generation ja auch kaum zu erwarten, durch doppelte Ablehnung konstituieren – nicht ohne von jeder der beiden, der E- wie der U-Position, etwas Wesentliches zu bewahren: Von ersterer, daß die höchste Form des Vergnügens niemals auf direktem, schnellstmöglichem Weg erschrieben bzw. erlesen werden kann, sondern gegebnenfalls auch eines phasenweisen, eines erheblichen Unvergnügens bedarf, um – im Rückblick auf den *gesamten* Text – eine viel höhere Befriedigung zu erzielen als diejenige, die man beim Aufklappen einer BigMäc-Schachtel sofort erhält: »Sieh an, ein BigMäc, wer hätte das gedacht.« Von der andern, der U-Position, ist zu bewahren, daß sich ein Genie nicht länger durch schiefe Metaphern, konfuse Gedanken und verschrobnen Satzbau definiert, sondern durch Kürzen, Feilen, Wegwerfen, mithin: durch eine professionelle Einstellung gegenüber seinen Produkten, durch ein Selbstverständnis, das sich eher am Dienstleistungsgewerbe orientiert als an dem des Weltweisen, der jeden Bücherherbst mit ein paar frischen Abstrusitäten aufwartet. Erstaunlich gut auf den Punkt gebracht ist diese dritte, mittlere Position durch den französischen Star-DJ Laurent Garnier, dem vom SZ-Magazin »jetzt«[11] die Frage gestellt wird: »Mittlerweile gibt

es […] viele DJs, die sagen: Ich bin Künstler, ich spiele meine Musik, und wenn mich die Leute nicht verstehen – Pech gehabt.« Garnier antwortet:

> Diese DJs sollten sich einen neuen Job suchen. […] Das Publikum zahlt eine Menge Geld, um eine gute Zeit zu haben. Das heißt aber auch nicht, daß man alles tun soll, um es jedem Recht zu machen. […] Ich muß die Leute da abholen, wo sie sind. Und von dort aus kann ich sie, wenn ich gut bin […], mitnehmen dorthin, wo ich lieber bin.

Wo *ich* lieber bin, nämlich bei Kalbfleisch mit Reis und einem *europäischen* Erzählkonzept, das seine vielfältigen Raffinements nicht dem schnellstmöglichen Vergnügen für die größtmögliche Zahl an Lesern opfert, habe ich somit zwar ausführlich betont, *wie* dieses europäische Konzept allerdings in Zeiten des Creative Writings zu präzisieren wäre, darüber kann ich hier lediglich Vermutungen anstellen: Begriffe wie »Atmosphäre«, »Erzähldichte«, »Erzählbreite«, »Zitatmontage«, »Verweigerung von Plot Points« werden dabei gewiß eine Rolle spielen; für heute mag die Absichtserklärung, sich nicht durch die anglo-amerikanische Kultur eingemeinden zu lassen, für heute mag eine Jeans-Reklame als Selbstermunterung genügen – ausgerechnet eine Jeans-Reklame, die ich vor kurzem in Indien entdeckte: Auf einem riesigen Plakat am Straßenrand war eine riesige Jeans abgebildet, und in riesigen Lettern stand daneben: »*Not* made in America. Thankfully.«

4. Eins der wesentlichen Kennzeichen des postmodernen europäischen Romans – ich hätte auch sagen können: des virtuellen Idealromans der 78er-Generation – eins der wesentlichen Kennzeichen dürfte die Simplifizierung des Erzählens bei gleichzeitiger Verkomplizierung sein, will sagen: eine Vielschichtigkeit des Erzählens, die bereits auf der Oberfläche, der subintellektuellen Ebene des reinen inhaltsorientierten Lesens funktioniert, gleichzeitig aber auch auf derjenigen, die ihr Vergnügen an Anspielungen, Leitmotiven,

gewagten Metaphern findet, wie auch noch auf derjenigen, die sich an Neologismen erfreut, an der Melodik des Satzbaus, an Handlungsmomenten, die nur zwischen den Zeilen erzählt werden: Vielschichtigkeit ist natürlich seit eh & je das Kennzeichen guter Literatur; nur haben wir in den letzten Jahren vor lauter Vielschichtigkeit deren Oberfläche verloren. *Ohne* eine Oberfläche aber, auf der ein Text ganz einfach nur gelesen werden kann, ohne Oberfläche ist auch der schönste Tiefsinn nur, Pardon, »typisch deutsch« ...

5. Alle reden seit ein paar Jahren vom Erzählen, langsam will's mir angeraten scheinen, auch mal wieder davon zu schweigen. Denn was bei diesem ständigen Gerede untern Tisch zu fallen droht ist die Tatsache, daß das Erzählen der Erzählung, also der Inhalte, für einen Schriftsteller niemals mehr als ein Mittel zum Zweck sein kann, zum Zweck der Bändigung ebenjener Inhalte durch den kleinstmöglichen (den kleinstmöglichen!) Aufwand an Form. Von Leuten, die nicht an der Fläche, sondern lediglich an der Linie einer Erzählung oder gar an ihrem Zielpunkt interessiert sind, Stichwort Wer-ist-der-Mörder, Stichwort Was-will-uns-der-Dichter-sagen, von solchen Lesern wird das gern als Formalismus abgetan. Jede ernstzunehmende Ästhetik kann aber, und dafür findet man in der Literaturgeschichte zahlreiche Gewährsleute, jede Ästhetik kann aber ausschließlich hier, im Formalen, verankert werden – die Inhalte müssen ihr völlig egal sein. Was wir tatsächlich im Bereich der Literatur wieder dringend brauchen ist das, was wir in vielen andern Lebensbereichen seit den 80ern schon zurückgewonnen, z. T. über Gebühr zurückgewonnen haben: ein Bedürfnis nach der gelungnen Form oder, um es mit *einem* Wort zu sagen, ein Bedürfnis nach Schönheit. Auch in der *deutschen* Sprache kann, einem landläufigen Vorurteil zum Trotz, sehr viel Schönheit liegen; und das Vergnügen an einem perfekt gebauten Satz übertrifft alle andern Arten von Vergnügen, die sich beim Lesen empfinden lassen, um ein Vielfaches.

6. Die Bastelanleitungen der Creative Writer, in denen jedes Teil nur seine Daseinsberechtigung im Hinblick auf das Ganze hat, können zwar auch schon zu einer mehr oder weniger vergnüglichen Summe führen, Stichwort Lego-Glück, freilich zu keiner, die *mehr* als ihre Teile beinhaltet: Schönheit des Satzbaus, Schönheit des Schweigens an gewissen Punkten der Erzählung – auch so was gibt's! – kommt in ihren Konzepten nicht vor, da sie ausschließlich an die Bücher denken, die's möglichst bestsellerträchtig zu fabrizieren gilt, und nie an den Autor, der sich mit ihnen, seinen Büchern, aber natürlich auch vor und nach ihnen heranbildet: Für die emotionale Wucht eines Textes, für seine – im Bestfall – schmerzlich berauschende Schönheit, ist aber die Technik, deren sich ein Autor beim Schreiben befleißigt, erst in zweiter Linie verantwortlich; entscheidend ist der Autor selbst, seine Person, das *gelebte* Leben, das er in seinen Text legt. Nur ein derart existentielles Schreiben strahlt in jedem Satz eine Notwendigkeit aus, die ein Buch auch für den Leser zu einer existentiellen Erfahrung machen kann. Ich weiß, es ist in unserm Jahrhundert verpönt, die Person des Autors in ästhetische Überlegungen mit einzubeziehen – aber meiner Meinung nach könnte auch dieser Gemeinplatz ruhig einmal zur Disposition gestellt werden. Was ja noch lange nicht heißt, daß man Bücher biographistisch liest (das würde ich, als Verfasser ausgerechnet eines »Weiberromans«, am liebsten mit einem Bußgeld belegen); es heißt ja nicht mehr als: Die *Summe* des gelebten Lebens, egal welchen Lebens, die sich als Leidenschaft in einem literarischen Produkt kondensiert, als Hier-sitze-ich-und-kann-nicht-anders, ist etwas kategoriell anderes als die Summe an Schreibtechniken, die in der seriellen Produktion »gut erzählter« Texte zum Ausdruck kommt, Stichwort »Der Kragenbär, der holt sich munter ...«.

7. Das Existentielle, das den großen Autor im Verhältnis zum Unterhaltungsschriftsteller auszeichnet und für das es in einer zukünftigen Germanistik erst noch einen Gradmesser zu

41

finden gälte, sollte jedoch nicht Klein Erna- und Blondinen-mäßig verwechselt werden mit dem, was man heute vorzugsweise unter dem Wort »Bauch« versteht. Im Gegenteil, »aus dem Bauch heraus« kommt letztlich nie etwas andres als das, was bei jedem aus dem Bauch herauskommt, dem darf man allenfalls bei anfallartigen Primärschüben nachgeben; sämtliche darauf folgenden Arbeitsphasen müssen im Zeichen der intellektuellen Überformung jenes eruptiven Primär-Aktes stehen. Die Zeiten eines Wondratschek, der glaubt, mit dem Absondern von markigen Sprüchen erstens als Mann und zweitens als Dichter ausgewiesen zu sein, diese Zeiten sind eigentlich schon seit Auftauchen des poeta doctus vorbei, also etwa seit dreihundert Jahren. Aber auch zartere Gemüter wie Botho Strauß liefern mit jedem neuen Buch nur den Beweis, daß der durchschnittliche Intelligenzquotient der deutschen Bevölkerung bei Hundert liegt; und in den Erzeugnissen lyrischer Bauchredner, dieser stammelnden Künder des Allzumenschlichen, wird das Unvermögen, einen klaren Gedanken zu fassen und womöglich sogar durch einen klaren Satz unmißverständlich zum Ausdruck zu bringen, von jeher nicht etwa, »typisch deutsch«, als klapsmühlenverdächtig, sondern als Ausweis einer höchst speziellen Berufung mißdeutet. Wer sich freilich auf seine Berufungskompetenz verläßt, auf eventuell ja durchaus vorhandene existentielle Grunderfahrungen, und die intellektuelle Durchdringung seines Gegenstandes versäumt, der wird immer weit unter dem Niveau bleiben, das andre Autoren, Stichwort Nabokov, mit ihren Werken, Stichwort »Lolita«, bereits erreicht haben. Nicht, daß wir unsre Leser zwingen müßten, beim Lesen teilzunehmen an jener lebenslänglichen »Intellektualisierung des Existentiellen«, an all den unendlichen Reflexionen über Gott-und-die-Welt, übers Schreiben an sich und in seiner Eigentlichkeit – oft genügt bereits die Wahl eines Adjektivs, um die langwierigen Gedankenketten, die jener Wahl zugrunde liegen, in ein, zwei, drei Silben auf den Punkt zu bringen.

So weit, so unvollständig. Manches noch wäre anzuführen, was für mich ganz wesentlich zu einer literarischen Ästhetik der 78er gehören würde: das Unprogrammatische, Unideologische; der Abschied von der eignen Wichtigkeit; die Rückbesinnung auf die Literaturgeschichte; der Abscheu vor jeder Art Pathos – Zurüstungen für die Unsterblichkeit, egal welcher Art, verbieten sich von selbst – bei gleichzeitiger Hinwendung zu jeder Art Ironie;[12] der fallweise Verzicht auf Action, Plot Points, Pointen – wie in meinem Lieblingswitz – bei gleichzeitiger Rückbesinnung auf allerhand Techniken, Leerstellen und Pausen und damit ein Geheimnis in einem Text entstehen zu lassen; das Spielerische, das jedoch – anders als bei den 89ern – niemals völlig abgelöst ist von einer letzten Schwundstufe an Sendungsbewußtsein, wie's von den 68ern auf uns gekommen ist; und, last not least, wohl auch eine weitgehende Abkehr vom Lesen als einer kontinuierlich dominierenden Lebensbeschäftigung, eine Abkehr vom Schreibtischtätertum, Stichwort Arno Schmidt, bei gleichzeitiger Hinwendung zur Popkultur, mehr noch, zum Leben in all seinen Möglichkeiten ...

Viel noch wäre anzuführen, was als Konstitutiva einer Generation zu bedenken wäre und damit auch der Literatur, die man von ihr erwarten wird. Daß deren Position stets in Abgrenzung von *beiden* Extremen, den Kugelfischen der E- und den Big-Mäcs der U-Fraktion, definiert werden wird und daß sie, um's ein letztes Mal mit meiner arg überstrapazierten Metapher auszudrücken, daß sie auf die Produktion von Kalbfleisch mit Reis hinausläuft, will sagen: auf all jene realpragmatischen Gerichte, die man weder mit Stäbchen noch mit bloßen Händen ißt und deren schmackhafte Zubereitung, gerade weil sie auf den ersten Blick so simpel erscheint, weit schwieriger ist, als man gemeinhin glaubt; daß also unsre Gegenwartsliteratur – ob »jünger«, ob »älter«, ob »deutsch«, ob »undeutsch« – dorthin zurückkehrt, wo sie eigentlich immer schon war, zurück in die große europäische Tradition, aus der sie nur in den letzten Jahren verschwunden ist: diese Hoffnung möchte ich abschließend mit meinem Lieblingswitz zum Ausdruck bringen:

»Kommt der Mann in die Buchhandlung, fragt den Buchhändler: ›Was können Sie mir empfehlen?‹ – Sagt der Buchhändler: ›Jede Menge – und, stellen Sie sich mal vor, nichts davon ist von einem Amerikaner!‹«

ABSCHIED VON DER LITERATUR

Was wir schon viel zu lange lesen müssen –
ein fast frei erfundnes Gespräch

Stellen wir uns vor, im Kölner Funkhaus des WDR gibt's Podiumsdiskussion mit anschließendem Faßbier: und jeder geht hin.

1. Sachbuch

Schließlich wird dort Reinhard Baumgarts Großessay »Addio« verhandelt, der den bezeichnenden Untertitel trägt: »Abschied von der Literatur.«[1] Wird dort dessen Zentralthese nachgespürt, die Literatur (genauer: deren jeweilige Speerspitze) feiere seit ziemlich genau 200 Jahren laufend Abschied(e) – vom selbstauferlegten Sendungsanspruch, vom Leser, von der Sprache (Chandos!), von der Kunst als Ganzes ... um, und zwar gerade *wegen* dieses notorischen Abschiednehmens, immer wieder aufbrechen zu können und, auf höherer Ebene, zurückzufinden zu sich selbst: zu neuen Inhalten, neuen Formen, einem immer differenzierteren Selbst-Bewußtsein. Stellen wir uns vor, daß die Herrschaften Diskutanten sich nach vollbrachter Tat im »Alten Wartesaal« wiederfinden, einer Edelkneipe im Hauptbahnhof, und stellen wir uns schließlich auch noch vor, daß der Moderator (den wir Walter van Rossum nennen könnten) drei, vier Stunden dem fröhlichen Gezeche zusieht, um dann – Herr Baumgart will gerade gehen – die spielentscheidende Frage zu riskieren:

»Herr Baumgart«, so in etwa könnte er formulieren, »bei allem Respekt vor der philologischen Leistung, auf 300 Seiten derart elegant einen roten Faden durch die Weltliteratur zu winden – aber, Herr Baumgart (und dies spricht ganz gewiß nicht gegen Ihr Werk!), müssen wir nicht, in konsequenter Fortführung Ihrer eignen These, müssen wir nicht auch Abschied nehmen von ebenjener Sorte Buch, wie Sie's hier vorgelegt haben?«

Und würde meinen: Abschied nehmen vom episch erzählten Sachbuch, das alle Zeit der Welt hat für detailkundige Analysen und kluge Querverweise, das den langen Atem hat, um sein Thema so sorgfältig-liebevoll abzuschmecken wie der Kantonese seinen Lieblingshund; würde meinen: Das Leben sei zu schnell geworden für derart »langsame« Bücher, sei schlicht zu kurz dafür geworden, gemessen an dem, was bis zum Erreichen der durchschnittlichen Lebenserwartung alles anzuschmecken sei und zu verschlingen und zu verdauen.

Herr Baumgart, soviel ist sicher, wäre von dieser Frage nicht entzückt, gestattet sie ihm als Antwort doch weder Ja noch Nein, und so ließe er sich vielleicht gerade noch hinreißen zu einem entschloßnen »Moment mal!«.

2. Roman

Stellen wir uns, denn nun wird Herr Baumgart wohl tatsächlich gehen, stellen wir uns als zweiten Diskussionsteilnehmer – Sie erinnern sich? Das WDR-»Funkhausgespräch« mit anschließend Faßbier im Foyer – stellen wir uns jetzt Peter Rühmkorf vor: dessen (selbst-)ironisch-ätzend-tiefsinnig-sprachwitzige, zahlreich mit aphoristischem bis lyrischem »Himmelsplankton« angereicherte Tagebuchaufzeichnungen »Tabu I« als nächstes in der Runde thematisiert würden.[2] Doch was heißt hier Tagebuchaufzeichnungen? Herr Rühmkorf hat jahrzehntelang Material gesammelt für einen, für *seinen* Zeitroman, hat chronologisch notiert, was mit der Welt geschah im allgemeinen und rund um die Hamburger Övelgönne im besondren: bis er irgendwann feststellte, daß er zum »epischen Stoffballenwälzer und Breitwandstrategen« nicht recht tauge, daß überdies »so viel Lebenszeit [...] ja gar nicht mehr zur Verfügung« stehe, um ein derart umfangreiches Projekt zu realisieren: und das 4000-Seiten-Konvolut auf 600 Seiten zusammenstrich.[3] Nicht ohne dabei die rein privaten Stellen zu eliminieren, die pikanten zu entschärfen, nicht ohne dabei Decknamen zu erfinden für gewisse Personen, wohl auch mit der Feile über gewisse Stellen zu gehen bzw. mit der Fusselbürste: nicht ohne das Ganze zu literarisieren. Denkbar nun durchaus die Frage an Herrn Rühmkorf, gestellt vom Moderator (nennen wir ihn Walter van Rossum):

»Herr Rühmkorf: Ihr Tagebuch – *ist* das nicht vielleicht der Roman, den Sie zeitlebens zu schreiben wünschten?«

Der Gefragte würde das wahrscheinlich nicht so ohne weiteres bejahen; umso begeisterter könnte der Gedanke von andern Diskussionsteilnehmern aufgegriffen werden:

Traditionell konzipierte und entsprechend runtererzählte, also von A nach B, von B nach C undsoweiter bis zum allerletzten Z durchgeschriebne Romane gäbe's mehr als genug, und zwar nicht nur in der amerikanischen Creative writing-Szene, sondern auch – trotz anhaltender Gegenpropaganda gewisser feuilletonistischer Edelfedern – in der deutschen Gegenwartsliteratur: Man denke nur an die »gesamtdeutsche Dröhntüte« Walser (O-Ton »Tabu«)![4] Andrerseits hätte sich auch die Literaturliteratur, das formalistische, selbstreferenzielle Übers-Erzählen-Erzählen, Übers-nicht-mehr-Erzählen-Erzählen, hätte sich das in deutschen Landen einst so beliebte In-Ulm-und-um-Ulm-und-um-Ulm-herum-Erzählen unter dem Label »experimentelle Moderne« längst ins gesellschaftliche Abseits hineinexperimentiert. Summa summarum ein Doppel-Abschied – von dem, was nie richtig »modern« werden wollte, und von dem, was durch beständige Selbstreplikation inzwischen un-»modern« geworden.

Rühmkorf wäre dieser literarische Antagonismus zwar vertraut, in seinem Märchen »Dintemann und Schindemann« spielt auch er das erfahrungsgesättigte Erzählen dessen, der sich zuvor ein Leben lang am Leben abgeschunden hat, spielt er das formal kaum durchgestaltete, »saftige« Draufloserzählen aus gegen die blaßhäutig-verpickelt-stubenhockrige, dafür formal brillante Erzählweise eines, dessen ganzes Wesen gewissermaßen aus nichts andrem als Tinte besteht: Bukowski versus Arno Schmidt, wenn man so will.

Trotzdem ist's wieder kein Rühmkorf, sondern einer aus der Gesprächsrunde (wir nennen ihn der Abwechslung halber nicht Walter van Rossum), der vermeint, in Rühmkorfs Tagebuch eine neue Romanform zu entdecken – im raschen Hin & Her, Länger & Kürzer der dargebotnen Weltsegmente stark an die flirrenden Stimulanzien des heutigen Fernsehens erinnernd: *gezappte* Literatur, von einem tatächlich so (oder zumindest so in etwa) gelebten Leben beglaubigt und trotzdem fiktive Rollenprosa, dem Zeitgeschmack des schnellen Anschmeckens, des Vor- und Zurückspringens Genüge leistend, auf seine Weise Perspektivierungs- und Aussparungstechniken der Avantgarde genial verschmelzend mit den altbacknen Qualitäten »gut geschriebner« Einwegliteratur: mit einer Hauptperson, einer (einer!) Fabel, einem Anfang und einem Ende.

Allgemeines Hm.

So viele Abschiede. Von einer föderalistischen Lesekultur jenseits der Bestsellerlisten. Von einem halbwegs verbindlichen Bildungshorizont und damit fast allen Möglichkeiten, mit dem Fundus an literarischer Tradition parodistisch zu spielen. Von einem Autorenverständnis, das irgendwo zwischen »Seher« und Agitpropagandist angesiedelt war und sich inzwischen als bloßes Handwerkertum begreifen muß ... Lauter Abschiede – und jetzt also auch noch diese drei: vom episch-linearen Sachbuch, vom »gut erzählten« Unterhaltungsroman, vom anti-erzählten Anti-Unterhaltungsroman?

Allgemeines Hm.

3. Lyrik

Stellen wir uns vor, im Kölner Funkhaus hätte noch ein weiterer Podiumsdiskutant gesessen und nennen ihn – nein: nicht Walter van Rossum, der müßte auch weiterhin die Rolle des Gesprächsleiters übernehmen – und nennen ihn, nunja, Politycki: so könnte sich wenigstens *der* jetzt zu all den Abschieden bekennen, könnte sein Lied anstimmen vom Ende der Moderne und dem damit verknüpften Avantgarde-Konzept, das die literarische Leistung eines Textes vornehmlich aus dessen Unverständlichkeitsquotienten errechnet; könnte sein Lied anstimmen vom Beginn der Postmoderne und einem damit verknüpften neuen Avantgarde-Konzept, dessen Innovation zunächst einmal darin bestünde, keinerlei Innovation-um-der-Innovation-willen mehr zu bezwecken, sondern ... ähem ... gute, lesbare Texte ... Und wenn ihn dann der Moderator auffordern würde, das Ganze etwas zu konkretisieren: dann würde er, wie schon so oft, zur Lyrik ausweichen, die als Gattung ohnehin am Ende sei.

Doch halt, gäbe's da nicht allüberall – verbrieft zumindest in New York, München, Hamburg – gäbe's da nicht neuerdings »Poetry-Slams«, bei denen Volkes Stimme wieder in freien wie gebundnen Versen erschallt und über deren Qualität sofort anschließend, in basisdemokratischer Abstimmung, befunden wird? Und gäbe's da nicht, würde man entgegenhalten, gäbe's nicht auch eine höchst lebendige Rap-Poesie, sei's in Schwarz, sei's in Weiß?

Jein, würde der Politycki sicher abwiegeln, das sei's ja gerade: Beides – Rap wie Slam – ziele zwar auf einen längst fälligen Abschied von der Hochlyrik, die Revitalisierung der Gattung gehe freilich Hand in Hand mit einer entschlossnen Reprimitivisierung, man lese die Texte nur einmal in Ruhe nach:[5] Das deute zwar alles sehr beredt auf den Mangel an Authentizität und Vitalität in den Poesieprodukten, die von den offiziellen Feuilletons, Jahrbüchern, Lyrikzeitschriften noch immer hofiert würden, und das suggeriere die Authentizität zumindest, die man andernorts so schmerzlich vermisse. Sei aber eben bloß wortgewordne Kraft, nicht bereits deren Bändigung durch Form. Und damit bestenfalls: eine Rückbesinnung vom Walzer auf den Schuhplattler.

Allgemeines Oho.

Was denn das nun wieder heißen solle, würde der Moderator zu Recht ungehalten werden: Ob er, der Herr Gedichteschreiber Politycki, nicht neuerdings auch mit der Schuhplattlei kokettiere?

Herr P., soviel ist sicher, wäre von der Frage nicht entzückt, würde die nachexpressionistische Lyrik in Deutschland dann flugs auf zwei Traditionslinien reduzieren, die hermetisch-preziös-artifizielle (Celan & die Folgen) sowie die parlandohaftbänkelnde (die freilich gar nicht so einfach sei, wie sie daherkomme). Und wenn ihn die andern nur ließen, dann würde er für letztere gern Brecht-Ringelnatz-Benn-Ror Wolf-Gernhardt-Trio und schließlich sogar Herrn Rühmkorf ins Feld führen, würde den Abschied von der hermetisch geraunzten Meta-Lyrik verkoppeln mit einer Wiederentdeckung der neuen alten Einfachheit – aber da, allerspätestens, würde Herr Rühmkorf mit den Füßen scharren und der Moderator sowieso, dem der Abschiede inzwischen zu viele werden, und gar Herr Baumgart, der *seinen* Abschied von der Literatur ganz anders verstanden wissen will: Und also stellen wir uns besser vor, dies ganze Gespräch sei in Wirklichkeit völlig anders verlaufen, und danach, im »Alten Wartesaal«, sei man sich dann sehr einig darin gewesen, daß man erst in ein paar Stunden Abschied nehmen wolle: doch wovon, daran konnte sich anderntags keiner mehr erinnern.

Die 78er und der Untergang des Hauses Usher

Was dahintersteckt, wenn sich Kritiker und Lektoren um die neuere deutsche Literatur streiten

Zugegeben, wir waren alle nicht mehr ganz nüchtern, als die Bücher flogen. Das heißt, zunächst flogen die Kronenkorken; und da ich wieder mal das Ziel verfehlt hatte, machte ich mich ans Aufsammeln und: mußte entdecken, daß im Papierkorb nicht etwa bloß die Kronenkorken meiner Mittrinker – zweier befreundeter Literaturkritiker – lagen, sondern auch, wie soll ich sagen, sondern auch jede Menge, es läßt sich leider nicht beschönigen, sondern auch jede Menge Bücher.

Jede Menge Bücher *mit grünem Umschlag.*

Nein, die taugten nicht zur Rezension, beschwichtigte der Gastgeber, in seinem Gewerbe werde man so gnadenlos bemustert, daß man sich manchmal schlichtweg nicht mehr anders zu helfen wisse.

Ich wühlte und wühlte, förderte ausschließlich Bücher mit grünem Umschlag zu Tage.

Jaja, die *edition suhrkamp*, erklärte sich der Gastgeber: Man schäme sich eben, solche Bücher zum Antiquar zu bringen – sogenannte neue deutsche Literatur.

Er wolle auch mal! mischte sich da der andre Kritiker ein, und schon saßen wir, jeder ein Bändchen Suhrkampkultur in Händen, lasen uns wechselweise daraus vor. Und amüsierten uns wie die Berserker – was da, bedeutungsschwanger und bis zum Exzeß beflissen, auf dem Kothurn des Hochliterarischen durch die Zeilen wackelte, das war in Wirklichkeit so spreizfüßig, plattfüßig, war so unfreiwillig komisch, daß man phasenweise das Gefühl hatte, hier sänge der Schlesische Schwan im Terzett mit Sarah Kirsch und Gerhart Polt: »Man dichtet deutsh«.

Und dann kam plötzlich diese Pause.

Eine Pause, in der wir uns – beglückt und entsetzt und berauscht und aufs Peinlichste berührt – eine Sekunde lang sprachlos ansahen. Dann, wie auf Kommando und in drei hohen Bögen, flogen die grünen Bändchen wieder Richtung Papierkorb und, ausnahmslos, verschwanden darin sang- und klangvoll. Es rumste so gewaltig, als bräche eine Mauer zusammen.

Dieser kathartische Abend, gewissermaßen die spontan-praktische Umsetzung einer literarästhetischen Position, liegt nun schon einige Jahre zurück, die ersten Schlachten um die deutsche Literatur der 90er Jahre waren bereits geschlagen, die Frontlinien gezogen: Auf der einen Seite die Wittstockianer, die – in Anlehnung an Schillers Definition[1] aus dem Jahre 1792 – eine Literatur forderten, deren oberster Zweck die »Leselust« sei.[2] Wohlgemerkt: Lust, nicht etwa bloße Belustigung, wie sie mitunter in Papierkörben von Literaturkritikern lauert! Auf der andern Seite all diejenigen, die Schillers vielschichtige Definition des »freien Vergnügens« – es müsse »die ganze sittliche Natur des Menschen dabei tätig sein« (O-Ton Schiller),[3] also »Vernunft, Verstand und Phantasie« (O-Ton Wittstock[4] –, die Wittstocks geradezu neoklassischen Vorstoß gleich wieder platt zu machen suchten. Und sich, unter Verwendung ehrwürdiger Tarnvokabeln (»ästhetische Innovation«, »kreative Irritation der Leseerwartung« usw.) für die Langeweile der Literatur ins Zeug legten. Allen voran – kein Zufall! – deren Übervater, Siegfried Unseld höchstpersönlich, der gegen »Unterhaltung und Vergnügen *im trivialen Sinn*« (als ob er in seinem Haus niemals eine Isabel Allende verlegt hätte! Vielmehr: als ob Wittstock jemals ein *triviales* Vergnügen gefordert hätte!) nichts Neueres ins Feld zu führen wußte als den alten Geniebegriff: Ein Autor *müsse* eben so schreiben, wie er schreibe – ob vergnüglich, ob unvergnüglich, das läge gar nicht in seiner Hand.[5] – In wessen Hand denn aber dann? Natürlich *muß* er schreiben; doch *wie* er sich dieses Müssens entledigt und ob er dabei nur den eignen Papierkorb belästigt oder auch den der Literaturkritiker: das ist

mitnichten diktiert vom inneren Dämon, sondern – Satz für Satz
– reine Willenssache.

Der Rest war nicht etwa Schweigen, sondern unermüdliches
Reden – war ein anhaltender Grabenkampf um U- und E-Literatur, in deren Verlauf Kritiker wie Lektoren unter beträchtlichem Aufwand an Pointen die jeweilige Gegenseite beherzt
zur Karikatur verkürzten. Kritiker wie Lektoren – warum
denn aber, um Himmels willen, so gut wie gar keine Autoren?
Schließlich war und ist es doch *unser* Fell, das da von Wittstok-
kianern und Unseldianern derart kundig zerteilt wird; wollen
wir etwa taten- bzw. wortlos zusehen, bis man es uns auch noch
über die Ohren zieht? Sicher, eine Diskussion *über* Literatur,
obendrein eine derart holzschnittartige wie die aktuelle, muß
nicht zwangsläufig die Literaten selber auf den Plan rufen –
»Bilde, Künstler! Rede nicht!« reimt der Weimarer Altmeister:
»Nur ein Hauch sei dein Gedicht«.[6] Aber spätestens, wenn man
öffentlich darüber befindet, was fürderhin denn *überhaupt
noch* »gebildet« werden solle, müßten die Bildner doch das Bilden vorübergehend hintanstellen! Schließlich geht's in letzter
Konsequenz darum, ob die Herrschaften »gatekeeper« – ein
Dutzend Lektoren und zwei Dutzend Großkritiker – ihre, der
Bildner, Elfenbeintürme wegrationalisieren oder eben nicht: we-
gen mangelnder Vergnüglichkeit die einen, wegen mangelnder
Unvergnüglichkeit die andern.

Daß jener vor sich hin plänkelnde Stellungskrieg um die deutsche Literatur durch eine dritte, vierte, zehnte Position endlich
wieder die Beweglichkeit bekommt, die seinem Thema gebührt,
das sollte eigentlich ein essentielles Bedürfnis der in Verruf ge-
ratnen »Bildner« sein. Auch wenn man sich dazu lediglich in
Bildern zu äußern weiß:

Zugegeben, wir waren alle nicht mehr ganz nüchtern, als wir
uns auf den Weg machten zum »Golden Pudel Club«. Das heißt,
zunächst einmal standen wir im »Mojo Club«, einer bekannten
Diskothek an der Reeperbahn, und versuchten, das hohe Anse-
hen, das dieser Szenetreff genoß und genießt, umzusetzen in –
Vergnügen. An den Mischpulten *hatte* es ganz offensichtlich der

DJ, der uns mit einer ambitionierten Abart von Techno versorgte, doch merkwürdigerweise blieb er der einzige, der unermüdlich wippte und »into something ...« geriet, das Motto des Abends. Wir andern verfolgten seine Bestrebungen eher lustlos – sicher, das klang alles recht »interessant«, war »gekonnt abgemixt«, wehrte sich gegen jede »gängige Hörerwartung« ... Jedenfalls taten wir eine ganze Weile so, als fühlten wir uns hier mächtig nah am Puls der Zeit: bis wir's einfach nicht mehr aushielten. Und uns, obwohl's der Winter in jener Nacht besonders ernst meinte, bis zur Elbe durchschlugen, zum »Pudel Club«: Auch dort frönte man einem allerneuesten Trend – Easy listening, und der DJ servierte dazu eine lateinamerikanische Bigband nach der andern. Wie erlöst aus der vormaligen Erstarrung wurden unsre Knie ganz von selber beweglich – Gottseidank, das Gegenteil von ambitionierter Musik! –, doch nach dem dritten, dem siebten Lied war sie schon wieder da, die Ratlosigkeit. Das nutzte sich verdammt schnell ab, dieser südamerikanische Frohsinn, das war auf merkwürdige Weise monoton. Ein klassischer Fall von Doppelfrust. Und weit und breit kein Papierkorb mit ein bißchen grüner Heiterkeit.

Im Klartext: Ich bin weder Unseldianer noch Wittstockianer, auch wenn ich des letzteren verkappte Attacke gegen die sogenannte Suhrkampkultur – und um nichts Geringeres handelte es sich – als in höchstem Maße überfällig empfunden habe. Denn erstens bin ich bekennender Nietzscheaner, nämlich in dessen Sinne: »Sei mein Jünger und folge mir nicht nach«,[7] bin zweitens und letztens also Polityckianer. Was insbesondre heißen soll, daß ich *zwischen* den Gräben sitze, daß ich Wittstocks theoretische Erwägungen zwar teile, die praktischen Beispiele aber, an denen er sein Literaturideal demonstriert, kaum nachvollziehen kann: Nadolny, Süskind, Bodo Ballermann – das sind für mich, Pardon, sehr wohl Trivialtexter, die in ihren Büchern nichts als fabula rasa machen; das Vergnügen, von dem Wittstock *spricht*, *empfinde* ich erst bei Lektüre von Calvino, Ror Wolf – oder, zum Beispiel, bei der von Ernst Augustins Roman »Der amerikanische Traum«. *Der* ist freilich ausgerechnet bei Gevatter Unseld erschienen, dessen *theoretisches* Konzept in meinen Augen zwar gleich einer ganzen Serie an Updates bedürfte, dessen *praktische* Umsetzung jedoch genügend Lücken läßt für amerikanische Träume: *vergnüglich* nachzulesende Träume.

Und sonst? Kann ich mich an ein zweites Buch aus dem Hause Suhrkamp erinnern, das ich in den letzten fünf Jahren mit Vergnügen – ich trete vor mein Bücherregal: und breche den Satz besser ab. Ja, früher, in den 60er, 70er Jahren, da wäre mein Leben anders verlaufen ohne *edition* und, vor allem, ohne *Bibliothek*! Hingegen heute ...

»Haben Sie schon den neuen Handke gelesen?«

Wer sich mit einer derartigen Frage auf Buchmessen, Förderpreisverleihungen und ähnlichen Branchentreffs während des letzten Jahres ins Gespräch zu bringen trachtete, der bekam – je später der Abend, umso despektierlicher das Gelächter – allerhand um die Ohren:

1. »Soll das ein mittelgroßer Scherz sein?«

2. »Haben *Sie* etwa den neuen Grass gelesen?«

3. »Wollen Sie mich beleidigen?«

4. »Ein großes Buch! Ich habe es auf der Fahrt von Frankfurt nach München verschlungen, in einem Zug, und ich warte schon gespannt auf den Nachtisch!«

Viermal dürfen Sie raten, welche Antwort ich aus Betulichkeitsgründen dazuerfunden habe – schon fast erschreckend ist's, wie weit sich die ältere Garde der Suhrkampautoren ins gesellschaftliche Abseits geschrieben hat, jedenfalls bei einem jüngeren Publikum. Die literarische Zwangsaufklärung der 68er-Kultur, gestartet als fulminante Publikumsbeschimpfung und verkümmert zur langwierigen Erkundung von Bleistiften, hat sich totgelaufen, obwohl sie – man lasse sich von Auflagenzahlen nicht täuschen – obwohl sie, wie der Hamster im Tretrad, noch immer eine gewichtige Betriebsamkeit an den Tag zu legen weiß. Ein verblaßter Mythos mehr in unsrer Zeit der verblassenden Mythen; doch auch die *jüngere* Garde der Suhrkampkultur hat es nicht geschafft, das Verlagsprogramm von einem Projekt der Moderne in eins der Postmoderne zu modifizieren:

RAMPNSAU + LICHT. unter
der frostmann-, frontman, g
stirnmann-krone, mies ausgeloich,
manxmol hervorschimmernd: absud.
südlicher such, äquinoktiales blin-
zln. manxmol: süßester, geschlürfter
rede-südn.[8]

So nördlich, so deutsch klingt der »rede-südn« unsrer neuen
Suhrkampkultur, jedenfalls an ihrer intellektuell-artistischen
Speerspitze (und wo sonst im breitgefächerten Verlagsprogramm sollte man die »Kultur« denn suchen?), so manisch-
panisch wird da am Tresen der Moderne weitergeschlürft, als
gäbe's dort auch nur ein einziges volles Stamperl, das noch um-
zuwerfen lohnte! Als gäbe's darin, in jenem allerletzten Stamperl der Moderne, nach wie vor ein Meer, das mit ein paar experimentellen Taschenspielertricks zu teilen wäre! Obendrein in
solch mosesmäßiger Oberlehrermanier, daß spätestens dann,
wenn sich die formalen Nebel verzogen haben und die altertüm-
liche Frage nach »Inhalten«, gar nach »gestalteter Erfahrung«
gestellt werden darf – daß spätestens dann, wenn der Leser
erkannt hat, daß er nur ein leeres Stamperl in Händen hält, die
Ehrfurcht vor derlei »Sprachgewalt« umschlägt in die ohn-
mächtige Wut dessen, der schon wieder auf einen Klappentext
reingefallen ist: Oh diese unablässig sich selbst kopierende Ver-
längerung der Moderne – nicht etwa in die Post-, sondern in die
Aftermoderne!
    Wie lustvoll und unverkrampft arbeitet sich dagegen die Kon-
kurrenz an der Sprache ab, von Matthias Koeppels starckdeut-
scher »Ünnschpirattatzjaun« (»Wüll drr Deuchtar ötwosz
deuchtn, / pföllt iss ühm nöcht immbar leuchtn ...«)[9] bis zu Zé
do Rocks »ultradeutscher« Sprachreform, die einen kompletten
Roman lang – da niemals reine Reißbrettarbeit, sondern stets
gekoppelt an die unmöglichsten Erlebnisse während einer prall-
vollen, geradezu simplicianischen Tour durchs Leben – für Le-
severgnügen sorgt:

di loite im gasthaus raucen dauand. ic main natyrlic nic zigaretten. ein doitshes medcen aus Spaia kann nix dafon ham, das raucen fellt ir swer. so kauf ic etwas zoig und mac ain omlett. das omlett smekt gut, nur di wirkung blaibt aus. ic stell dann fest, das mir der dila oregano ferkauft hat. naia, wenigstens hat s gut gesmekt. ainmal ge ic mit ainer argentinierin in di statt und si kauft sic ain ais. das ais is shon halb gegessen als si was knuspriges im mund fylt. nic ganz gehoia. du hast s erraten: ain kakalak.[10]

Und auch ein Feridun Zaimoglu entledigt sich in seinem Buch »Kanak Sprak« auf derart beiläufig-souveräne Art des erstarrten Dudendeutschs, daß man manche seiner gesammelten »Mißtöne« fast als Seitenhieb liest auf die wieder und wieder recycelte Moderne der neuen Suhrkampkultur:

Der kopfler trägt so ne art kainsmal zwischen den blonden brauen, du erkennst ihn daran, daß sein reden mit welschen vokabeln gespickt scharf kurs nimmt auf ne ebene, wo das bildsprechen verreckt und die worte wie topfdeckel an dir vorbeikullern. Der kopfler is wie'n angespannter spättäufling […]. Er stinkt aus prinzip, bruder, das mußt du dir man vorstellen, der modert, weil er klug aussehen will […].[11]

Ja, so klingt's bei Wagenbach, Edition Diá, Rotbuch; und nimmt man noch Kiepenheuer & Witsch, Luchterhand, den pendragon-verlag und, nicht zu vergessen, »Die Phantastischen Vier« dazu, so sieht man, daß die frischen, unverbrauchten Kräfte im Sektor »sprachkritische Literatur« derzeit von den Rändern kommen, von kleinen bis mittleren Verlagen. Während sich im bisherigen Zentrum des Geschehens, hinter der Fassade einer arrogant zur Schau gestellten Orientierungslosigkeit, ein gewaltiges Gerumse ankündigt – der Untergang des Hauses Usher, bei dessen bloßem Anblick den Erzähler in Poes gleichnamiger Erzählung schon lange *vor* der tatsächlichen Katastrophe eine regelrechte »Verödung der Seele« überkommt:

Der erste & Haupteindruck schien der einer unmäßigen Veralterung zu sein; und der Lauf der Zeiten hatte ihm schier alle Farbe genommen. Zarter Mauerschwamm überzog das Äußere gänzlich, und hing als feines, verworrenes Gespinst von den Dachkrämpen […]. Direkt eingestürzt war das Mauerwerk an keiner Stelle; aber irgendwie schien ein krasser Widerspruch zu walten, zwischen der immer noch untadelig lückenlosen Oberfläche, und der bröckeligen Beschaffenheit des Einzelsteines […].[12]

Ob's an dieser Stelle wohl möglich wäre, mich nicht mißzuverstehen? Nicht die Häme ist's, die mich treibt, wenn ich *eine* der beiden Ursachen für den deutschen Literaturstreit im Untergang der Suhrkampkultur sehe. Sondern eine regelrechte Wehmut, ein lang hinausgezögertes und plötzlich nicht länger aufschiebbares Abschiednehmen von einem Kulturbegriff, mit dem ich aufgewachsen bin und in dem die Suhrkampliteratur einen gewissen unverzichtbaren Teil ausmachte. Da ich Ähnliches seit ein paar Jahren bei vielen meiner Altersgenossen beobachte, ist's vielleicht auch bloß – so tröste ich mich – ein Phantomschmerz, der mich treibt: Unter Umständen hat das, was ich hier beschreibe, längst schon in aller Stille stattgefunden – *ohne* das große Gerumse, wie es beim Werfen grüner Bücher erklingt und beim Zusammenbrechen von Fassaden…

Ich überspringe an dieser Stelle die Krise der altdeutschen Literaturkritik, die sehr viel zu tun hat mit dem Untergang jenes Kulturbegriffes und damit verknüpfter, ebenfalls längst zu Hohlformen erstarrter Schlüsselworte wie »Avantgarde«, »experimentelles Schreiben«, »Innovation«. »Die sogenannte Krise der Literatur«, verlagert Friedhelm Rathjen ausgerechnet in einem Suhrkamp-Bändchen zur »Deutschsprachigen Gegenwartsliteratur« den Akzent der Debatte zurück auf die Debattierenden: »Die sogenannte Krise der Literatur ist in Wahrheit eine Krise der Literaturvermittlung« – und er weiß, wovon er spricht, schließlich ist er selbst ein Literaturkritiker.[13]

Freilich ein jüngerer; und somit wären wir bereits bei der *zweiten* Ursache des Literaturstreits, die mit der ersten zweifellos eng verbunden ist: Fast alle relevanten Wortmeldungen kamen von Enddreißigern oder Vierzigjährigen – plötzlich meldete sich eine neue Generation zu Wort, die im herkömmlichen Generationenschema gar nicht vorgesehen war: Das kannte bislang nur die 68er und die 89er – die revolutionären Massen von einst, die heute, mutiert zur Toskanafraktion in weißen Socken und Flattercordjeans, die Schaltstellen der Macht besetzt halten; und die *Fit for fun*-Kids, die, in völliger Abkehr von den politischen Utopien der Altvorderen, mit ihrem Rückzug ins Privat-Apolitische nicht unwesentlich beitragen zur zunehmenden Zersplitterung des »gesellschaftlichen Diskurses« bis hinunter auf die Ebene der Fanzines und Talk-Foren im Internet. Ausnahmen, dies für Langohren ausdrücklich angemerkt, Ausnahmen sind bei derart verkürzenden Charakterisierungen die Regel, und daß ebenjene Charakterisierungen allenfalls Klischees skizzieren, die mit der Lebenswirklichkeit einzelner Individuen nur sehr begrenzte Schnittmengen teilen, liegt in der Natur der Sache.

Sei's drum; spätestens jetzt, anhand der Diskussion um Gegenwartslitcratur und die sehr unterschiedliche Leseerwartung, die sich daran knüpfen läßt, spätestens jetzt zeigt sich allerorten, daß im Schnittpunkt zwischen Moderne und Postmoderne kein ominöser Hiatus oder gar Paradigmenwechsel waltet, sondern eine Zwischengeneration – die 78er. Einer der wenigen, der diese Generation bisher überhaupt als eigenständige zur Kenntnis nahm, war Reinhard Mohr – aber wie er bereits mit dem Titel seines 1992 erschienenen Buches zeigt, tat er das in geradezu ödipaler Fixierung auf seine geistigen Väter: »Zaungäste. Die Generation, die nach der Revolte kam«. Kein Wunder, daß er mit einem derartigen Ansatz nur das Verspätete, Außenseiterhafte seiner Altersgenossen zu erkennen wußte, die »qualifizierte Unauffälligkeit, die intelligente Mittelmäßigkeit der Spätberufenen«.[14] Mag sein, daß er damit gar nicht so unrecht hatte; mag allerdings *auch* sein, daß sein Urteil demnächst revidiert werden muß, weil sich diese Generation (die weit mehr als die 68er aus extrem individuellen, disgregierenden Einzelschicksalen zum Schattenriß einer 78er-Generation zusammengerechnet werden müßte), weil sich diese heute 32–42jährigen zwar ungebührlich lange Zeit genommen haben, um sich von ideologischen Schlacken zu befreien und eigne Standpunkte zu erarbeiten: weil sie aber jetzt plötzlich massiv da sind, als Einzelindividuen, wie sie sich zeitlebens verstanden haben, als Einzelindividuen ohne Anspruch auf homogene, generationenübergreifende Gesellschafts- oder wenigstens Literaturentwürfe: als pragmatische Kultur-Realos, geeint vorerst durch kaum mehr als ihr Mißbehagen, ihre Gegnerschaft gegen die – ich wage's kaum mehr, das Wort auszusprechen! Und geeint auch endlich durch den Mut, sich von obsolet gewordnen Konzepten nochherrschender Kultur-Fundis zu befreien, selbst auf die Gefahr hin, sich gleich wieder untereinander in Grabenkämpfen zu verlieren.

Zugegeben, ich war nicht mehr ganz nüchtern, als ich jene letzten Sätze schrieb – ohne daß ein einziger Tropfen Alkohol dabei im Spiel gewesen wäre. Aber dies alles – die sukzessive Ablösung einer altgewordnen literarischen Kultur, die auch mein Leben bis zu einem gewissen Punkt geprägt hat und der ich viel verdanke, wie auch das damit einhergehende Aufkommen einer neuen literarischen Kultur der 78er-Generation, die sich zunächst einmal, im Zerbrechen alter Tafeln, aus einer jahrzehntelangen Pubertät befreit hat und nunmehr sich aufmacht, nach ihren eignen Tafeln zu suchen: diese schmerzlich-langwierige kulturelle Wachablösung, wie sie von jeder Generation aufs neue zu leisten ist, hat Wittstocks Vorstoß gegen die Langeweile in der deutschen Literatur eingeleitet – und das ist, so meine ich, weiß Gott nicht wenig.

Lyrik und Jazz? Lyrik und Rock!

Neulich gastierte Ernst Jandl samt »Friends« in Hamburg, und da ich ein großer Verehrer seiner bierernsten Heiterkeiten bin, saß ich sogar ganz vorn. Allerdings hatte ich die Rechnung ohne die »Friends« gemacht, altgediente Haudegen an Klavier, Geige, Schlagzeug, Baß, von den besten Absichten beseelt, gewiß … Nichts gegen Jazz! Nichts gegen Chet Baker und Art Blakey und Dizzy Gillespie und überhaupt alle Art Bebop; aber jener Free- bzw. Modern-Jazz (oder wie immer er sich etikettieren mag), den man seit etwa 20 Jahren bundesweit für Lyrik-kompatibel hält, der wirkt auf mich dermaßen nervensägig wie eine gutgelaunte Dixiekapelle oder wie die schrill durcheinanderschnatternden Aufgeregtheiten eines durchgeknallten Daddelautomaten.

Nichts also gegen Jandl, aber – haben seine Gedichte solche »Friends« verdient? Oder gar nötig? Oder ist die Halbwertszeit von *Lyrik und Jazz* schon längst überschritten, ist jene Sorte verkopft-experimenteller Musik nur für eine verkopft-experimentelle Lyrik bestimmt, die sich ebensolang schon überlebt hat? Man erinnere sich all der verhärmten Dreivierteldichter, schwer mit dem Gewicht der Welt behangen, wie sie da vor uns, den sieben zahlenden Zuhörern, auf ihrem Dreivierteldichterstühlchen saßen und Hirniges hervortrotzten:

Sing weiter
hochgebrüstet
gebust
Ja

First Kamm Stimme
bleib da
im Schlundraum
gedruckst und geächzt
lauter Kühnheit im Blick im Ohr

So jedenfalls Anne Duden in ihrem neuesten Poem »Vor Ort«;[1]
und in der Tat, es wird noch immer gedruckst und geächzt: vor
Ort, am Ort und überhaupt allerorten, wo sich Dreiviertelgenies ein Stelldichein geben, wird noch immer nach Herzensunlust gekündet und geklagt und die tiefsinnige Leere mit schiefen
Metaphern gefüllt, im Idealfall bekratzt dazu ein Leidensgenosse sein Cello oder, à la McLaughlin, seine Gitarre ... und am
Ende derartiger Veranstaltungen verlassen wir, die Zuhörer,
den Ort des Geschehens wie die geprügelten Hunde: kleinlaut,
impotent und häßlich gemacht von sogenannter Lyrik samt sogenanntem Jazz. Kein Wunder, daß die Lyrik als Ganzes inzwischen dort gelandet ist, wo sich Epos, Epigramm und Blankversdrama schon etwas länger tummeln, im gesellschaftlichen
Aus.

Doch die Menschen schreiben und schreiben und schreiben
weiterhin Gedichte, und weil sie die auch heutzutage am liebsten irgendjemand vorlesen möchten, der »so was« *ganz eigentlich* für blanken Blödsinn hält, verfallen sie auf neue Vertriebsstrategien: Da deklamiert man auf dem Bahnsteig des
Frankfurter Hauptbahnhofs (richtig: zur Zeit der Buchmesse),
in der Peepshow (richtig: wer »dran bleiben« will, muß Münzen
nachwerfen), im Hamburger »Planten un Blomen« (richtig: die
Dichter halten sich hinter den Büschen versteckt, bis jemand
vorbeikommt); da liest man in alten Abdeckereien, auf Friedhöfen, um Mitternacht, rund um die Uhr oder um die Wette vor
einem Kneipenpublikum, das in direktdemokratischer Abstimmung den Sieger mit einem T-Shirt auszeichnet (beim Münchner
»Literaturslam«). Den Vogel aber hat der Schweizer Autor Paul
Nizon abgeschossen, der einmal – wo sonst als in Paris? – seine
Texte von einem Schauspieler rezitieren ließ, während er selbst,

in einem bequemen Sessel schräg dahinter, von einem Kellner mit Drinks versorgt wurde. Gegen Ende der Lesung begann der Kellner auch noch zu strippen und – war eine Frau! Wen wundert's, daß man aus dieser Lesung *nicht* kleinlaut, häßlich, impotent nach Hause schlich?

Höchste Zeit, von den Kultusministerien, Literaturreferaten, Schriftstellerhäusern, Buchhandlungen, Bibliotheken zusätzliche Gelder einzuklagen für die obligate Striptease-Tänzerin bei Lesungen – als indirekte Ausgleichsleistung ans Publikum. Die dann so lange zu fließen hätten, die Gelder, bis die deutschsprachige Lyrik selber wieder aus Fleisch und aus Form ist und womöglich sogar fließt: so lange, bis sie's nicht mehr nötig hat, ihren Mangel an Primärerfahrungen mit prophetischen Abstrusitäten oder »experimentellen« Taschenspielereien zu kaschieren. Höchste Zeit, aber ... bis die entsprechenden Begrüßungsgelder von den Veranstaltern budgetmäßig genehmigt und an uns Lesungs-Besucher in Form von Bauchtänzerinnen, California Dreamboys, Ver- und Entkleidungskünstlern weitergegeben werden –, bis dahin haben wir verschiedne Möglichkeiten, uns auf eine bessere Zukunft zu freuen:

Lyrik und Pop? Gut geeignet für Weichspüler von Kerstin Hensel bis Doris Runge ...

Lyrik und Techno? An sich ein Widerspruch, wenn wir mal davon ausgehen, daß ein Gedicht in der Regel *mehr* ist als die Summe geschickt zusammengesampelter Verse aus dem Fundus von Gryphius bis Gernhardt ...

Lyrik und HipHop? Nicht übel; aber dazu bräuchte man wieder die scharfen Frauen und einen dicken, sonnenbebrillten Jamaikaner obendrein ...

Lyrik und Klassik? Dazu bräuchte man – richtig, man bräuchte den Glauben, daß wir doch irgendwann mal auf ebenjene Weise »erwachsen« werden, wie's uns unsre Eltern immer angedroht haben. Und man bräuchte den Glauben, daß es eine lebendige klassische Musik überhaupt noch gibt, daß die Versatzstückchen, mit denen man uns in den Warteschleifen der Telephonleitungen bedudelt, mehr sind als das dekonstruierte Requiem auf eine vergangne Epoche. Hat man diesen Glauben allerdings nicht mehr – und wieso sollte man ausgerechnet *den* noch haben? –, dann erkennt man den Homo classicus als eine aussterbende Spezies: Bald wird man nicht mehr umhin können, ihm da und dort ein Reservat einzurichten (Bayreuth, Mailand) und der Satz »Ich höre am liebsten klassische Musik« wird in ein paar Jahrzehnten nichts andres bedeuten als: »Ich höre Musik der 60er, 70er, 80er Jahre.«

Alsdann: *Lyrik und Rock*. Wobei unter Rock die ganze Bandbreite dessen fällt, was wir vom Blues über Bluesrock, Hardrock, Heavyrock, Punk, Indie, Heavy Metal bis hin zum Grunge erlebt haben als das Präludium eines neuen Zeitalters, in dem nicht etwa alles besser, aber doch so manches schneller, härter und lauter erklingen wird. Rock, das ist handgemachte, bodennahe, ehrliche, kraftvolle ... das ist *existentielle* Musik, die gleichwohl ihr Handwerkszeug meisterhaft beherrscht – von der Artistik eines Albums wie »Overnight Sensation« bis zum schlichten Abräumer: »Never Met A Girl Like You Before« ...

Ja, *Lyrik und Rock* – das ist die Herausforderung an die neue deutschsprachige Literatur, die Herausforderung, ebenso glaubwürdig wieder zu werden wie es der simpelste und der komplizierteste Rocksong schon immer waren, und zwar ohne sich dabei an deren Techniken anzubiedern. *Lyrik und Rock*: vielleicht nicht im direkten Neben- und Miteinander, wie einst bei jenen unsäglichen *Lürik und Dschäzz*-Abenden, aber wenigstens im Hintereinander – erst die Arbeit und dann das Vergnügen. Beziehungsweise umgekehrt.

Literatur muss sein wie Rockmusik

Darf der gesamtdeutsche Nickelbrillenträger eigentlich etwas andres hören, etwas andres lieben als Klassik oder Jazz? Will sagen: War der verpackte Reichstag etwa deshalb so schön, weil er's nur wenige Wochen sein durfte, weil unter der Verpackung ausgerechnet der Reichstag steckte und Kohl dagegen war ... oder etwa: weil er schön war? Will sagen: Gehören die beiden Fragen überhaupt zusammen oder will hier unterderhand zusammenwachsen, was gar nicht zusammengehört?

These 1: Wenn ein Gedicht lediglich *leise* rezipiert werden kann, dann ist's – trotz Benns entgegengesetzter Behauptung[1] – eine reine Kopfgeburt und allenfalls bedingt (aus-)haltbar. Oder macht(e) Muddy Waters etwa auch bloß den Mund auf und, anstatt zu singen, bewegte die Lippen? Lyrik ist Lust, Lyrik ist Musik, und sei's eine dissonante – wer sie ausschließlich mit dem Kopf rezipiert, der hat wahrscheinlich auch sonst kein Gefühl für Takt, für *Sound*, für *Drive*.

These 2: Alle reden vom Klassik-Boom. Wir nicht.

These 3: Ebenso wie's eine akustische Umweltverschmutzung gibt (Phil Collins, Simple Minds, Slash, der neue Brian Adams etc.), gibt's eine literarische. Greenpeace wird wohl bald nicht mehr umhin können, gegen die anhaltende Verklappung ins offne Büchermeer mobil zu machen.

Höchste Zeit, etwas Ordnung in diesen Artikel zu bringen. Und damit in meine Plattensammlung, denn schon während der allerersten Vorüberlegungen für ebenjenen Artikel zog ich jede zweite Platte aus dem Regal – ja, über Chicken Shack wollte ich schreiben, über Fleetwood Mac, Ten Years After und, vor allem, über Led Zeppelin ... nicht zu vergessen über Small Faces, Vanity Fair, Stevie Ray Vaughan, Titanic, Canned Heat, Lynyrd Skynyrd, Spirit, Taste, Steppenwolf, Wishbone Ash, Eric Burdon ... Ich könnte den Artikel mit einer bloßen Aneinanderreihung von Namen bestreiten und wahrscheinlich würde ich mich damit verständlicher machen, als wenn ich nun doch versuche, aus der Beschwörung einzelner Bands und Musiktitel etwas Abstraktes zu extrapolieren: Zeige mir deinen Plattenschrank, und ich sage dir, wer du – gern (gewesen) wärst ...

Wäre mir das etwa auch passiert, wenn ich über Literatur hätte schreiben sollen, wäre ich da auch an mein Regal geeilt und hätte in vorfreudigem Eifer –? Mitnichten! *Dies* Regal ist zwar, berufsbedingt, um ein Vielfaches größer als das mit den Platten, den Cassetten, CDs und, vor allem, den Tonbändern – und darin findet sich wohl so manches »Interessante« (sprich: so manches auf absonderliche Weise Mißglückte). Doch die Autoren, ohne die mein Leben anders verlaufen wäre und ohne die ich auch jetzt nur ungern leben würde, sie sind vergleichsweise dünn gesät: Kafka natürlich, Nietzsche natürlich, Diderot, Sterne, Nabokov ... Aber selbst wenn ich über die Gedichte der Romantiker, der Expressionisten rede, bekommt mein Auge nicht annähernd den geradezu gierigen Glanz, als wenn ich John Lee Hookers »This Is Hip« auflege oder aus irgendeinem alten Tonband »Friday On My Mind« herbeispule. Nein, Literatur ist *nicht* wie Rock, wie Bluesrock, wie Blues – wär's freilich nicht wunderbar, wenn sie dieselbe Kraft, dieselbe Magie wieder hätte wie ein Peter Green in seinen besten Tagen, der mit dem ersten zärtlichen Bezupfen seiner Gitarre bereits alles, alles klarmacht?

»Die Fangemeinde von Christa Wolf trägt weiter Schwarz«, meldete die »Süddeutsche Zeitung« am 21.7.95: »Auch am Donnerstag reagierten Leser überall in Deutschland traurig und wütend auf deren Ausstiegsankündigung beim Verlag Kiepenheuer & Witsch. Bei Sorgentelephonen, Zeitschriften und dem Kölner Verlagshaus gingen erneut Hunderte verzweifelter Hilferufe und vereinzelt sogar Selbstmorddrohungen ein. Auf dem

Berliner Gendarmenmarkt fanden sich schreiende Anhängerinnen mit Bildern der Autorin ein, um sich gegenseitig zu trösten …« Sicherlich taten sie das mit dem Hinweis, die Rückkehr von Frau Wolf zum Luchterhand Verlag werde immerhin kompensiert mit dem endgültigen Verbleib von Herrn Härtling bei Kiepenheuer … etwa nicht? Ach richtig, es ging in der eben zitierten SZ-Meldung ja gar nicht um Christa Wolf, sondern um Robbie Williams – den Sänger, den Nicht-mehr-Sänger der Popgruppe Take That. Einer ziemlich unterdurchschnittlichen Teeny-Band, zugegeben – aber wer, so würde sich die Trauergemeinde zu recht fragen – wer eigentlich ist Christa Wolf?

Daß die Literatur ihre Rolle als gesellschaftliche Über-Instanz längst ausgespielt hat, ist kein Grund zu jammern; daß sie allerdings ohne jene Erdenschwere, die ihr die selbstverordnete Verantwortung fürs Gesamtwohl jahrzehnte-, jahrhundertelang aufgenötigt hat, daß sie ohne jene ach so deutsche »Tiefe« auch nicht annähernd zu der Leichtigkeit gefunden hat, wie sie noch so manche viertklassige Rockband spätestens beim Abräumen in der Zielgerade an den Tag legt: das ist quälend aufschlußreich und der eigentliche Grund für ihr mühsam von den Feuilletons kaschiertes Dahinsiechen. »Ohne Musik wäre das Leben ein Irrtum«,[2] schrieb Nietzsche ein Jahrhundert vor »Jumping Jack Flash« – und nicht etwa: ohne Literatur. Vielleicht deshalb, weil das eine – wenigstens bei Nietzsche – im andern virtuell enthalten ist, weil die Literatur in ihren Gipfelleistungen zur Musik wird?

Oder eben: werden könnte; denn bei der Mehrheit der bundesdeutschen Rezensenten scheint es gar kein Gespür mehr dafür zu geben, was die Literatur über ihr lediglich Literarisches hinausführt, weg vom Geschriebenen, hin zum Gesungenen, Gestampften, Gestöhnten, Geschrieenen – und wofür es selbst bei den Spezialisten kein Bedürfnis mehr gibt, das wird naturgemäß auch kaum angeboten. Hat sich unsre Nachfrage denn einfach nur zurückverlagert – auf die Musik und die ihr zugehörigen (Rap- bis Bluesballaden-)Texte? Bereits die ersten Takte von »Junior's Whailing« erlösen uns von jedem Übel, der meisterhaft hinausgezögerte Anfang von »La Grange« verspricht uns für ein Lied Unsterblichkeit, das schlichte Gitarrenintro von »Smoke On The Water« verklärt jeden Aushilfskellner zum Halbgott ... und noch bei der letzten Tanzkapelle, die in einem Neu-Ulmer oder Pinneberger Discokeller den Freitagabend in Angriff nimmt: zeigen die ersten Takte bereits, zu wessen die Herrschaften auf der Bühne fähig sein werden – *und wir mit ihnen*!

Ganz genauso verhält sich's mit der Literatur: Da mag ein Text noch so klug *gemacht* sein, wenn er nicht vom ersten Satz an *mehr* sein will als eine fleißige Aneinanderreihung von Worten, dann wird er nie *das ganz andere* ermöglichen, das wir uns mit Recht von jedem Kunstwerk erwarten. Guter Rock ist eine Sache der Kraft, des Kraft-Überschusses, Kraft-Verschwendens an andre und nicht etwa ein solipsistisch in Szene gesetzter Kraftmangel; was aber lobt man an den Erzeugnissen unsrer Nachkriegsliteratur? Daß sie klüger ist als ihre Leser, daß sie die Leser gar nicht teilhaben läßt am Geschriebenen – im Falle von Arno Schmidt ruft man, beglückt ob solch massiver Zurückweisung, ein »Dechiffriersyndikat« ins Leben; selbst bei einem Autor wie Harry Rowohlt findet man Ersatzlust in der Gründung eines »Decodierungskartells«;[3] und an Elfriede Jelineks neuestem Roman preist man dessen »extremes intertextuelles Verweissystem«, das dem Leser »ungeahnte Entschlüsselungserlebnisse« beschere ...[4] Holla, welchem Leser, ist da zu fragen! Wer wird denn, abgesehen von den wenigen, die dafür Zeilenhonorar erhalten, wer wird denn sein Leben damit verbringen wollen, irgendjemandes Verkomplizierungstechniken zu entschlüsseln – und dabei Entschlüsselungsglück zu sammeln wie einst Treuemarken beim ReWe-Händler? Wo wir doch ein Vielfaches an Vergnügen empfinden, wenn Grunge-Größen à la Nirvana und Beck die Musik jenseits von Synthesizer, Schlagzeugmaschine und *bpm* wiederentdecken, derbe Rhythmen, klare Melodien, die uns sofort ein Glück ins Gesicht zaubern und ein Glück in die Beine. Man höre »Easy« von Hunters And Collectors, einer der zahllosen US-Bands, die soeben ihre erste CD auf den deutschen Markt gebracht hat, man höre dies abgebrühte und doch noch immer frische, unverbrauchte, *überzeugende* »Oh yeah«, mit dem das erste Lied beginnt und in das die Gitarre einfällt wie ein schwergewichtiges Versprechen – und alle (Entschlüsselungs-)Fragen haben, zumindest für die Dauer von 3:44 Minuten, ihre zwingende Antwort.

Nicht daß ich mir neben der US-dominierten Musikszene nun nichts Besseres vorstellen könnte als eine Literatur, die lediglich aus amerikanischen Romanen besteht – oder solchen, die nach amerikanischem Muster gestrickt sind. Nein, ich bin alles andre als ein Freund der US-Unterhaltungsliteratur – und ebensowenig übrigens der deutschen – aber: Auch E-Literatur muß sein wie Rockmusik; wenn sie nicht sofort unter die Haut geht (und nicht etwa nur unter die Hirnhaut) und von dort »ins Blut« und uns, den Rezipienten, wenigstens für die Dauer eines Songs oder eines Gedichtes zu einem andern Menschen macht, dann ist's wohl Frankfurter Schule und nicht Lou Reed oder Van Halen ...

Keine Angst, der Untergang des Abendlandes steht damit noch nicht auf dem Programm – seit der Wiedergeburt des Punk aus dem Geist des Grunge, also seit 1994, gibt's wieder Kultur wie lange nicht mehr. Sogar der Blues war eine Saison lang obenauf (1990/91), und auch den Rest der Zeit wird er sein Publikum immer finden: Als ich vor etwa 20 Jahren beim Jazzfestival in Burghausen zufällig in einen überfüllten Gasthof stolperte, spielte da ein gewisser J. B. Hutto – ich höre ihn noch heute, wie er auf seiner Gitarre lachte und soff und rumhurte und nach Hause schlich und um Vergebung winselte und mit einem Riesenkater erwachte am nächsten Morgen und keinen Cent mehr in der Tasche und, natürlich, seinen Job verloren hatte samt seinem »Baby« ... Seit diesem kollektiven Musikrausch, den ein beinahe Unbekannter aus Chicago im dichtgepackten Gastraum mit rein musikalischen Mitteln entfachte (also ohne VW-gesponserte Show-Effekte, Go-go-Girls, Videoeinwände, Knallfroscheffekte aller Art), war ich meinem eigenen »höheren Ich« für immer verloren: Denn krampfhaft hatte ich mich bis dahin bemüht, ein Jazz-Fan zu werden! Aber gegen den Chicago-Blues kam selbst das komplette Mahavishnu Orchestra nicht an, irgendwie klang das alles plötzlich blaßhäutig und verkopft, noch gegen Blueser aus der zweiten Riege (z. B. Luther Allison oder Big Daddy Kinsey) blies ein Miles Davis ziemlich verloren in seine Tröte. Was nicht weiter schlimm gewesen wäre, wenn – ich nicht lange Jahre geglaubt hätte, als »deutscher Nickelbrillenträger«, s. o., die adäquate Musik hören zu müssen: E-Musik, nicht U-Musik, intellektuelle Tongirlanden statt bodennaher Riffs.

Und ein weiteres Jahrzehnt brauchte ich, um zu begreifen, daß es sich mit der Literatur nicht anders verhält, daß auch hier der erste Eindruck (fast) nie täuscht, daß man die Güte eines Textes sofort *spürt* und erst viel später, vielleicht, begreift – und daß alles andre von Übel ist und scheinheilig und: unvergnüglich. Ja, man kann den Blues lieben, den Rock lieben und muß seine Nickelbrille deshalb noch lange nicht abgeben; jede Person, das wissen mittlerweile selbst »petra« und »Brigitte«, besteht aus mehreren Persönlichkeiten – schreckliche Vorstellung, daß wir aus *einem* Guß sein müßten: Joyce-Leser, Al DiMeola-Hörer, bekennender No sports-Anhänger, Rotweintrinker und Freund aller häßlichen Frauen ... Nein, so stringent sind wir zum Glück nicht, es lebe das Dividuum: Meinethalben lesen wir Joyce, aber gerade *weil* wir das tun, hören wir mit einem andern Ich in uns den schönsten Schweinerock à la »Highway To Hell«; und am nächsten Tag drehen wir die Perspektiven um und lesen Sarah Kirsch, hören dann allerdings etwas derart Komplexes wie »Thick As A Brick« – erst in diesem Wechsel ist uns das Leben eine Lust.

Denn auch die Literatur muß endlich wieder raus aus dem Homeland für die sogenannten Bildungseliten, muß »volkstümlich« werden – jedoch bitte nicht im Sinne von kollektiver Rock'n'Roll-Kampfgymnastik der 50er oder ähnlichen Albernheiten![5] Ganz zu schweigen vom Mainstream, der uns via Dudelfunk Weghörerlebnisse rund um die Uhr beschert – wer Musik liebt, der hat sich das Radiohören sowieso längst abgewöhnt. Und tröstet sich mit dem stillen Wissen darum, daß nicht nur (der heutige) Michael Jackson, (die gestrige) Madonna oder wie sie auch heißen, die PR-Produkte unsrer Popkultur, die amerikanischen Stadien füllen, sondern z. B. auch eine Band, die seit etwa 30 Jahren keinen einzigen Hit gelandet hat und so gut wie nie im Radio zu hören ist – Grateful Dead. Und tröstet sich mit dem meistgespielten Stück in deutschen Diskotheken, nämlich? Immer noch »Stairway to Heaven«, man staune – irgendwie scheinen die Radiosender mit ihren computergefertigten »Playlists« die Musik nicht totzukriegen.

Spätestens jetzt dürfte auch dem wohlwollenden Leser klar geworden sein, daß dieser Artikel aus allerniedersten Motiven geschrieben wurde: Tabula rasa will er machen, jetzt, wo mit dem Aufräumen schon mal beim Grass angefangen wurde,[6] und dann weiß er uns nichts Neueres anzupreisen als Rock und Blues! Ob der Kerl denn noch nichts von Techno gehört hat? Oder zumindest von HipHop, House, Dancefloor, Crossover, Jungle? Und ob er nicht endlich erwachsen werden sollte und – klassische Musik hören?

Also gut: Natürlich gibt's nicht nur ein Leben jenseits der (»epigonalen«) Bestseller-, sondern auch eines diesseits der (»avantgardistisch« orientierten) Bestenliste. Rock – das ist eben nicht zwangsläufig die ewige Party, die uns der Zeitgeist in Form von Techno oder Dancefloor vorgaukelt. Beim Rock wie beim Blues kann die Post zwar gewaltig abgehen, genausogut und -oft aber auch der große Weltschmerz, beide speisen sich aus der *Fülle* menschlicher Regungen von »Supper's Ready« bis »Anarchy In The U. K.« – will sagen: sie haben mit dem Zeitgeist mittlerweile kaum mehr was zu tun, schlimmstenfalls überleben sie ein paar Jahre in den Vorstadtschuppen, dort, wo man sich nicht so leicht was vormachen läßt in Sachen Sound. Weil man noch weiß, daß die Avantgarde von heute – morgen nichts andres sein wird als Schnee von gestern.

Nichts also gegen die singenden Schlümpfe, schon gar nichts gegen Edelkitsch à la »Nothing compares 2 U«, und bei Youssou N'Dour, Scatman John oder Ine Kamoze (»I'm the lyrical

71

Willi Dixon

Otis Spann   Champion Jack Dupree

J. T. Brown   B. B. King   Luther Allison

Albert King   Howlin' Wolf   John Lee Hooker   Muddy Waters   J. B. Hutto

Jimmy Page   Robert Plant   Stevie Ray Vaughan

Peter Green   Christine Perfect   Stan Webb

Alvin Lee   Eric Clapton   Jeff Healey   Johnny Winter

John Mayall

Querelle des Anciens et des Modernes

gangster« – was für eine Zeile!) gerate ich sogar ins Mitschwingen. Selbst die experimentelle Literatur – aber halt, ich wollte ja im Bilde bleiben: selbst die experimentelle Musik hat ihren Sinn – insofern, als man sich »Revolution N° 9«, »Sing This All Together (See What Happens)« oder »Rude Awakening N° 2« wirklich nur ein einziges Mal geben muß, um zu wissen, was Beatles, Stones und CCR wirklich nicht konnten (und Pink Floyd auf »Umma Gumma« übrigens auch nicht). Alles darf, soll, muß sein – als vorübergehende Zeiterscheinung, als kurzfristig hochgepushte Mode, die der Rockmusik als Ganzes wichtige neue Bereiche eröffnet – freilich sollte man hier nie den Basso continuo mit ein paar drübergemixten Synthi-Fanfaren verwechseln!

Denn, und damit sind wir bei Ihrem zweiten Einwand, denn ob die Rockmusik als Hardrock, Heavyrock, Punk, Heavy Metal, Gothic, Indie, Death Metal, Grunge oder als was-weiß-ich etikettiert daherkommt, sie bestimmt seit annähernd 30 Jahren unser Leben. Sollten wir nicht längst schon Abschied genommen haben von jener angeblichen »Jugendkultur« und folglich »erwachsen« sein – sprich Hörer *klassischer* Musik? Aber wir *sind* erwachsen geworden und *es geht einfach nicht*, diese gesamte klassische Musik, sie ödet uns in ihrer musealen Aufbereitung, die gar kein unmittelbares Hör-Erlebnis mehr zuläßt, sie ödet uns an, oder eher noch: sie macht uns fast ein wenig ungeduldig, so fremd und folgenlos zieht sie an uns vorbei – honoriger Popanz einer längst untergegangnen Epoche, in die wir uns nicht einmal für die Dauer einer Kleinen Nachtmusik zurückflüchten können. Während allerorten »Klassik-Radio« mit Versatzstückchen aus dem hehren Fundus um die letzten Hörer wirbt, ist ein Paradigmenwechsel von unerhörtem Ausmaß im Gange: Und so, wie in einer Serie zusammenschnurrenden Menü-Fenster (richtig: Mausklick + Alt) für uns mehr an ästhetischer Erfahrung steckt als im omnipräsenten Dauerlächeln der Mona Lisa, so könnten auch alle Wundertenöre dieser Welt gemeinsam ihre Goldkehlchen bemühen, wir würden unter unsern Walkmännern trotzdem Howlin' Wolf zuhören und seiner markerschütternden Beteuerung, er sei zwar bestimmt nicht »Superstitious«, aber ...

... wenn man sich erst einmal eingestanden hat, daß wir in einer epochalen »Sattelzeit« leben, daß hier und jetzt ein halbes Jahrtausend mitteleuropäisch geprägter Lebenskultur untergeht, während gleichzeitig eine neue (keinesfalls bessere) Welt entsteht, deren Leitmotiv hinter allem Gescratche und Gesampel ein ehrlicher, handgemachter Rock ist: dann wird man nicht mehr umhin können, den flächendeckenden Verriß des neuen Grass-Romans als ein Fanal für die deutsche Literatur zu deuten,[7] als Alarmsignal, daß die Literatur endlich auch wieder außerhalb der unentbehrlichen »Readme«-Dateien stattfinden, daß endlich Schluß sein muß mit E-Betulichkeit im schlechtesten Sinne: Die neue deutsche Literatur muß sein wie Rockmusik; noch immer mag sie durch den Kopf gehen, vielleicht aber auch mal gleich in die Beine oder durch den Magen oder sonstwohin – und von dort erst in den Kopf: »I Put A Spell On You« – dieser mit aller Kraft herausgeschrieene Wille, der die Integrität des Sängers in jedem Ton und jeder Silbe verbürgt, der muß als Garant einer inneren Notwendigkeit auch jedes literarische Werk durchpulsen – und dann wird auch keiner mehr dazu sagen: Der Text ist deswegen wahr/gut/schön, weil er dies und jenes Thema entdeckt, diese und jene Form erprobt – Innovation ist kein ästhetischer Selbstwert! –, sondern: weil er wahr/gut/schön ist. Man erinnre sich des verpackten Reichstags, man erinnre sich jedes einzelnen Stückes von Led Zeppelin, von Bauernfängern wie »Whole Lotta Love« bis hin zu meditativen Erlösungsphantasien wie »Kashmir«, die Kritiker wie »Massen« gleichermaßen begeister(te)n mit ihrer existentiellen Glaubwürdigkeit: Literatur muß sein wie – Led Zeppelin.

Naja, vielleicht reicht fürs erste auch schon: Literatur muß sein wie die No name-Combo aus Rosenheim, die vor 30 Zuhörern – nicht etwa um die Abendgage spielt oder den Applaus, sondern: um ihr Leben.

GEMISCHTE GEFÜHLE BEIM VERZEHR VON HUMMERSCHWÄNZEN

Über das Vergnügen an poetischen Gegenständen

Daß ein Buch sowohl dem Autor als auch dem Leser Vergnügen bereiten soll, versteht sich von selbst. Spätestens mit den Publikationen der 78er-Generation ist die deutsche Gegenwartsliteratur aus dem Stadium der Selbstherrlichkeit wieder heraus- und in das der Selbstgenügsamkeit hineingeraten, begreift sich weniger als moralische Anstalt denn als un-moralisches Angebot für Lauf- und Stammkunden. Doch daß nicht nur unter den Begriffen »Autor« und »Leser« Tausenderlei subsumiert wird, sondern ausnahmslos unter *jedem* Wort, das wir in den Mund nehmen: das wird beim derzeitigen Gerangel um angebliche »Vergnüglichkeit« US-amerikanischer bzw. »Unvergnüglichkeit« deutschsprachiger Literatur allzuoft vergessen. Was soll denn das heißen, was *ist* denn »vergnüglich«? Und was ist es nicht?

»Wir wollen unterhalten sein!« rufen die einen und fordern Aufhebung des Abschiebestops für »die« deutsche Literatur; »unterhalten sein, das wollen wir aber gerade nicht!« erbosen sich die andern und rümpfen ihre schöngeistigen Nasen über Stapeltitel und Schnelldreher aus der unschönen Neuen Welt. Schade eigentlich, daß sich beide Seiten im Eifer des Gefechts auf jeweils *eine* Art des Vergnügens beschränken, auf Cola *oder* Rum, Gin *oder* Tonic; und schade auch, daß die Debatte aufgrund der (völlig willkürlichen) Polarisierung des Begriffs überhaupt nur noch zwei Erscheinungsformen der Sache selbst zu kennen scheint …

Was ist aber zum Beispiel – um das Vergnügen an »russischer«, »italienischer«, »französischer« Literatur bzw. den damit verknüpften Klischeevorstellungen außen vor zu lassen – was ist mit dem Vergnügen an der Lektüre von Brockhaus-Lexika, von Atlanten und Bildwörterbüchern (ja, ich spreche von *Lektüre*!), was ist mit dem Vergnügen an der unendlichen Geschichte des »Standardwerks zur deutschen Sprache«, dem Duden? Zwölf Bände hat das Meisterwerk inzwischen erreicht, und wenn ich hier gerade *mein* Vergnügen an Literatur einklage, dann weiß ich, klappentextgeprüft & rezensionsgeläutert, auch warum: »Ah, diese Souveränität der Verknappung, wie sie uns schon ›Band 1: Rechtschreibung‹, diese Mutter und Großmutter aller Duden, auf unnachahmliche Weise demonstriert, diese strenge Engführung des sprachlichen Materials, dieser präzis kalkulierte und mit müheloser Leichtigkeit bis zur letzten Zeile durchgehaltne Ton, der unsrer Zeit so treffend den Spiegel vorzuhalten weiß, diese – diese –

– wo waren wir stehengeblieben?« Bei der Allerweltsweisheit, daß die bloße *Zwei*teilung des literarischen Genusses eigentlich längst schon den Beauftragten für Minderheitenglück auf den Plan rufen müßte; in absehbarer Zeit wird wohl auch der Beauftragte für Mehrheiten, der Berufsfeuilletonist, nicht mehr umhinkönnen, das beflissene Gezeter auf beiden Seiten als das zweier Interessengruppen zu geißeln – und »die« bezeterte Paradeliteratur hoffentlich desgleichen.

Die Paradeliteratur *beider* Parteien: Denn nicht etwa bloß neunzig Prozent der importierten US-Ware bedienen sich im Grunde altbackner Realismus-Schnittmuster, als hätte's eine literarische Moderne nie gegeben; auch neunzig Prozent der deutschsprachigen Produktionen hinken (wie *jede* Literatur in *jedem* Land zu *jeder* Zeit) hinter ihrer, hinter unsrer Epoche her – und diese Epoche ist nun mal, ob man will oder nicht, die der bewegten Bilder und der schnellen Schnitte! –, neunzig Prozent unsrer Gegenwartsliteratur sind in ihrem Mißtrauen gegen Aktion, Spannung, Lust, gegen jegliche Mittel der Leser(ver)führung mittlerweile alles andre als wettbewerbstauglich auf dem freien Weltmarkt: Dort nämlich hat man begriffen, daß zu einem guten Buch nicht nur Tiefsinn und Trauer gehören, nicht nur Betroffenheitstalent oder Fingerspitzengefühl für schiefe Metaphern, sondern auch ein vielschichtiges Vergnügen an der Fabelführung, an Anti-Fabelführung meinetwegen –, man hat begriffen, daß ein Buch auf *all* seinen Ebenen und Meta-Ebenen funktionieren muß, um mehr zu sein als bloßer Zeitvertreib oder verkopfte Offenbarung des Weltgeistes.

Der seinerzeit von Uwe Wittstock gemachte Vorschlag, die deutsche Literatur solle doch das Gute der Bestseller endlich zur Kenntnis nehmen und etwas Besseres daraus machen,[1] hat also für besagte neunzig Prozent durchaus seine Berechtigung – sofern er mit einem Gegenvorschlag verknüpft wird: dem nämlich, daß auch die Unterhaltungsschriftsteller etwas von ihren angeblich unterhaltungsfeindlichen Kollegen zu lernen hätten – beispielsweise, daß es beim Schreiben nicht nur ein Vergnügen gibt, sich in seinen Gegenstand zu versenken, sondern ein damit verknüpftes, sich eine eigne, unverwechselbare Sprache dafür zu erschaffen. Mit andern Worten: daß zum Wortweltenerbauen *beides* gehört, die (Phantasie-)Welt *und* das dazu einzig passende Wort. Und daß man, um es zu finden, oft improvisieren muß,[2] daß es folglich mehr bedarf als des kalifornischen Schreibprogramms »Plots Unlimited« und der nötigen 249 Dollar Startgeld, für die man sich jede Art von Text aus »mehr als 200 000 Kombinationen von Themen, Konfliktsituationen und Charakteren« zusammenklicken kann.[3]

Seit jeher gehört ja zur Arbeit des Autors ein derlei übergreifendes Lesen und Lernen vom jeweils andern Extrem – aus *allem* kann er seinen Nutzen ziehen, aus Comic-Sprechblasen, Rap- und Rock-Zeilen, Dissertations-Titeleien, Anrufbeantwortersprüchen, kalifornischen Handbüchern und natürlich auch aus der Sprachkunst eines Martin Amis, der übrigens unter »*englische* Literatur« fällt, obwohl er sich wie ein knallharter US-Abzocker liest: »Schon gut, Leroy! Ganz ruhig, Leroy. Alles klar hier, Kumpel. Ich gehe. Da ist Geld. Dawn, halt die Ohren steif.«[4] Schon gut, Martin! Alles klar hier, Kumpel. Ich lerne. Und halte die Ohren steif …

Lernendes Staunen, staunendes Lernen – das ist nicht nur die höchste Form des Lesens, sondern notwendige Ausgangsbedingung auch allen Schreibens: lernstaunende Lust am Fremden, an der Verunsicherung durch das ganz andre in Inhalt wie Form. Die Vielheit an Vergnügungsaspekten, die bei derart unprogrammatischer Rezipierweise auf einen Autor-Leser lauert, ist nicht etwa erst Resultat des postmodernen *All you can eat*, sondern von jeher *das* Spezifikum von Lektüre schlechthin.

Freilich, und dies zum Unglück der Literatur, scheint's im Moment weitgehend vergessen zu sein, daß es eine Hierarchie des Vergnügens gibt, ähnlich derjenigen, wie sie Platon hinsichtlich des Eros und, zweieinhalb Jahrtausende später, Hofmannsthal hinsichtlich der Literarizität von Literatur exemplarisch dargestellt haben:[5] Mit dem Vergnügen an Konsaliks *Wurstel con Krauti* mag sie beginnen und über Handkes »gepflegte Hausmannskost« bzw. Nadolnys »gutbürgerliche Küche« bis zu den Drei-Sterne-Kreationen einer Kronauer und den 19,5-Mützen-Texten eines Enzensberger reichen –, je höher wir uns allerdings in der Hierarchie des Genusses hinaufschmecken, desto häufiger scheint uns eine Prise Salz zu wenig hier, eine Spur Essig zu viel dort: Mit der Komplexität der Gerichte vervielfältigt sich auch die Gefahr des Scheiterns, als Koch wie als Konsument; doch würde ein überzeugter Gourmet deshalb gleich a priori jede Lust auf Hummerschwänze dahinfahren lassen? zugunsten eines weltweit standardisierten Cheeseburgers, an dem qua Rezeptur einfach nichts mehr falsch zu machen gelingt?

Genau in diese Frustrationsverweigerung begeben sich die Gegner der vielen kleinen und großen Gasthäuser, die zur Zeit unter der Branchenüberschrift »Neudeutsche Küche« drauf & dran sind, pleite zu gehen: Sie verkennen, daß hier auf einer ganz andern Höhe gekocht wird, und daß hier ein Scheitern noch immer ehrenwerter sein kann als ein Erfolg knapp oberhalb des Knackwurst-Niveaus; sie verkennen, daß ein Vergnügen an poetischen Gegenständen lediglich an der *Basis* der Literaturpyramide breiten Leserschichten vergönnt ist, verkennen, daß ein extravagant angerichtetes Buch verdammt selten auf adäquat feine, nervöse, vielleicht sogar: dekadente Geschmacksnerven stößt – das wäre ja auch der nackte Elitarismus!

Wenngleich ein Elitarismus des Laisser-faire, der die vorherrschende Cheeseburgerei nicht bekämpft, nicht einmal belächelt, sondern ab & zu gern selber daran teilnimmt: Nicht alles am Cheeseburger ist Käse, und überdies stecken in jedem von uns *mehrere* Persönlichkeiten, deren konträre Vorlieben »reihum« befriedigt werden wollen.[6] Doch auch ein Laisser-faire hat seine Grenze, und zwar dort, wo die quantitative Überzahl an Fast food-Freunden über die Qualität dessen zu Gericht sitzt, was an der Spitze der Pyramide goutiert wird: Ein »größtmöglicher Konsens« oder gar das »größte Glück der größtmöglichen Zahl«[7] hat nämlich nichts mit Literatur zu tun, die ihrem Wesen nach nie »demokratisch« sein kann. Nein, an ihrer Spitze wird sie allein deshalb serviert, damit sich eine Minderheit an ihr gütlich tun und dabei über sie und sich selbst verständigen kann, in einer Sprache, die noch nicht korrumpiert ist durch das Dummdeutsch der Talkshows und die damit verknüpften Standardwerte des Vergnügens: durch den DAX (Deutscher Amüsement-Index), dessen tägliches Fixing an den Feuilleton-Börsen stets im festen Blick auf die Nominierung des Dow Jones geschieht ... Literatur ist *kein* Massenmedium (mehr), Gott sei's gepriesen, sondern eines der Außenseiter, die es als allervergnüglichst empfinden, Außenseiter zu sein, und die es im Grunde genau wissen, daß sie ihre gute Laune dem breiten Fuß der Leserpyramide verdanken, aus dem sich spätere »Spitzenleser« ja rekrutieren.

Ver*danken*, wohlgemerkt; nur im Moment, da sich der Fuß anschickt, Kopf sein zu wollen, da muß diese Minderheit offensiv werden: und den Cheesebürgern klarmachen, daß aus dem Satz: »Jeder Autor hat lediglich die Leser, die er verdient« notwendig folgt: »Jeder Leser liest auch nur die Autoren, die *er* verdient.« Und daß es der Herrgott in seiner wundersamen Weisheit gut so eingerichtet hat, zum Wohle aller Beteiligten, und daß sich mithin die Freunde des schnellen Vergnügens, die von der Hand in den Mund leben, nicht anmaßen sollten, mit ihren verkleckerten Fingerspitzen an einem Hummerschwanz herumzugrapschen: *Der* nämlich ist für sehr, sehr wenige zubereitet; um ihn zu genießen, bedarf's mehr als der Fingerfertigkeit, die man im Umgang mit Bratlingen und Sesamsemmeln erwirbt – »man erhummert das Hummer-Essen nicht«, sagt Nietzsche oder meint es zumindest –,[8] bedarf es eines größeren Zeitaufwands, als zum Anschmecken und Queressen in einer Imbißbude vonnöten ist. Und bedarf's, nicht zuletzt, sogar eines Quentchens Mißvergnügen, wie es Schiller als notwendigen Teil jeden höheren Vergnügens nachgewiesen hat:[9] Nicht nur der Autor leidet an seinem Buch, auch der Leser – *und für beide sind es gerade die gemischten Gefühle, die das künstlerische Vergnügen am betreffenden Werk verbürgen!* Jedes ungemischte Vergnügen hätte sich ja nach einmaligem Genuß von selbst erledigt – dies ins Stammbuch bzw. auf die Speisezettel all der Vielfraße, die sich von einem »reinen Vergnügen« zum nächsten lesen, nimmermüde die Bestsellerlisten hinauf, nimmersatt die Bestsellerlisten hinunter: Spannend, nicht wahr? Doch wohl allenfalls bis zur letzten Seite.

Wie gesagt: Nichts, gar nichts gegen Cheeseburger und -bürger. Wer aber ausschließlich geradeaus schlingen kann und also einen krumm gebauten Satz schon als »manieriert«, als bloßes Hindernis auf dem Weg zur schnellstmöglichen Befriedigung des Lesehungers empfindet, der sollte sich bitte, gerade als feuilletonistischer Vorkoster der Nation, zurückhalten, wenn's darum geht, Hauben und Sterne zu verteilen. Denn die Geschmäcker sind zwar verschieden, über Geschmack jedoch läßt sich *nicht* mit jedermann streiten.

ZWEITER TEIL
1990–1994

»Ich liebe dich.«

Über die Schwierigkeiten, einen einfachen Satz zu Papier zu bringen –

– habe ich immerhin rund 160 Sätze zu Papier gebracht; die Schwierigkeiten, die dabei überwunden werden mußten, waren programmgemäß enorm, da's ja *einfache* Sätze zu formulieren galt, Sätze, die der deutschen Grammatik frönen, also etwa: Subjekt – Prädikat – Objekt – Punkt. Ich werde zu beweisen suchen, daß mir das wesentlich schwerer fällt als z. B. Objekt – Subjekt – Prädikat – Punkt; nicht etwa, daß mir die Worte – oder eben die Sätze – im Munde zerfielen wie die notorisch »modrigen Pilze«![1] Das wäre ja noch etwas; aber im Gegenteil: Egal, was ich in den Mund zu nehmen suche, es schmeckt bereits wie ein fertiges Pilzgericht.

Andernorts habe ich behauptet, ein Gedicht wie etwa »Verschiedene Formen von Liebe soll's geben« – mit seinen 23 Versen paßt es bequem auf eine Buchseite – ließe sich in ganzen zwei Minuten aufnotieren.[2] Das Gedicht besteht aus 14 Sätzen (die Zählung ist aufgrund der schrägen Interpunktion etwas beherzt); und wenn wir unterstellen, daß ich natürlich ein wenig vollmundig daherkommen wollte und in Wirklichkeit 2 Minuten 20 Sekunden gebraucht habe, so ergäbe sich ein Schnitt von 10 Sekunden pro Satz. Und damit die Frage, ob ich hier nicht besser über die unerträgliche Leichtigkeit schreiben sollte, wie sich Sätze ruckzuck und von selbst zu Papier bringen?

Gut, sprechen wir erst einmal über die Leichtigkeit; ich bleibe bei meinen zwei bzw. knapp zweieinhalb Minuten und behaupte, die Entstehungszeit des Gedichtes hätte sich sogar noch verkürzen lassen, wenn ich nur schneller schreiben könnte: Denn die Vision – und *jedes* Stück Literatur beginnt mit einer Vision, andernfalls ist's bloß ein wortreich artikulierter Wunsch, Literatur zu *machen* –, denn die Primärvision rüpelt recht ungebeten zur Tür herein, läßt sich von keiner Ausrede abwimmeln, nimmt keinerlei Rücksicht auf etwa anwesende Gäste, sondern gleich Platz und das Maul voll: Es bleibt einem gar nichts andres übrig, als so schnell wie möglich hinterherzuprotokollieren. Einmal überfiel mich die Vision, als ich in einem Café saß, mitten im Gespräch mit dem Leiter des Marstalltheaters, der mich beredete, das Libretto einer Kurzoper zu übernehmen. Ich hasse Opern und war also ständig dabei abzuwinken; doch als mein Gesprächspartner ganz beiläufig meinte, ich solle doch über die Liebe schreiben, da war sie schlagartig da, die Vision. Über die Liebe schreibt man ja ständig –, also besonders originell war der Vorschlag nicht und sollte's auch gar nicht sein. Aber irgend etwas kam da zu dem Vorschlag dazu – die sympathische Tonlage, in dem er vorgebracht wurde, das Nachmittagslicht, der Kaffee, was weiß ich: Plötzlich regnete die Konversation bloß noch durch mich hindurch wie ein wohliger Schauer – Achtung, ich werde gerade »lyrisch«! – und ich sah einen Mann vor mir: nicht meinen Gesprächspartner, sondern einen Phantasie-Dummy, einen gesichtslosen, konturlosen Mann, wie er Tag für Tag an seinem Fenster steht und einen Schatten beobachtet im gegenüberliegenden Häuserblock. *Nicht* die dazugehörige Frau, nein: ihren Schatten, der seiner unendlichen Sehnsucht ja weit raffiniertere Wünsche erfüllen konnte –, bis dieser Mann eines Tages, sehr zu seiner Empörung, mit der wirklichen Frau konfrontiert wird ... Das gewünschte Libretto, »Die Frau mit dem Schatten«, entstand also zwar fast wider Willen, dafür aber noch schneller als besagtes Gedicht: 22 Seiten Text sozusagen in weniger als einer Minute.

Nunja: *sozusagen*, will meinen: nicht eigentlich das Libretto selbst war plötzlich da, sondern nur der *Schatten* eines Librettos, die fern aufschimmernde Vision desselben, an die sich's in zahlreichen Schreibetappen erst noch heranzuarbeiten galt –, aber was heißt hier »nur«! Jede Reise beginnt lange vor dem ersten Schritt, beginnt mit der Glücksvorstellung eines *letzten* Schrittes – andernfalls würde man sich doch gar nicht vom Fleck rühren.

Ein derartiger Glückszustand, Trancezustand, wie er der eruptiven Erstniederschrift dramatischer, lyrischer, prosaischer Texte unmittelbar vorausgeht, läßt sich ebensowenig verhindern wie verschieben noch gar künstlich evozieren; gleichwohl ist er – paradox genug – das entscheidende Moment in der Arbeit des Schriftstellers, die ja hauptsächlich darin besteht, ebenjener Inspiration die Schrift hinterherzustellern. Stets vergeblich, das fertige Werk bietet immer nur einen Abglanz dessen, was man vor dem innern Auge prallbunt vor sich sah; das zentrale Glück des Schreibenden, um die Sache auf den Punkt zu bringen, liegt im Nicht-Schreiben, im Noch-nicht-Schreiben, und: es verleitet dazu, stets von neuen Projekten zu schwärmen – nicht unerheblich bei Vertragsverhandlungen! –, während der Blick zurück auf die bereits publizierten Texte bloß mit leichtem Mißmut erfolgt und also möglichst selten: Die Sollbruchstelle zwischen Idee und Erscheinung ist eben nicht zu übersehen.

Nachdem ich ein wenig von meinen Glücksräuschen geschwärmt habe einschließlich der sich am Ende daraus ergebenden Katerstimmungen, erlaube ich mir jetzt die Ernüchterung: und beginne, über die Schwierigkeiten zu lamentieren, einen einzigen Satz ordnungsgemäß aufs Papier zu bringen.

Nämlich über die Schwierigkeiten *jenseits* derartiger Phantasiegelage – über die Verlockungen eines real existierenden Sommersonntags, das Problem der leeren und das der zerrißnen Seite, über die Mannigfaltigkeit an Arbeitsverhinderungsstrategien, an Ersatzhandlungen, sobald *Big Business* auf dem Programm stehen sollte.[3] Doch halt, derlei Schwierigkeiten kennt schließlich jeder Schreibtischtäter, und fatal wär's, dem unendlichen Klagelied darüber ein weiteres scheinheiliges Verslein anzuhängen: »Ich habe keine Lust zu schreiben, aber manchmal hat die Lust eben mich.« – Nein, ein derartiges Aperçu, so glatt es auch über die Zunge glitscht, es wäre gelogen. Nichts ist schlimmer als dieser larmoyant anklagende Ton, in dem sich gewisse Autoren das Gewicht der Welt auf die Schultern wuchten und sich dann auch noch darüber beschweren. *Natürlich* habe ich Lust zu schreiben, Lust, Vergnügen, Freude, Spaß am Schreiben, andernfalls wäre ich schließlich Rennfahrer geworden oder Lokführer. Etwaige technische Schwierigkeiten sind ja nicht etwa bloß deshalb da, um überwunden zu werden, sondern – so rede ich mir ein – sie dienen der Erzeugung von Überwindungslust.

Wenn ich hingegen behaupte, ich hätte mittlerweile kaum mehr Lust zu lesen, so fürchte ich, daß ich damit *nicht* gelogen habe. Denn selbstverständlich brauche ich einen Hauptschuldigen an meinen Problemen, einen einfachen Satz zu Papier zu bringen – einen *einfachen* Satz, wohlgemerkt: »Ich liebe dich«, Punkt. Um keine Mißverständnisse aufkommen zu lassen, will ich ganz klar machen, daß ich beim Sätze-Schreiben zu einem Drittel Traditionalist bin, zu einem zweiten Drittel – *auch* und zu einem dritten Drittel erst recht: Ein Sätze-Schreiber hat meiner Meinung nach die verdammte Pflicht, sich mit der literarischen Tradition des Sätze-Schreibens vertraut zu machen; er muß nicht *alles* gelesen haben, versteht sich, aber es sollte doch ausreichen für einige heilsame Schockerlebnisse. Wer unsre quälend lange Tradition *nicht* zur Kenntnis nimmt, ist in meinen Augen vergleichbar demjenigen, der entdeckt, wie sich eine Ravioli-Dose ausnehmen läßt, und gleich ein Feinschmeckerlokal eröffnet: Schreiben ist ja nicht zuletzt *auch* Dienst am Kunden; dazu freilich muß man wissen, was man kann und was man nicht kann, was andere dem Leser bereits serviert haben und mit welchen Sushi-Röllchen und Wachtelbrüstchen man zur Zeit seinen Appetit weckt: Zur *emotionalen* Phase einer »Zweiminutenniederschrift«, die auch für mich eine zwingende Ausgangsbedingung ist, muß die (oft jahre-, jahrzehntelange) Phase der Überarbeitung treten –, und die kommt ohne Blick über den eignen Tellerrand nicht aus.

Doch wohin soll man heute blicken, wenn man ein paar anregende Rezepte sucht, wenn man seinen Größenwahn pflegen und etwas kreieren will, das dann vielleicht auch andernorts auf die Speisekarte gesetzt werden könnte? »Die Tradition« – ist das nun die Eloquenz eines Hofmannsthal, ist das die reduktionistische Kargheit eines Kafka, die Satzzertrümmerung eines August Stramm, ist das die betulich gedrechselte Periode eines Thomas Mann, die so selbstgewiß daherstratzt, als hätte's ein zwanzigstes Jahrhundert nie gegeben? Bieten sich für uns potentielle Meisterköche nicht viel zu viele Schweinebraten und Langusten in Weißweinsoße und Speckeierkuchen und Hammelnieren auf Großmutterart an, als daß wir nicht Gefahr liefen zu verhungern wie Buridans Esel vor den zwei Heuhaufen, zwischen denen er sich nicht entscheiden kann (und ich rede hier ausschließlich von *Schreib*-Traditionen, von Stilistik, nicht etwa von thematischen oder bildmotivlichen Konstanten)? »Kunst ist Satzbau«, wissen wir von Benn,[4] aber welche Art von Satzbau ist Kunst? Sicherlich nur eine solche, die über die Möglichkeiten des mechanischen Normalsatzes nach Duden-Norm, über die Möglichkeiten eines verpilzten Fertiggerichts mit Sättigungsbeilage hinausgeht – in welche Richtung, das darf zunächst sekundär bleiben. Damit aber muß der Satzbau eine direkte Funktion der verarbeiteten künstlerischen Tradition sein –, woher sonst bezöge er heute all seine Möglichkeiten, da die Zeit der Originalgenies längst abgelaufen ist? Die Fülle seiner Techniken, die Vielfalt an wortreichen Ablenkungsmanövern und überraschenden Griffen unter die Gürtellinie ist direkt proportional zur Summe an Gelesenem, sprich, Gelerntem:

☞ »Kunst = Satzklau plus x«

Oder anders formuliert:

☞ »Satzbautechnik = Lesemenge mal Neger im Tunnel«

Früher oder später indessen kehrt sich die schöne Formel in ihr Gegenteil um –, dann nämlich, wenn man sich von einem Buch zum andern, schlagartig und unwiderruflich, dumm gelesen hat, dann, wenn im Tunnel kein Neger mehr lockt, sondern *vor* dem Tunnel ein Verkehrsschild warnt, daß es jetzt gleich dunkel wird und man gefälligst sein eignes Licht zum Leuchten zu bringen habe ...

Die Schwierigkeit, einen halbwegs guten Satz zu Papier zu bringen, kann sich also auch darin begründen, daß man *zuviel* des Guten kennt. Gegenmaßnahme: produktive Ignoranz – und (im Falle von fahrlässiger Unproduktivität als nachträgliche Korrektur:) ein aktiv betriebenes Vergessen. Würde ich mich ständig an die entsetzlich vollendeten Satzkaskaden eines Nabokov erinnern oder an die niederschmetternd perfektionierte »Sentenzenschleiferei« eines Nietzsche, mir käme die notwendige Naivität abhanden, die Unbedarftheit, auch einmal selber den Schleifstein an die Sprache zu setzen: »Vieles sehen, vieles hören, viel an sich herankommen lassen«, so ließe sich eine Nietzsche-Sentenz für meine Zwecke zurechtschleifen, »und dann auch wieder viel vergessen«.[5]

Ich erspare mir an dieser Stelle den obligatorischen Seitenhieb auf unsre Gegenwartsliteratur: Erstens habe ich schon ein Drittel meiner Sätze verbraucht und muß mich zurückhalten; zweitens, glaube ich, gibt's im Verhältnis zur Gesamtmenge des Publizierten *nicht* mehr Bücher als früher, die man besser ignoriert oder zumindest schnell wieder vergißt. Nein, unser Literaturbetrieb ist nicht *schlechter*, sondern nur sehr viel umfangreicher geworden als derjenige vergangner Epochen und dadurch sehr viel unübersichtlicher. Wer weiß, was wir da alles – zu unserm Segen – verpassen? In einer Zeit, da in den allermeisten Buchhandlungen die Betriebsberater vorführen, wie man erfolgreich einen Taschenrechner bedient, und die Umschlagsgeschwindigkeit eines Buches zum obersten Kriterium erklärt haben, Stichwort »Laufkarte«, Stichwort »Warenwirtschaft«, müssen Verlagsprogramme zunehmend auf Novitäten zugeschnitten sein statt auf Pflege der Backlist, auf schnelle Plazierung von Bestsellern statt auf beharrlich betriebene Durchsetzung sogenannter »schwieriger« Titel; und wenn ich hier von Bestsellern rede, dann meine ich nicht Heftchenromane in Buchform à la Simmel – so etwas fällt nicht im eigentlichen Sinne unter »Literatur« –, sondern den gehobnen Trivialroman à la Siegfried Lenz, der neuerdings auch schon mal unter dem Pseudonym Günter Grass publiziert wird.[6] Gehobner Trivialroman? Weil der Autor längst nicht mehr für sein Werk mit der eignen Person einsteht: In neun von zehn Fällen wird ein Buch heute nicht mehr Satz für Satz, oder eigentlich: Wort für Wort *gelebt*, sondern Wort für Wort, oder eigentlich: Satz für Satz *gemacht*; die alljährlich erwartete Ablieferung eines »großen deutschen Romans« ist zum knallharten Termingeschäft geworden.

Der reißbrettartige Entwurf schnell konsumierbaren »Lesefutters«, wie es in den Verlagen abschätzig genannt wird, geht natürlich völlig in Ordnung; die Masse der Leser fordert Pilzgerichte und Ravioli aus der Dose – und man wäre ja dumm, wenn man sie mit Alternativen belästigen wollte: nicht zuletzt deshalb, weil die Verlage mit den Gewinnen aus der U-Literatur die vorprogrammierten Verluste mit der E-Literatur abfedern können. Bis hierhin wäre die literarische Welt für einen wie mich durchaus in Ordnung. Der kritische Punkt ist freilich dort erreicht, wo der Geschmack der breiten Masse zum Geschmacksurteil der »Gatekeeper« avanciert, wo sich berufne und selbstberufne Meinungsmacher vornehmlich damit beschäftigen, jedes Buch zu prüfen, ob es – wie's stereotyp heißt – »gut erzählt« ist, sprich: ob sich's auch mühelos verschlingen läßt. Denn ist der Massengeschmack erst einmal das Maß der Satzbaukunst, so wird im Handumdrehen all das aus dem Literaturkanon gestrichen, was nicht in einem Schnellrestaurant zum kantenlos konsumierbaren Subjekt-Prädikat-Objekt-Punkt zurechtgebrutzelt wurde. *Noch* ist es nicht soweit, gewiß; *noch* gibt es Literatur, die gegen traditionelle Lesererwartungen erzählt und zwar nicht mit der bloßen Hand zu essen ist, sondern nur mit Messer & Gabel,[7] dafür aber auch mit einem viel subtileren Aroma aufwartet, als es die Herren Auster, Baker, Boyle und wie sie alle heißen, die Halbjahresheroen der amerikanischen Plapperprosa, je zusammenwürzen könnten.

Spätestens an dieser Stelle ist es nicht länger zu kaschieren: Selbstverständlich rede ich als betroffne Partei – wer heutzutage noch an »Objektivität« glaubt, ist ja sehr zu bewundern –, selbstverständlich fühle ich mich angesichts des Siegeszuges von Subjekt-Prädikat-Objekt-Punkt in die Ecke gedrängt, und zwar ausgerechnet in *die* Ecke, wo's vor lauter Dudenredaktion, vor lauter Pressesprechern und Staumeldern und Beckenbauern und Wetterberichtern und Linguisten und Bademeistern und Siegfried Lenz sowieso schon ganz schön eng ist. Angesichts jener vollgestopften Ecke, wie soll ich da noch in Ruhe meine Schwierigkeiten angehen, einen simplen Satz zu schreiben?

Wirklich, ich würde ihn gern aufs Papier bringen, den simplen Satz, würde viel Zeit sparen, wenn ich ihn nicht mehr langwierig zu verkomplizieren hätte. Aber darf ich mir denn *auch* einfach eins dieser Standardmuster klonen, die allerorts als williges Transportmedium für Inhalte fungieren? Darf ich denn, um ein Beispiel zu geben, darf ich – wenn ich die Szene beschreiben möchte, in der ein Arabientourist des Abends erschöpft in sein Hotel zurückkehrt, erschöpft von der Hitze, dem Staub, den zudringlichen Kindern, den Bettlern, den Händlern, erschöpft also von seinem eignen Urlaub –, darf ich da Benns Diktum »Kunst ist Satzbau« reduzieren auf »Kunst ist Absatz-Bau« oder gleich »Kunst ist Fabelaufbau« und drauflosschreiben? Etwa so:

Er setzte sich neben das kleine Fenster seines Hotelzimmers und aß eine Melone, die leider schon ein wenig vergoren schmeckte. Deren Kerne, die ihn immer wieder am Kauen hinderten, spuckte er wütend durch das Fenster, hinunter in den Menschentrubel, der sich tosend durch die Gasse drängte: Vielleicht sollte das ja ein lautloser Hilferuf sein, während er auf den Lärm lauschte, der jetzt auch noch ergänzt wurde durch eine vorbeiziehende Festkapelle, in deren Musik die Passanten spontan einfielen. Sogar auf den Dächern der Häuser sah er viele Menschen, während die Sonne gerade unterging –, doch plötzlich mußte er sich übergeben. Trotzdem versuchte er anschließend noch, möglichst viele der Insekten, die sein Zimmer bevölkerten, zu erschlagen; dann legte er sich schlafen.

So weit, so schlecht. Damals, in den Jahren 1980 bis 86, als ich an meinem ersten Roman herumdokterte, damals steckte ich noch voller Energie und hackte unverdrossen auf meinen »einfachen Sätzen« herum, in denen die Erstniederschrift fixiert war. Ohne Rücksicht auf Verluste versuchte ich, Döblins Regenwurm-Prinzip in die Tat umzusetzen – »wenn ein Roman nicht wie ein Regenwurm in zehn Stücke geschnitten werden kann und jeder Teil bewegt sich selbst, dann taugt er nichts«.[8] Was ja nichts andres heißen soll als: Ein Prosatext hat nur so viel poetische Kraft, wie jeder seiner einzelnen Sätze mitbringt, das Ganze ist eben doch nicht mehr als die Summe seiner Teile. In der Praxis hört sich ein zerhackter Regenwurm folgendermaßen an:[9]

Lustlos erschöpft der Mensch aß seine angegorene Melone, spuckte die überlästigen Kerne durch sein Fensterquadrat ins Wüten der Gasse, ins Pfeifen Feilschen *Lachen Prahlen* etliche Stockwerke unter ihm
: schwarz gemorster Hilferuf, vergebliches Hinablauschen in Lärmdickicht
*Sinus*dauerton des Tosens
unvermittelt überlagert durch Musikleistung wilder Trompetenstöße – ein Festzug rhythmisches Klatschen Singen Trommeln unter seinem vergitterten Guckloch bahnt buntgeschmückt sich durch die letzten Tage der Menschheit.
Leeren Blickes der Leser las sich ins taumelnde Beben der Straßen, ins TUMMELNDE Leben auf angrenzenden Dächern; dahinter im letzten Sonnensinken rotflammend aufzuckte beliebige Bergkette.
Dann spuckte er ohne Kerne.
Legte
/wer »er«?/
seinen abgemagerten Körper in frisch bezogenes, also vom Vorgänger noch schmutziges Bett
, hungrig wie immer appetitlos wie immer,
nachdem er *obligatorische* Jagd abgehalten hatte auf Insekten. Mit mäßigem Erfolg: Gesprenkelt alle Wände von vielfachem M rd, doch allüberall das Leben ging weiter seinen vielbeinigen Gang – hinter dem Spiegel, in der Mauer, der Matratze – höllenschwarzes Loch der Verzweiflung starrte Man fraß in Zimmerdecke.

Wie nicht anders zu erwarten, erhielt ich für einen derartigen Hackbraten nicht überall 19 Mützen. Was für den einzelnen

Satz, den einzelnen Absatz sicher seine Berechtigung hat – die Konzentration auf höchstmögliche sprachliche Verdichtung –, über 560 Seiten Distanz sollte man eben als Autor nicht nur an sich selbst denken, sondern auch an den Leser, sollte man nicht nur eine mikroskopische Perspektive verfolgen, sondern gleichzeitig auch immer eine makroskopische: *Die Form ist der Inhalt* – eine meiner Leib- und Magenthesen, die ich in jeden Essay einstreue –, die Form ist der Inhalt, das heißt ja nicht, daß die Form den Inhalt ersetzt, ja noch nicht einmal: daß sie ihn dominieren darf; die These zielt vielmehr auf eine sehr subtile Balance zwischen Autor- und Leserinteressen. Und das hatte ich in einem Roman, der die Figur des Lesers explizit in die Fabel einführt, um sie dann genußvoll ermorden zu lassen – übrigens mit dem o aus dem Wort M rd –, das hatte ich in einem Roman, der mit dem Zerhacken und Zerlegen sogar vor dem Regenbogen nicht haltmachte, einfach noch nicht wahrhaben wollen.

Ein Verdikt freilich schmeichelte mir damals sehr, das Verdikt nämlich, mit den »Aus Fällen« ein typisches Stück »Germanistenprosa« abgeliefert zu haben: Germanistenprosa – darunter versteht der Kritikus etwas im Stübchen Ausgeschwitztes, aus purer Belesenheit Extrahiertes und in seiner Kopflastigkeit am drallen Leben bemüht Vorbeigeschriebnes; Germanistenprosa, das ist so in etwa der Versuch des Volltrottels, sich als coole Sau zu outen … Woher eigentlich kommt dieses landläufige Vorurteil gegen die Germanistik, sollte sie sich nicht schleunigst eine neue »Corporate identity« zulegen, auf daß sich ihr Image im öffentlichen Gespräch wieder aufpoliere? Denn eigentlich sind's ja wohl – und ich rede vom statistischen Bevölkerungsmittel, nicht von vereinzelten Ausreißerwerten –, denn eigentlich sind's ja wohl die Germanisten, die sich mit deutscher Literatur am besten auskennen sollten; und sogenannte Germanistenprosa müßte zumindest garantieren, im Bewußtsein bisheriger Erzähltechniken verfaßt worden und folglich nicht völlig unzeitgemäß zu sein. Was freilich erst die halbe Miete wäre.

Mit diesen Gedanken, es läßt sich nicht beschönigen, sind wir ebenso bei- wie zwangsläufig zwischen Skylla und Charybdis geraten, zwischen »eingängiges« und »innovatives«, fakten-orientiertes und formbewußtes Erzählen, zwischen *Dosen*- und *hausgemachte* Ravioli –, über hundert Sätze sind bereits gesagt, und der Schwierigkeiten, eine einfache Periode zu formulieren, sind dabei nicht weniger geworden. Wie sollten sie auch, wo die Leseerwartungen zwischen germanistisch geschultem und allgemeinem Publikum inzwischen scherenartig auseinanderklaffen! Dabei sind Geschmacksurteile, wie man von Kant weiß, keineswegs bloß subjektiv, also beliebig, sondern – wenn schon nicht beweisbar, so immerhin: »zumutbar«,[10] also in einem wohlwollenden Kreis von Kennern durchaus diskussions- und mehrheitsfähig. Wäre's nicht schön, wenn dieser Kreis sich wieder schlösse, wenn die Literaturkritik der Feuilletons sich wieder stärker an literaturwissenschaftlichen Vorgaben orientieren würde?

Freilich müßte die Germanistik ihrerseits auch endlich aus dem Dornröschenschlaf erwachen, in den sie sich mit ihrer anhaltenden Methodendiskussion selbst versetzt hat, sie müßte wieder Lust daran empfinden, in die aktuellen Debatten der Feuilletons einzugreifen, und sei's »lediglich« dadurch, daß sie sich nicht mehr zu fein ist, besagte allgemeinfaßliche Standards zu entwickeln. Nicht nur die Literatur, auch die Literaturwissenschaft ist Kunden-Dienst – und kein hermetischer Zirkel, für den ein Text immer aufregender wird, je mehr Fremdworte man an ihm erproben kann. Verstünde sich die Germanistik endlich nicht mehr als antiquarische, sondern als kritische Wissenschaft, dann könnte sich auch der Feuilletonist, der ja nicht selten in einem früheren Leben Germanist gewesen ist, ein Buch wieder »so liebevoll vor[nehmen], wie ein Kannibale sich einen Säugling zurüstet«;[11] hätten wir transparentere, unter Umständen sogar von einer breiteren Öffentlichkeit geteilte Bewertungskriterien, dann täte sich schließlich so jemand wie ich sicher leichter, seine Sätze erwartungsgemäß aufs Papier zu bringen – oder erwartungs*un*gemäß, je nachdem.

Eines der neu zu entwickelnden Germanisten-Kriterien, so mein Vorschlag, könnte der Verdichtungskoeffizient eines Textes sein, der sowohl Skylla als auch Charybdis in seinem Wert berücksichtigen sollte: Das, was ich vorläufig einmal als spezifische Dichte eines Textes benenne, hätte den sprachlichen Komplexitätsgrad einer ganzen Seite zu erfassen und in Relation zum darin erzählten Inhalt zu setzen, banalisiert als:

☞ »Seitendichte = Form geteilt durch Inhalt«

Sowohl Werte weit unter Eins als auch weit darüber wären ein Indiz dafür, daß ein Mißverhältnis vorliegt – ein Wert von 0,2 beispielsweise wiese auf einen action-orientierten Plappertext, der sich vorgestanzter Erzählschablonen bedient; ein Wert von 7 hingegen auf formverfexte Experimentalprosa, die vor lauter Avantgardinenpredigen das Erzählen vergißt. Die Werte, die sich auf der nach oben offnen Politycki-Skala ergäben, ließen sich übrigens in einem weiteren Schritt in Relation zueinander setzen: Die spezifische Seitendichte eines »Wilhelm Meister« verhielte sich etwa zu der des »Erdbeben in Chili« wie 1 zu 3, die des »Manns ohne Eigenschaften« zu derjenigen der »Buddenbrooks« wie 3 zu 1 usw. –

    – ich breche das Spielchen hier ab, obwohl ich keine geringe Lust hätte, mich auch gleich noch für eine Art Ponkie-Thermometer im literarischen Rezensionsbetrieb stark zu machen.[12] Ich verkneife mir das, denn bevor ich zu meinen zehn Schlußsätzen kommen kann, möchte ich an einem kurzen Textbeispiel zeigen, daß ich hier *wirklich* einmal über mein Kardinalproblem schreibe – das Problem, einen einfachen Satz ohne schlechtes Gewissen aufs Papier zu bringen. Und stehenzulassen. Hatte ich in meinem ersten Roman, den »Aus Fällen«, versucht, die dudenverordneten Satzmuster aufzuhacken, so versuchte ich im zweiten, dem »Taifun über Kyōto«, das genaue Gegenteil: nicht Reduktion des Wortmaterials aufs Wesentliche, sondern Musikalisierung, und zwar mittels Umstellung der traditionellen Sprachstruktur nach lyrischen, sprich, rhythmischen Gesichtspunkten. Als Rechtfertigung dieses Verfahrens wollte ich meinem Lektor die von Anfang an verrückte Perspektive des Ich-Erzählers verkaufen, die Exotik des Schauplatzes, die im Lauf der Geschichte alle »abendländisch«

tradierten Denk- und Darstellungsmuster umbiegen würde in gegenläufige »fernöstliche« –, und ich wollte darauf insistieren, daß sich das schließlich auch in einer *sprachlichen* Grenzüberschreitung adäquat abbilden mußte. In Wirklichkeit jedoch war ich an der Lyrifizierung von Sprache interessiert, was der Lektor schnell durchschaute, an der Rhapsodisierung des Erzählduktus, wie ich sie an alten Epen so bewundre. Hier also die erste halbe Seite des »Taifun über Kyōto«:[13]

»Wenn in die Hände man klatscht, man hört einen Ton. Welche Hand ist's, die ihn erzeugt?«
Mit unbewegter Porzellanmiene sie formulierte die Frage
, *meine* Frage,
und das Schweigen danach. Meine Frage, die für mich bloß erdacht war, für niemand anderen bestimmt: nur jetzt, nur hier, nur mir. Aufschimmerte kein Lichtstrahl zerblitzte in ihrem lackschwarzen Haar; kein jähes Aufbauschen des Kimonosaumes, kein Aufflattern der weiten Ärmelausschnitte zeigte, woher er wohl wehte, der Wind; keine Grille zerzirpte den Moment völliger Leere –, in den kunstvoll aquarellierten Teich, der in perspektivischer Verkürzung ihre Schultern umfloß, sprang ein –
nein: noch nicht einmal sprang ein Frosch. Überm papierglatten Wasserspiegel erglänzte der Schrein, hoch in die Kulisse dahinter der Berge zwang ich das Auge ins Dort: ins wolkenmusterumwehte Himmelsloch, ins –
– Dann antwortete ich, nur dir:

Nun, wie man die Frage *falsch* beantwortet, das läßt sich mittlerweile ja nachlesen. Man beachte aber bitte *auch*, daß bei weitem nicht *jeder* Satz nach melodischen Gesichtspunkten taifunisiert wurde. Sondern daß manch dudenmäßig gebaute Periode nur deshalb ins Schwingen gerät, ins Mitschwingen, weil das Textumfeld satzbautechnische Akzente setzt. Und da mein Lektor selbst bald infiziert war und anfing, wie er mir erzählte, sich im Gespräch mit Frau und Kind zu verraten – ich stelle mir Sätze vor wie: »Kannst du die Butter mir geben« oder »Zum Abendbrot leider ich komm heut erst später« –, da ich also freie Hand hatte, webte ich mir meinen Sprachteppich konsequent mit Webfehler; bald war ich ebenso süchtig nach ihm wie mein Protagonist nach dem tatsächlichen Webfehler im tatsächlichen Wandteppich, von dem im Buch erzählt wird. Ich will jedoch kein Hehl daraus machen, daß manchem ein entlyrifizierter »Taifun« besser gefallen hätte, ein »Taifun«, der sich herkömmlicher Windstärke bedient, Subjekt-Prädikat-Objekt-Wumm. Achtung, getürktes Zitat:

»Wenn man in die Hände klatscht, hört man einen Ton. Welche Hand ist's, die ihn erzeugt?«
Mit unbewegter Porzellanmiene formulierte sie die Frage
, meine Frage,
und das Schweigen danach. Meine Frage, die bloß für mich erdacht und für niemand anderen bestimmt war: nur jetzt, nur hier, nur für mich. Kein Lichtstrahl schimmerte auf und zerblitzte in ihrem lackschwarzen Haar … Ich zwang das Auge hoch, in die Kulisse der Berge dahinter, ins Dort: ins wolkenmusterumwehte Himmelsloch, ins –
– Dann antwortet ich dir:

Die Auffassungen zur Inversionstechnik gehen eben weit auseinander, »was manchen als den Lesefluß hemmende Marotte gilt«, schrieb ein Kritiker, »gefällt Sprach-Neugierigen durch ungewohnte Rhythmik«.[14] Sicher, man muß sich darauf einlassen – und erst recht auf die Übersetzung, die den anglophil verschobenen Satzbau des deutschen Originals konsequent wiedergibt als Filserenglisch: »If one one's hands claps, hears one a sound. Which is the hand that makes it?«[15] Auf *diese* Frage wüßte selbst ich keine Antwort mehr, dieser Satz, der ja mein eigner ursprünglich war, blickt mich so fremd an wie meine linke Hand. Ausschließlich die *Form* eines Satzes zu verändern, das geht gar nicht, man verändert damit immer auch seinen Inhalt –, und durch Umwandlung der Daktylen in Trochäen entzaubert man ihn regelrecht, nochmals das Original:
»Wenn in die Hände man klatscht, man hört einen Ton. Welche Hand ist's, die ihn erzeugt?«

Und nochmals die Fälschung inklusive vorprogrammiertem Wechsel des Versmaßes:

»Wenn man in die Hände klatscht, hört man einen Ton. Welche Hand ist's, die ihn erzeugt« – das ist hier die Frage, die nicht nur über das Timbre des Textes entscheidet, sondern über die Stimmung, die *zwischen* den Worten mitflimmert, und die deshalb in beiden Fällen völlig anders beantwortet werden muß. Von der Antwort aber hängt das Schicksal der Figuren ab, ja des ganzen Buches.

Und damit bin ich endlich bei meinen zehn Schlußsätzen angekommen: Aus der Schwierigkeit, eine kleine Nudelteigtasche zu füllen, oder eigentlich: aus der Art & Weise, *wie* man die Tasche um ihre Füllung faltet, läßt sich das komplette Menü induzieren; der Roman – ist eben doch nicht mehr als eine Serie von Sätzen? In jedem seiner Teile jedenfalls *ist* das Ganze, maßstabsgetreu verkleinert, bereits enthalten. »Ich liebe dich« –, wer hätte nicht Lust, diesen einfachsten, diesen Ursatz unbeschwert auszusprechen; doch wer hat ihn nicht schon viel zu oft gehört: im Film, in der Musik, womöglich im Leben selbst? Und nicht zuletzt in der Werbung: »Wie kann ich noch sagen, ›ich liebe dich‹, seit ich weiß, ›Autos lieben Shell‹« ...[16] Also bin ich gezwungen, die alte, uralte Aussage immer wieder neu zu verpakken und damit den Substanzverlust auszugleichen, den jede Stereotype mit sich bringt. Vielleicht allerdings auch, so glaube ich manchmal, ist »experimentelles« Schreiben im Grunde nichts als ein Zeichen von Schüchternheit, und man muß nur ein Leben lang üben, um am Ende all seinen Mut zusammenzunehmen und wieder aus vollem Herzen sagen bzw. schreiben zu können: Ich liebe dich, Punkt. Das Einfachste, das ist eben das Schwerste ... Wenn man aber bereits mit einem derart simplen Satz beginnt, wohin wollte man sich im Lauf seines Lebens dann noch hinschreiben?

»Und grausig gutzt der Golz«
S-Bahn-Lyrik, U-Bahn-Lyrik und
das radikalsymmetrische Ende der Sanftmut

Bademeister, das Ende der Betriebszeit verkündend

He, ihr Ferkel da driN, hört alle her:
ihr krAulenden Krankenpfleger, Krähenzüchter und
                                            sonstigen Supermänner
, die ihr in schönster Regelmäßigkeit allwöchentlich
    eure behaarten Rücken, BrustWarzen und Arschspalten
    in meinen Teich hier ungestraft taucht!

Und auch ihr seid gemeint, ihr fröhlichen Wasserleichen
                                            in spe,
ihr Kegelkönige und Frühstücksdirektoren,
wie ihr da
    , glatzkopfglänzend und sehnenhurtig,
    eurer letzten Rentenauszahlung entgegenschwImmt!

Und ihr ToRtentanten mit ermäßigtem Eintritt,
ihr: mit den rosa und weiß erblühten BaDesahnehauben
    , die ihr, schnatternd wie WarmwaSserenten,
    jahreinjahraus nebeneinander paddelnd
    mein Becken blockiert
    , auf daß an euch vorbei sich niemand drücken kann!

Vor allem ihr aber, habt acht, ihr Nivea-Nymphen und -Nixen
mit den hin und her schwappenden BikiniBrüsten,
den hoffnungsvollen Hüftschwüngen
und euren frech funkelnden Fingernägeln

, die ihr hierher nur kommt,
um auch dies Wässerchen zu trüben! He

: Hört her, denn es wird allerhöchste Zeit,
daß eigenhändig ich euch samt und sonders!
freundLichst den Hahn abDreh.[1]

Meine Damen & Herren, Sie haben's gemerkt: Es wird um Gedichte gehen in der nächsten Dreiviertelstunde; ich wünsche Ihnen trotzdem einen Guten Abend und verspreche, es mit fünf
weiteren Textbeispielen bewenden zu lassen.

Der Sprung ins kalte Wasser, den man zu Beginn eines literarischen Lebens zu absolvieren hat, erweist sich im Rückblick
nicht selten als Sprung in einen überdimensionierten Fettnapf:
Ehe man den Beckenrand erreicht, hat man es (halb willentlich,
halb unwillentlich) mit so manchem kraulenden Krähenzüchter
und so mancher Nivea-Nymphe verdorben –, man tritt und
wird getreten, und spürt man schließlich wieder festen Grund
unter den Füßen, so muß man sich auch noch eingestehen: daß
man auf seine blauen Flecke sogar stolz ist. In diesem Fettnapf
der »literarischen Szene« habe ich, wie der gute Dagobert Duck
in seinem Geldspeicher, mittlerweile manch belebendes Bad genommen, und auch heute gedenke ich, mich ordentlich zu suh-
len und es mit einigen unter Ihnen zu verderben – Pardon im
vorhinein! Was die Angelegenheit noch verheiklifiziert, ist der
zeitliche Druck, unter dem sie zwangsläufig stattfindet: Auf jegliche begütigende Einschränkung, auf jede abschwächende Re-
lativierung werde ich verzichten müssen, um mit meinen drei-
zehn Thesen rechtzeitig zurück ins Trockne zu kommen; man
möge's mir also verzeihen, daß ich mich nicht mit Beweisen auf-
halten kann –, ich werde vollauf damit beschäftigt sein, meine
Polemik an den Mann zu bringen.

Um die Zeit, die mit Vorerklärungen verpraßt wurde, wieder
wettzumachen, hier gleich meine erste These: Wieso tun wir uns
denn so schwer mit der Lyrik, wieso haben einige von Ihnen
vorhin, als der Bademeister das »Ende der Betriebszeit« verkün-

dete, mit dem Gedanken gespielt, den Saal sofort zu räumen – »Ogottogott, ein Gedicht! Entschuldigung, mein Taxi hupt bereits!« –? These 1: weil die Lyrik für alle Beteiligten – Autoren, Lektoren, Verleger, Vertreter, Buchhändler, Käufer – mit Abstand die schwierigste Gattung ist; und speziell für den Leser: weil die Lektüre eines Gedichts zwar nicht selten genauso viel Zeit in Anspruch nimmt wie diejenige einer Kurzgeschichte – für Mallarmés »Würfelwurf« benötigte ich eine volle Woche! –, wir am Ende jedoch trotz heißem Bemühn meist bloß mit dem faden Gefühl dastehen, die ganze Zeit über in einem wabernden Wortnebel herumgetappt zu sein, ohne einen Ariadnefaden darin zu finden, geschweige einen Weg, geschweige ein Ziel. Ja, es ist eine elende und oft sinnlose Plackerei mit der Lyrik, es fehlt uns postmodernen Online- und Mobilfunk-Fredis die Zeit, die man für sie braucht – für all den leergeräumten Raum rund um die und zwischen den Zeilen –, es fehlt uns aber auch an Lust: Zu oft sind wir in besagtem Wortnebel nur über einige Weihrauchfäßchen gestolpert, die ein eitler Gockel von Lyrifikant mit eifrigem Flügelschlagen am Dampfen hielt ...

Sicher, *a priori* war, ist und bleibt die Lyrik die Schwergewichtsklasse, deren Verdichtungskoeffizient (im Verworten wie im Verschweigen) allenfalls noch vom Aphorismus erreicht wird, die Schwergewichtsklasse, deren Vertreter wegen jener Fähigkeit der spezifischen Vergewichtigung von Sprache jedem reinen Romancier, jedem Prosaiker an Wortgewalt, Präzision, Sprachschöpfertum überlegen sein sollten; *a posteriori* ist sie zumeist nichts als ein Tummelplatz für all die, die noch nicht mal einen Roman zustandebringen, für all die ichbeseelten Verneblungskünstler, die auf qualmender Socke durch die Zeilen reisen. Eigentlich ist Lyrik eine Sache der Kraft, These 2, und je kleiner die Gewichte sind, desto schwerer wiegen sie. Beim Roman, da könnte man vielleicht über die eine oder andre Seite hinwegschnarchen, um sich die Energie aufzusparen für allfällige Gewaltakte in den publikumsträchtigen Passagen. Aber reißen, drücken, stemmen Sie mal jeden einzelnen Satz in die Waagrechte, wie Sie's in der Disziplin »Gedichtemachen« müssen, jeden einzelnen Vers, ohne Verschnaufpause! *Eigentlich*, so These 2, ist Lyrik eine Sache der Kraft, doch *de facto* geht ihr meist sehr schnell die Puste aus, *de facto* ist sie lediglich meist eine Sache der Schwäche, um nicht gleich zu sagen: des Schwachsinns. Denn genau das ist gemeint, wenn in Betriebsversammlungen und Bundestagsdebatten inzwischen Sätze fallen wie: »Nun werden Sie bloß nicht lyrisch, Herr Kollege, angesichts der neuesten Zahlen müssen Sie doch ...« usw.; und in der Tat, man muß es sich eingestehen: Die Lyrik ist zum Synonym für realitätsfernes Gefasel verkommen; man spricht von Lyrik und man meint: Reden Sie keinen Quatsch.

Der Grund für diesen atemberaubenden Abstieg einer Literaturgattung, die über Jahrhunderte höchst angesehen war und es beispielsweise in Rußland und erst recht in Japan auch noch ist, der Grund dafür liegt nicht an der Lyrik selbst. Sogar in unsern verzappten Zeiten böte sie reichhaltig Möglichkeiten, unser Lebensgefühl anders auf die Begriffe zu bringen als es ein dreisekündiger Werbeslogan tun kann oder das dummdreiste Dauergesülz im Privatradio. Nein, der Grund liegt nicht an der Lyrik, These 3, sondern daran, daß uns allen längst die Kriterien verlorengegangen sind und vor geraumer Zeit dann zwangsläufig auch noch das vage Gefühl dafür, was ein gutes Gedicht ausmacht, ja man ist versucht zu sagen: was ein Gedicht ausmacht. Wem aber die Kriterien abhanden gekommen sind, die Spiel-Regeln, der überläßt das Feld bald den halbseidenen Gestalten, den Abzockern und Falsch-Spielern; und wenn er ein anständiger Kerl ist, wird er bald auf das ganze Spiel pfeifen. Ein Beispiel, ich zitiere:

Hinter der rostigen Sichel der sinkenden Sonne
werde ich auferstehn,
die große Summe der Wolken
schon in Gedanken

Im Feuerzeichen des Abends
uralte Märchen,
leicht zu erraten.

101

Alles ahnend, alles fühlend
steig ich empor,
die blanken Augen der Rehe über mir.

Ende des Zitats. »Hilfe, schon wieder ein Gehirsch!« mag da
der eine oder andre von uns gestöhnt haben: »Nix wie weg,
mein Taxi hupt und hupt!« Wir andern aber wurden noch eine
Spur schweigsamer: »Oh, Gedeuchtetes. Wie tief!« Wir Deutschen haben nämlich ein fatales Bedürfnis, alles Unverständliche sofort als »tief« zu verehren, These 4; im Gegensatz zu den
Franzosen – bzw. zu denen, für die wir sie gern halten – stehen
wir auf Seele, nicht auf Grips, und begreifen mangelnde Klarheit der Gedankenführung gern als weltschmerzlich bedingte
Verhüllung der »eigentlichen« Aussage. Je mehr wir als Leser
dann zu *ent*hüllen verstehen, desto tapferer glauben wir ihn
auch *mit*zuertragen, den Anblick des nackten Daseinskerns: Im
Entkleiden des lyrischen Leids offenbaren wir uns nicht bloß als
brave Rätselrater, sondern vor allem als kundige Weggenossen
des Dichters, denen kein Kümmernis nurmehr wie ein privates
Verdauungsproblem tönt. Oder wer wagte es, all das rostige
Sonnensicheln, die gewichtigen Wolkensummen und das wald-
webende Metapherngeprunk zu enttarnen mit Christian Mor-
gensterns lapidarem »Gruselett«:[2]

Der Flügelflagel gaustert
durchs Wiruwaruwolz,
die rote Fingur plaustert,
und grausig gutzt der Golz.

Mit andern Worten: Ich liebe die Germanistik, bin selbst bekennender Germanist, kann ihr jedoch den einen Vorwurf nicht er-
sparen: Was nützen uns all die – zweifelsfrei berechtigten – Fragen nach der Komplexität eines Werkes, nach den verschiednen
Schichten seiner Metaphorik, nach Bedeutungsvarianten, bio-
graphischen und sozialgeschichtlichen Hintergründen, nach se-
mantischen oder strukturalistischen Räumen und, neuerdings,

nach »Diskursebenen«, wenn die eine Frage nicht am Anfang und dann noch einmal am Ende aller Interpretation steht: die Frage nämlich, ob denn das betreffende Werk überhaupt gelungen, ob es schlicht & ergreifend *gut* ist?

Machen wir uns nichts vor: So einfach die Frage gestellt sein mag, so schwer ist sie zu beantworten, wenn überhaupt. Gut sei das, was die guten Menschen als gut empfänden – so in etwa entzieht sich Aristoteles dem Problem;[3] Platon läßt uns wenigstens wissen, zu einer ordnungsgemäßen Qualitätsüberprüfung bedürfe es dreierlei, »Einsicht, Wohlwollen und Freimut«,[4] nunja, aber aufgrund welchen Kriteriums wir die guten ins Töpfchen und die schlechten ins Kröpfchen tun sollten – darüber schweigt sich der Freund der Weisheit aus. Und da der Rest der Philosophiegeschichte bekanntlich nur eine Ansammlung von Fußnoten ist, dürften wir hier ebensowenig Aufklärung erwarten; die *praktischen* Urteile über einzelne Kunstwerke, so wie sie uns von gewissen Philosophen überliefert sind, belehren uns ohnehin, daß deren Stärken auf andern Gebieten liegen.

Eine indirekte Antwort immerhin bietet die Ersatzfrage, ob ein Gedicht denn *schlecht* sei; zwar spricht es nicht gerade für unser Urteilsvermögen, daß es im *Ver*urteilen schneller, skrupelloser und unzweideutiger zur Sache geht als im Loben & Preisen, aber wenn dem nun einmal so ist, dann spräche es auch nicht für uns, wenn wir uns dieses Verurteilungsvermögens *nicht* bedienten! Erinnern wir uns der neuen Bedeutung des Wortes »Lyrik«, machen wir die Quatsch-Probe aufs Exempel! Zum Beispiel durch radikalsymmetrische Übersetzung eines Gedichtes, wie ich sie vor einem Jahrzehnt zusammen mit Albrecht Oldenbourg ausgiebig erprobt habe: Man mache sich mit einem Freund ans Werk – es sollte kein Antialkoholiker sein – und übersetze das fragliche Poem (wenn möglich Wort für Wort, zumindest Zeile für Zeile) in sein Gegenteil, und zwar ohne alle Rücksicht auf seinen Gesamtzusammenhang oder den berühmt-berüchtigten »tieferen Sinn«:

»Hinter der rostigen Sichel der sinkenden Sonne« variiere

man z. B. zu: »Unter der blanken Hacke des Monds«; »werde ich auferstehn« zu: »werde ich sterben«; die »Summe der Wolken« läßt sich bequem als »Alphabet der Blitze« verbraten usw. –, kommt insgesamt gesehen ein großes Gelächter heraus anstelle großer Ergriffenheit, hat man gewonnen: Denn Ergriffenheit, so These 5, ist oft nicht mehr als das »kleine Schwarze« über einer schweißtreibenden Ratlosigkeit, will sagen: Denn das große Gelächter, so These 6, das große Gefeixe und Gegrinse ist ein Beweis, gegen den jeder dekonstruktivistische Scharfsinn den Kürzeren ziehen muß; hier das komplette Beispiel, zuerst der bereits bekannte Text:

Hinter der rostigen Sichel der sinkenden Sonne
werde ich auferstehn,
die große Summe der Wolken
schon in Gedanken

Im Feuerzeichen des Abends
uralte Märchen,
leicht zu erraten.

Alles ahnend, alles fühlend
steig ich empor,
die blanken Augen der Rehe über mir.

Nun das radikalsymmetrische Pendant:

Unter der blanken Hacke des Monds
werde ich sterben,
ohne das Alphabet der Blitze
gelernt zu haben.

Im Wasserzeichen der Nacht
die Kindheit der Mythen,
nicht zu entziffern.

Unwissend
stürz ich hinab,
zu den Knochen der Füchse geworfen.

Ich möchte es an dieser Stelle offenlassen, welches der beiden
Gedichte Original, welches Fälschung war; diejenigen, die mich
kennen, wissen längst, daß Herr Peter Huchel in meinen Augen
der Großgolz des grausigen Gegutzes ist und auch hier wieder
herhalten mußte; diejenigen, die mich *nicht* kennen, haben als
Literaturwissenschaftler sowieso gemerkt, wo das metaphern-
mächtige Originalgenie zu Worte kam und wo der plump nach-
äffende kleine Dilettant.

Meine Damen & Herren, ich sollte's vielleicht spätestens jetzt
einmal betonen, daß ich kein Lyrik-Hasser bin, sondern: ein unglücklich Verliebter. Und weil nun endlich von der Liebe die
Rede ist, nütze ich die Gelegenheit, ein Liebesgedicht einzu-
schieben. Manchmal bin ich versucht zu denken, dies sei eine
Tautologie und *jedes* Gedicht von vornherein ein Liebesgedicht
– bei fehlendem Objekt der Begierde immerhin noch das der
Liebe zur ganzen Welt, die vorübergehend leicht in Schieflage
geraten ist und mit einer Handvoll Reime wieder ins Lot gebracht werden muß. Vielleicht ist ein Gedicht zumindest eine
verkappte Liebeserklärung ans eigne Ich, das sich in gewissen
trübsalverblasnen Stunden – aufgrund mangelnder Alternative
– selbst ein paar verbale Streicheleinheiten verpaßt.

Aber es gibt doch Gelegenheitslyrik, gibt Scherzgedichte, Non-
sensereime, Epigramme undsofort – alles Formen, in denen die
Liebe gar nicht auftaucht!

Natürlich taucht sie nicht auf, in den seltensten Fällen taucht sie
explizit auf –, aber haben Sie schon mal von jemandem gehört, der
sich aus freien Stücken, sozusagen zum bloßen Zeitvertreib, mit
leerem Papier beschäftigt, womöglich regelmäßig, und vollge-
schriebnes Papier daraus zu machen sucht? Und, um noch deutlicher zu werden, halten Sie's für ausgeschlossen, daß ein Bademeister vielleicht nur deshalb so wütend »das Ende der Betriebszeit«
verkündet, weil er in Wirklichkeit etwas ganz ganz andres zu ver-

künden wünschte? – Hier also eines meiner wenigen Gedichte, das aus seinem innersten Antrieb kein Hehl macht, es heißt »Verschiedene Formen von Liebe soll's geben«, überrumpelte mich vor Jahren während eines Momentes, in dem ich wohl nicht ganz bei Trost war, und verwandelte eine monatelang angestaute Sprachlosigkeit innerhalb von zwei Minuten in das Folgende:[5]

Verschiedene Formen von Liebe soll's geben

: einen Schrei in der Nacht
: ein Gedicht auf Papier
: ein Baiser zum Tee
: ein Gefühl ganz aus Schnee

Wir anderen aber, wir sitzen am Strand,
bestarren das Meer und erwarten noch heute
die Insel am Horizont –
dort auftauchen soll sie, so schau doch, versöhnt
mit all dem Jahrhundert, das in uns noch dröhnt

: die Insel mit einer Stadt! Ach natürlich –
: die Insel mit einem Haus! Ja was sonst –
: die Insel mit einem Zimmer! Na und –
: das ein kleines Märchen mit Zöpfen bewohnt!

Die Insel mit Märchen mit Zopf, nicht wahr,
und dem Korallenkästchen, du weißt schon,
in dem es heimlich das Zauberwort hält,
geschrieben in feinster Zuckergußschrift,
mit rosa und weißem Puder bestäubt. –
Was Du nicht sagst! Ich bin wie betäubt!

Aber wir andern, der Seewind weht lau,
starren hinaus und hinaus und hinaus,
wissen vom Schrei nicht, vom Schnee in der Nacht,
sitzen und starren. Das Meer wiegt sich blau.

Tja, das Meer – auch so ein »Wallungswort«, bei dem man sofort beginnt, ins Leere zu starren … Indes wir sitzen nicht am Strand, sondern in einem Hörsaal der Münchner Uni, und obwohl wir sitzen, waren wir eigentlich stehengeblieben – nämlich bei meinem Geständnis, ein unglücklich Verliebter zu sein: Ja, ich liebe die Lyrik und will mir – nach Art der Verliebten – ein Leben ohne sie gar nicht vorstellen. Selbstverständlich greife auch ich bedenkenlos zum Füller, wenn das *Saturday Night Fever* auf der Leopoldstraße losbricht und das eigne Telephon verbissen dazu schweigt, auch ich kuriere mich dann, indem ich ein selbstmitleidiges Zeilengeklingel zu Papier bringe, voll von tiefsinnigem Pomp und ohne Happy-End. Doch kaum geht es mir wieder besser, so behaupte ich: Man kann Gedichte schreiben, These 7, und trotzdem ein glücklicher Mensch sein; hätten wir einen Lyrik-TÜV, der all unsre Klagegesänge auf Korrosionsschäden, fehlerhafte Justierungen und, vor allem, auf zulässiges Gesamtgewicht überprüfte und gegebnenfalls aus dem Verkehr zöge, These 8, könnten wir uns einen viel unbeschwerteren Begriff von der Lyrik machen. Einen viel unbeschwerteren Begriff auch vom Lyriker, der ja nicht immer ein übersensibel vor sich hin pickelnder Schlaffi sein muß mit näselnder Stimme und einem am Weltschmerz abgewetzten Hemdkragen. Mit andern Worten: Nichts gegen Bewältigungsschwulst als privattherapeutisches Tonikum – vorausgesetzt, man versucht damit nicht, auch andre zu kurieren.

»Wenn du zum Dichten gehst, vergiß die Feile nicht«, so hieß der Essay, in dem ich mir vor fünf Jahren einmal all das von der Seele schrieb, was mir am deutschen Gegenwartsgedicht so sauer aufstößt, und in dem ich bereits dieselbe Position einnahm wie heute und übermorgen – die der Artistik, die leider so häufig mit reinem Ästhetizismus verwechselt wird. Der Essay knöpfte sich das »Luchterhand Jahrbuch der Lyrik 1988/89« vor, das einzige deutsche Lyrik-Periodikum von überregionalem Renommee, und behauptete, »hinter all den […] Pseudonymen, die für [die darin versammelten] Lyrifizierungsversuche von ›Wirklichkeit‹ verantwortlich zeichnen, [stehe im Grunde ge-

nommen] bloß immer wieder derselbe, ein einziger Autor [...] –
ein geschickter Bastler, der sich diverser Methoden des Kunsthandwerks bedient«.[6] Diese Methoden teilte ich ein in:

a) Orakeln,

b) Plappern,

c) Moraltrompeten;

und insbesondere das Genre des Dahinplapperns scheint es
auch Hans Magnus Enzensberger angetan zu haben, der es in einem fast gleichzeitig erschienenen Artikel als »S-Bahn-Gefasel«
geißelt:[7] So, wie die Tür an einer Haltestelle der S-Bahn aufgeht
und ein paar Leute einsteigen, an deren oberflächlichem Ge-
brabbel wir unfreiwillig so lange teilhaben, bis sie irgendwann
wieder ausgestiegen sind, genauso beliebig beginnend, beliebig
endend lese sich die entsprechende Poeterey. Deren ungenierte-
ste Form übrigens längst auf Scherenschnitte am Zeilenende
verzichtet und als Blocksatz-Gequassel daherkommt, als soge-
nanntes Prosagedicht. Nebenbei bemerkt, ließe sich das poetische Orakelsprücheklopfen (Methode a), dessen hohlwangigem
Pathos wir ja bereits radikalsymmetrisch gehuldigt haben, analog als U-Bahn-Lyrik kategorisieren –, schließlich sind wir hier
eine Etage »tiefer«, näher an dem, »was die Welt im Innersten
zusammenhält«. Die Moraltrompeterei (Methode c), sprich: die
Politlyrik, käme dagegen auf der platten Oberfläche des Seins
daher, mit dem schrillen Gepfeife einer unermüdlich dahin-
stampfenden Dampflok dazu mahnend, sich gefälligst auf den
richtigen Bahnsteig zu begeben. Bezieht man auch diese aussterbende Spezies in die Metapher ein, so kommt einem die groß-
städtische Verkehrsplanung mit ihren diversen über- und unter-
irdischen Aspekten gar nicht mehr so ungereimt vor ...

Der Sprung in den Fettnapf jedenfalls blieb nicht unbemerkt –,
als Bademeister am Beckenrand griff Herr Heinrich Vormweg
zur Trillerpfeife und veröffentlichte eine Gegenpolemik; sie erschien unter dem Titel »Verteidigung des Gedichts«[8] und tat
mir den Gefallen, meine Position beständig mit derjenigen Enzensbergers gleichzusetzen. Herr Vormweg, einer der wenigen
Berufskritiker wohlgemerkt, vor dessen Belesenheit und, vor al-

lem, vor dessen Integrität ich ausdrücklich meinen Hut ziehe, Herr Vormweg macht uns in seinem Büchlein im wesentlichen zwei Vorwürfe:

1. den des Elitarismus: »Ihnen hängt offenbar die ganze derzeitige Mischpoke [...] zum Hals heraus. [...] Diese Kenner hätten es gern sogleich nur mit den Happy few zu tun, nur mit den ›großen‹ Gedichten – was immer das bedeutet [...]«.[9] Demgegenüber fordert Vormweg programmatische Offenheit für alles, was da in Versform kreucht und fleucht und flügelflagelt, fordert, sich einzulassen auf die fünf- bis siebentausend Gesänge, die seiner akribischen Hochrechnung zufolge jedes Jahr abgesungen werden –,[10] andernfalls entginge einem eben so manches; »das meisterliche Formgefüge [...] [aber], das Enzensberger und Politycki vielleicht unbewußt noch prästabilieren«, das gäbe 's gar nicht mehr.[11]

Lieber Herr Vormweg, ich bewundere Ihren Langmut und Ihr Fassungsvermögen; mir erscheint das Leben sogar zu kurz, um bis zu seinem Ende auch nur einen Bruchteil alles Meisterlichen rezipiert zu haben! Schließlich muß man selbst dafür schon das Meiste versäumen, siebentausend Mittelmäßigkeiten sind da womöglich am ehesten zu verschmerzen! Überdies befürchte ich bei anhaltender Beschäftigung mit dem Mittelmaß das Allerschlimmste – »wenn du lange in einen Abgrund blickst, blickt der Abgrund auch in dich hinein«, liest man bei Nietzsche,[12] und schließlich: Ist die Toleranz gegenüber dem offensichtlich Mißlungnen – denn nichts ist mißlungner als ein mittelmäßiges Gedicht –, ist pauschales Gewährenlassen des grausigen Gegutzes nicht eigentlich ein Bärendienst an den wenigen gelungnen Gedichten, die ohne pointierte Herausstellung unterzugehen drohen in der Masse an Füchsen und Rehen und Hirschen? Und ist Toleranz gegenüber dem Schlechten dann vielleicht nichts andres als indirekte Intoleranz gegenüber dem Guten? Es hilft nichts, These 9, wir *müssen* elitär sein; ein Kritiker hat eben *nicht* bloß zu registrieren, sondern auch Kriterien aufzustellen und – in ihrer Anwendung kritisch zu sein.

2. Vormwegs zweites Mißverständnis beruht darin, daß er Inhalt und Form – als Kategorien – nicht säuberlich trennt, daß er unterstellt, unser Insistieren auf formaler Perfektion bedinge ein althergebrachtes »lyrisches Ich, das von seiner fliegenden Plattform aus über die ganze übrige Welt hinwegblickt«.[13] Das *heutige* lyrische Ich dagegen, so Vormweg, sei programmatisch ratlos, seine »Gedichte suchen selbst dort noch, wo sie flach und durchsichtig bleiben, eine durchaus neuartige Offenheit«, ein »sprachliches Tasten nach den Erfahrungen«.[14] – Aber wer hat denn je behauptet, daß mit formaler Vollendung zwangsläufig eine Souveränität des Standpunkts verbunden wäre? In der Tat, von der klassischen Weltwurst, wie sie da prall an unserm Literaturhorizont leuchtet, erhaschen wir keinen müden Zipfel mehr; nur: Der »Zustand der Sprachlosigkeit«, sprich: der Wurstsalat, den uns Herr Vormweg als lyrische Hauptmahlzeit anempfiehlt, ist ebenfalls längst abgefrühstückt – spätestens seit Hofmannsthals Chandos-Brief. Was als private Vorstudie sicherlich auch heute noch vonnöten ist – das Herumstochern im Salat bzw. das Betasten des leeren Tellers –, als *publiziertes Gedicht*, für das der Leser mit Geld und Lebenszeit *zahlt*, wär's schlichtweg eine Frechheit: Herumstochern und leere Teller begrapschen, das können wir schließlich alle; aber aus der hohlen Hand etwas auf den Teller zaubern, das fast wieder wie eine Wurst und jedenfalls genießbar aussieht – dafür legen wir schon mal 18 Mark auf den Tisch! Versemachen ist ein Dienstleistungsgewerbe wie jedes andre auch, These 10, und nicht etwa ein Refugium für all diejenigen, die zu bequem sind, ihr Handwerk zu lernen – woher bloß diese Arroganz, den gutgläubigen Kunden bereits mit Mittelmäßigem, Unvollendetem, Epigonalem abspeisen zu wollen? Selbstverständlich kann uns der lyrische Zauberlehrling des ausgehenden 20. Jahrhunderts nicht mehr die bürgerliche Selbstgewißheit eines

Goethe auftischen, hier bin ich einer Meinung mit Herrn Vormweg, nur hat die Weltanschauung nichts, gar nichts zu tun mit ihrer Umsetzung in Form.

Meine Damen & Herren, Sie sehen ja selbst, ich bin ein Sturkopf; aber wenn ich hier jetzt auch noch die Orakelsprüche von Luise Schmidt, die Plappermaschine von Ulla Hahn und die Moraltrompete von Volker Braun ertönen lassen wollte – allesamt Texte, die Vormweg im Anschluß an seine Polemik als »außerordentlich« gelungen präsentiert –,[15] dann würde ich damit lediglich die Taxifahrer auf der Amalienstraße anlocken. Gar grausig gutzt der Golz, lassen wir's damit bewenden, und werfen wir lieber einen kurzen Blick auf den Generationenkonflikt, der im Grunde hinter meiner Fehde mit Herrn Vormweg steht: den Konflikt der 78er- mit der 68er-Generation, der freilich noch kaum in die öffentliche Diskussion vorgedrungen ist. Dazu vorab meine These Nr. 11: Abgesehen von ihren Anführern ist die 68er-Bewegung ein Aufstand, im Lauf der 70er Jahre dann ein durch die Instanzen sich schlängelnder Siegeszug der Mittelmäßigkeit. – Nicht, daß ich mich mit den seinerzeit Entthronten solidarisieren möchte! Nein, gegenüber den Amigos der Wirtschaftswunderwelt war die 68er-Bewegung selbstverständlich die intelligentere und glaubwürdigere Alternative; und ich will keinen Zweifel daran lassen, daß ich mir nichts sehnlicher wünsche als eine *neue* 68er-Revolution, die all jene schwarzen und gelben, aber auch all die roten und grünen Pappnasen, für die man sich im Ausland ständig entschuldigen muß, mit Esprit und Phantasie der Entsorgung zuführen würde.

Die Crux derartiger gesellschaftspolitischer Befreiungsschläge ist allerdings, daß sie oft auch einen erheblichen kulturellen Scherbenhaufen verursachen –, und das ist genau der Punkt bzw. der Haufen, auf den ich hinauswill. Um es ganz klar auszudrükken: In ästhetischer Hinsicht war die 68er-Bewegung eine Katastrophe – die Wiedergeburt der Plateausohle aus dem Geist der Schlaghosen, wie wir sie seit einiger Zeit erleben müssen, vermittelt eine gewisse Ahnung davon. Nie in der Geschichte der Bundesrepublik gab's so gute Musik, nie gab's so aufrichtige Po-

111

litik, These 12, und nie gab's so häßlich gekleidete Menschen, gab's so schlechte Literatur. Insbesondere die Lyrik eignet sich eben nicht als demokratisches Verständigungsmedium, sie ist – abgesehen von einigen jungdeutschen Mißverständnissen – von jeher bloß das einer individualistischen Bildungselite. Gibt man ihr inhaltliche Vorgaben, etwa »gesellschaftliche Relevanz«, so beschneidet man sie um genau das, was sie sich während der letzten Jahrhunderte als ihr Spezifikum erarbeitet hat; wenn man sie zum Befindlichkeitsbericht zurechtstutzt oder gar zum Organ der Weltverbesserung, verliert sie ihren Reiz und damit, wie die Entwicklung gezeigt hat, ihren Leser.

Sehr verehrte Alt-Achtundsechziger, die Sie hier vereinzelt unter uns sitzen, ich will kein Hehl daraus machen, daß ich in Sachen Lyrik ein Vertreter der Gegenreformation bin. Es wäre jedoch ein völliges Mißverständnis, wenn Sie meine Ereiferungen als reine Formalhuberei verstünden. Nein, ich insistiere nur deshalb auf der Form, weil die letzten lyrischen Jahrzehnte, Ausnahmen bestätigen die Regel, so formlos abliefen; wäre's anders herum gewesen, so würde ich hier selbstverständlich den Inhalt favorisieren, getreu meiner von Benn übernommenen Lieblingsgleichung: Die »Form ist der höchste Inhalt«,[16] die sich ja auch von rechts nach links lesen läßt, als These 13: Der Inhalt ist bereits die Form.

Muß ich an dieser Stelle eigens betonen, daß Heinrich Vormweg, der gute Mensch von Köln, in seinen literarischen Prämissen und Vorlieben ein typischer Vertreter der 68er-Generation ist? Ich glaube, das versteht sich nach dem Gesagten von selbst, und: Auch *mein* Taxi hupt inzwischen. Vielleicht ist der eine oder andre von Ihnen enttäuscht, daß ich heute eher als Theoretiker gesprochen habe denn als Praktiker; ich bitte um Entschuldigung und – möchte wenigstens noch mit einem Gedicht schließen, einem Parallelgedicht zum eingangs zitierten »Bademeister«. Es geht mir nämlich öfters so, daß mich ein längst geschriebnes und korrigiertes und in jedem Sinne abgegangnes Gedicht trotzdem nicht in Ruhe läßt, daß die einmal gefundne Form nach neuer Befüllung mit Inhalt drängt. Selbstverständlich nicht nach radikalsymmetrischer Befüllung, nach reiner Umkehrung der *Inhalte* in ihr Gegenteil, sondern nach freier Variation einer bereits vorhandenen *Struktur* – im vorliegenden Fall der Struktur eines Rollengedichts. Stellen Sie den »Bademeister« von vorhin und die »Klofrau«, die gleich loskeifen wird, im Geiste wieder nebeneinander, so haben Sie ein Beispiel für die Gattung der Doppellyrik, deren Patent ich hiermit feierlich einreichen möchte. Für zartere Gemüter empfehle ich, sich dabei beharrlich daran zu erinnern, daß ein Gedicht vielleicht auch dann noch von der Liebe handelt, wenn das Wörtchen »Liebe« darin gar nicht vorkommt, statt dessen allerhand krassestes Gegenteil:

Klofrau, das Ende der Sanftmut Verkündend

He, ihr Schlappschwänze da drin, hört alle her:
ihr brunzenden Brezelbäcker und sonstigen Helden des
                                                 Hosenstalls
, die ihr in schönster Regelmäßigkeit und mit Absicht
eure Kippen auf meinen Pinkelsieben vERteilt
und so breitbeinig euch dann gebärdet,
daß euren Strahl ihr ins Pißbecken nicht lenken mehr
                                                           könnt!

Und auch ihr seid gemeint, ihr krächzenden Krümelkacker,
ihr feisten Furzer und stillen Genießer
, die ihr so wichtig euch nehmt, daß ihr eure
zum Himmel wild stinkenden Werke nicht runtersPül'n
                                                            wollt,
auf daß man – nach euch die SIntflut! –
lang noch Respekt euch zollt!

Und ihr schäbigen ScheiSSkerle allemal,
ihr Dünnpfifferlinge: die ihr mit größtem Gestöhn
euer Markenzeichen versprenkelt auf Deckel wie Brille
                                                          wie Kacheln,

als hättet ihr durch einen VenTilator gekotzt
    , und dann noch nicht mal zerknirscht einen Blick
    auf meine Untertasse werft!

Vor allem ihr aber, habt acht, ihr lüsternen Handlanger
    , die ihr mal schnell ein GejapsE euch gönnt
    und euch verschwiemelte Botschaften
    auf jede Wand hier hinschmiert,
    um auch den letzten saUberen Fleck dieser Welt
    in einen Schweinestall zu verwandeln! He

    : Hört her, denn es wird allerhöchste Zeit,
    daß ihr mir länger hier niCHt mehr!
    all meine Duftsteinchen klaut.

In diesem Sinne: Guten Abend.

DAS KAMERUN-PRINZIP

Einige Vorurteile über Vorurteile über
»amerikanische« und »deutsche« Literatur

Bei jeder Fußballweltmeisterschaft erleben wir ihn aufs neue, den Kampf der Südstaaten gegen die Nordstaaten, mal mit diesem, mal mit jenem Ausgang: *Der Südländer* – ein heißblütiger Stilist und Arabeskenkünstler, durch und durch individualistisch und gerade deshalb oft merkwürdig ineffektiv im Zusammenspiel mit seinen egomanen Mannschaftskameraden. Affektiert ist er, vertändelt, im doppelten Sinne faul und allzeit bereit zu einem spektakulären Sturzflug im gegnerischen Strafraum. Mit anschließendem Zeter & Mordio, unendlichem Lamento beim Schiedsrichter – und dann schießt er den herausgeschundnen Elfmeter, perfekt angetäuscht zwar, an den Pfosten.

Wie anders *der Nordländer* – nicht gerade ein Artist, ja oft geradezu von empörender Tolpatschigkeit, ein Freund der langen Wege und der Zehn-Liter-Lunge: Bei ihm wird das Spiel zum Ernst, immer geht er direkt zur Sache, hält sich nicht auf mit Personality-Shows an der Torauslinie, gibt lieber rechtzeitig ab, anstatt selbst was zu riskieren – ein mausgrauer Erfüllungsgehilfe auf dem grünen Rasen, kaltblütig, dynamisch, ruppig, kalkuliert.

Wenn's da nicht, Gott sei Dank, mitunter Kamerun gäbe und eine Lust am Fußballspielen, die Nord wie Süd das Jubeln verdirbt.

These – Antithese – Synthese: Derart übersichtliche Klischees brauchen wir nicht nur am Stammtisch, ohne Schubladisierung von Welt kämen wir angesichts einer beklemmenden Überproduktion stündlich wechselnder Schlagzeilen, neuester und allerneuester Meldungen gar nicht mehr zum Durchatmen. Immer her damit also – wie der Fußball, so das Leben, wie das Leben, so die Literatur: *Fast* jedenfalls, denn um unser schönes antithetisches Wahrnehmungsraster zu retten, müssen wir Alte und Neue Welt zumindest vertauschen, und siehe da: Ist sie nicht allzu ballverliebt, die deutsche Gegenwartsprosa, bauchnabelverliebt, vertändelt bis zur Sinnlosigkeit, eine Zumutung für den, der über Tore jubeln will?

Zweifellos.

Und die amerikanische Prosa dagegen?

Aber hallo! Wenn man den Cheerleadern im Kulturbetrieb Glauben schenken darf, so spielt sie zur Zeit mit erstaunlichem Erzähltempo, beherrscht den raschen Seitenwechsel, geht dabei ebenso unprätentiös zu Werke wie erfolgreich. Will sagen: *Der Ami* hat sein Handwerk eben gelernt, er »kann schreiben«, ohne's dem Leser in jedem Satz beweisen zu müssen, er baut seine Stories effizient und spannend auf, liefert ganz einfach gute Plots, das pralle Leben. Während *der Deutsche* nichts zu sagen, geschweige zu erzählen weiß, *das* allerdings auf höchst komplizierte Weise: In die Breite spielt er statt nach vorn, am Seitenaus experimentiert er herum, langweilt mit seiner tüftelnden Sinnsuche sogar sich selbst. Ach, er wird ja auch erdrückt von fünfzehn Spalten Tradition, die ihm Killys Literaturlexikon unter dem Stichwort »Roman« aufbürdet,[1] während der Ami – na, wir wissen schon: Riesige Maisfelder. Schnurgerade Highways. Prärie.

Daß es Amerika im allgemeinen »besser hat«, daran erinnert man sich hier seit Goethes Zeiten gern und regelmäßig; daß im besonderen die amerikanische Literatur der deutschen weit voraus sei, wurde uns – mit Recht – seit den 50er und 60er Jahren verkündet. Doch spätestens seit Einlauf in die postmoderne Zielgerade ist die Aufholjagd der deutschen Nachkriegserzähler beendet; wer uns jetzt noch weismachen will, die US-Autoren schrieben ganz einfach die besseren Bücher, der kann's uns gleich damit begründen, sie ernährten sich eben alle von knakkigen Doppelwhoppern, die deutschen dagegen weiterhin von falschen Hasen, verlornen Eiern, armen Rittern und, natürlich, von Kohl, Kraut & Rüben. Daß die Wirklichkeit hinter derartigen Klischees weit differenzierter ist, viel schwerer zu erfassen als mit einem bipolaren Axiom, das gilt selber längst als Klischee: Langwierige Beweisführung lohnt da nicht mehr.

Und wer weiß denn wirklich, was am andern Ende der Weltparabel gerade für verrückt abwegige Romane ausgebrütet werden von den Herren Pynchon, Federman & Co.? Um die's ja wohl im wesentlichen gehen wird bei einer zukünftigen Sichtung der US-Prosa vor der Jahrtausendwende – einer Prosa, die weit Besseres zu bieten hat, als ihr unsre Klischeevorstellung unterstellt. Aber vor lauter Boyle, Updike, Baker, Roth, Auster, DeLillo, McInerney – deren erzählerischer »Realismus« uns hierzulande in großen Werbekampagnen ans Herz bzw. aufs Nachtkästchen gelegt wird – sehen wir von der amerikanischen Literaturlandschaft allenfalls ein paar Kirchturmspitzen, genaugenommen: nur deren synchron gestellte Uhren, auf denen der Zeitgeist tickt.

Während andrerseits die deutsche Prosa keineswegs bloß selbstverliebt auf der Stelle tritt; allerdings erkennt man in ihr vor lauter Kirch- und Fernsehtürmen und angeblichen Wolkenkratzern zur Zeit gar keine Ausfallstraßen mehr. Daß eine derartige Bücherlandschaft, zugegebnermaßen, ziemlich phantasie- und visionslos anmutet, verbaut zu einer einzigen perspektivlosen Vorstadt: das muß noch lange nicht heißen, daß es jenseits der Horizontlinie nicht trotzdem Weizenfelder geben könnte. Bzw. Maisfelder. Und, natürlich, die schnurgeraden Landstraßen dazwischen.

Werden wir doch auch von unsern einheimischen Autoren mit der kompletten Bandbreite literarischer Möglichkeiten bemustert – von Kieseritzky bis Geerken, von Rosendorfer bis Steinwachs –, und darunter auch mit so eingängigen Serienprodukten wie den von M. Walser: die man fast schon für flott und lesbar halten könnte, eben »amerikanisch«, wenn uns die Kritik nicht überzeugt hätte, daß der Unterhaltungswert deutschsprachiger Texte von vornherein geringer zu veranschlagen sei als derjenige ihrer transatlantischen Konkurrenz.

U-Literatur hin, E-Literatur her, der Mensch hat ein Recht auf Klischees. Denken wir also gar nicht erst darüber nach, was eigentlich »spannender« ist: der Schwertkampf am Ende von McInerneys »Einhandklatschen in Kioto« oder der groteske Showdown in Ernst Augustins »Amerikanischem Traum«; was eigentlich »realistischer« ist: das unendliche Telephonsexgespräch in Bakers »Vox« oder die filigran abgeschilderte Reise in die Innenwelt von Kronauers »Berittenem Bogenschützen«; am Ende derartiger Bedenkzeiten stünde allemal die Auflösung jeglicher (halbwegs) verbindlichen Werteraster. Und wer würde das ernsthaft wünschen?

Leben wir lieber ungebremst der Lust am Vorurteil: »Alle Klischees stimmen«, weiß Urs Widmer: »Wahrscheinlich stinken sogar die Neger.«[2]

Auch die aus Kamerun?

Die besonders!

Jedes Feindbild nämlich ist in einem höheren Sinne wahr, freilich bezeugt es weniger die Tatsache, daß der Neger tatsächlich stinkt, als diejenige, daß wir Nichtneger in der überwiegenden Mehrzahl befürchten, ach was: zu wissen glauben, der schwarze Mann habe nicht nur ... und könne besser ..., sondern er röche dabei mindestens so angenehm wie unsereins. Denn wirklich stinken, bitteschön, das tut ja allein *der Türke*. Und weil solch negative Klischees für uns notwendig sind, um die geheimsten Ängste zu kanalisieren, brauchen wir auch deren positive, um unsern diffusen Sehnsüchten ein Ziel zu setzen. Zum Beispiel: Amerika – beileibe nicht mehr *Süd*amerika, dessen archaisch verdschungelte Exotik vor einigen Jahren bereits die deutsche Prosa das Fürchten lehren sollte, sondern eben die gute alte USA mit all ihren geradlinigen Yankeemythen von Einsamkeit, Verlorenheit und Sex-and-Drugs-and-Coca-Cola.

Zum Beispiel: die Welt von Paul Austers Roman »Die Musik des Zufalls«[3] – eine »literarische Pokerpartie ersten Ranges« laut Klappentext, die uns »auf souveräne, meisterhafte Weise [zeigt], wie heute Literatur avantgardistisch und zugleich höchst lesbar sein kann« (Tagesspiegel). Immerhin ermuntert uns der

Autor selbst mit den höchst lesbaren Worten: »Sie werden so beeindruckt sein, daß Ihnen die Kinnladen runterklappen. Garantiert. Ihnen werden die Augen aus dem verdammten Kopf fallen«[4] – ja, wer seine Kapitelschlüsse derart spannungssteigernd zu setzen weiß, der darf seiner Sache sicher sein: Wir werden weiterlesen. Schließlich belohnt man uns weidlich: »Zu welchem Ende auch immer, damit hatte eines schönen Spätsommermorgens die Sache angefangen«.[5] Oh, *welche* Sache denn? Schnell weiter ins nächste, ins übernächste Kapitel: »Und damit, einfach so, begann das Spiel«.[6] Wie gemein, in seinen Schlußsätzen weiß Auster stets irgendeinen Anfang anzudeuten, und die Leserschar muß, wohl oder übel, dranbleiben – »das verspreche sie. Ganz bestimmt würde sie das tun«.[7] Herrgott, man wird ganz nervös vor lauter Erzähldynamik, »aber an Ihrer Stelle [...] würde ich mich nicht darauf verlassen«![8] Und sogar *innerhalb* der einzelnen Kapitel verweist der Schlußsatz einer Szene gern auf den Beginn der folgenden: »Auf alle Fälle [...] würde er sehr wachsam und auf der Hut sein müssen«.[9] Denn: »Gewinnen mußte er. Wenn er verlor, war alles aus«.[10]

Jajaja, das ist sie, die »erzählerische Intelligenz«, die man im »Spiegel« so gern lobt –, Austers Technik der unverblümten Spannungssteigerung erinnert freilich fatal an die Strickmuster intriganter Dramendialoge im 18. Jahrhundert: »Still, da kömmt er schon!« zischelt schnell noch einer der beiden Ränkeschmiede dem Publikum zu, schon ist der Auftritt des ahnungslosen Opfers, schon ist die nächste Szene auf ziemlich intelligente Weise vorbereitet ...

Und der vielbeschworne Realismus? Austers Protagonisten tanken nicht etwa nur, sie tanken bei *Texaco*, sie trinken nicht bloß Bier, sondern löschen Kennerdurst mit *Beck's* (bzw. mit *Jack Daniel's*), sie rauchen – *Marlboro*, lesen – *Penthouse*: Ob da nicht jemand »Genauigkeit« mit ganz banalem Product placement verwechselt?

Und die »leichtfüßige, überaus eingängige Erzählweise«, die der »Zeit« so rühmenswert erscheint? »Hummerschalen knackten, Champagner wurde geschlürft«.[11] Oje, das ist *sehr* eingängig. Wobei in puncto Abgegriffenheit die Adjektive locker mithalten können, in Fügungen etwa wie »kristallhelles Lachen«,[12] »das wallende blonde Haar«,[13] »der alberne Zorn eines Zwölfjährigen«.[14] Und wie macht man dem Leser klar, daß es an der Ostküste der USA einsame, wirklich »verlassene Ortschaften« gibt? »Ein Verkehrsschild klapperte im Wind«.[15] In der Tat, Klischees können sehr nützlich sein, wenn's darum geht, eine »leichtfüßige« Schreibweise zu simulieren …

Fazit: Nicht nur mit komplexen, auch mit simplen Erzählstrategien läßt sich eine ordentliche Übersättigung beim Leser bewirken; das Beste an Austers Roman bleiben Umschlag- und Einbandgestaltung. Und die Tatsache, daß man ihn mitunter, versehen mit einer ganz famosen Widmung, geschenkt bekommt. Ansonsten: wurde er offensichtlich als Filmskript konzipiert und dann, leicht abgespeckt, als Fernsehserie realisiert – in einer allzu bekannten, um nicht zu sagen: ausgeleierten Sprache und in allzu geläufiger, um nicht zu sagen: voraussehbarer Bildfolge. Selbst sein dunkles, geheimnisvolles Hauptmotiv – der monatelange, sinnlos anmutende Bau einer Mauer aus den Steinen einer irischen Schloßruine – wird dadurch in leichte Genießbarkeit überführt: Nicht eine einzige Zeile lang wehrt sich »Die Musik des Zufalls« gegen die gängige Leseerwartung. Und liest sich ebendeshalb fast so flink, als wär's ein Prosastück von Walser.

Pardon, als wär's die Abschlußarbeit für ein Creative writing-Seminar. Also ein »gut gebauter« Text, der sich an bereits vorhandnen »gut gebauten« Texten der Weltliteratur orientiert. Und damit von vornherein sämtliche Überraschungsmomente ausschaltet, den irritierenden Mehrwert, der von jedweder Innovation ausgeht. Die wiederum den Durchschnittsleser *ver-* und folglich *ab*schrecken würde vom Kauf. Weil! US-Literatur ja gar nichts anderes als durchschnittlich sein *darf*, um der dahinsiechenden deutschen Buchbranche wenigsten notdürftig unter die Arme –

– oder wohin auch immer zu greifen. Daß sich im Wettlauf um Verkaufszahlen und bei anhaltender McDonaldisierung durch Bestsellerlisten der Lesergeschmack bald völlig nivelliert haben wird zum Publikumsgeschmack, daß unsre massenmedial erzeugten Kulturnormen bald bloß noch digitalisierte 250-Seiten-Romane zulassen werden (statt wild sich türmender, völlig unökonomisch durcheinandergeschichteter Bleistiftwelten), und daß man sich derartige Fastfood-Literatur bald auch durch ein privates Textverarbeitungsprogramm auswerfen lassen kann und somit Verlage gar nicht mehr braucht: das liegt selbstverständlich *nicht* in deren Interesse, und folglich bremsen sie die Entwicklung geschickt ab. Mittels Gegenklischee einer deutschsprachigen Prosa, die zwar nichts mehr erzählen kann, dafür aber eine derartige Menge zu berichten weiß *übers* Erzählen, daß jedem potentiellen Selbstschreiber die Festplatte abstürzen würde, wollte er –

Aber wer will das schon! *Noch* leben wir schließlich, Hummerschalen knackend, Champagner schlürfend, in der besten aller Bücherwelten, die Lobgesänge unsrer Kritiker halten sich brav im Lot, der Literaturbetrieb – an sich ein archaisches Durcheinander völlig disjunktiver Bestrebungen – ist angenehm überschaubar: selbstverliebtes Virtuosentum hier, nüchterne Erfolgsrezepte dort.

Wenn es inzwischen nicht das Kamerun-Prinzip gäbe, sprich, das plötzliche Eintreffen von Ereignissen, die zunächst naserümpfend übersehen, dann mit Verwunderung, schließlich mit wachsender Begeisterung verfolgt und im nachhinein wehmütig wieder herbeigesehnt werden: Ach, das war doch endlich einmal was gewesen, damals, 1990 bei der WM in Italien! Und zwei Jahre später, bei der Europameisterschaft in Schweden, mischten sie da nicht schon wieder mit, diese unberechenbaren Burschen, denen das Fußballspielen offensichtlich Spaß machte, regelrecht ein Bedürfnis zu sein schien? Aber natürlich, diesmal firmierten sie ganz frech als Dänemark, und sie gewannen sogar den Titel! Vergessen wir doch einfach das ganze Tamtam um »die amerikanische«, das ganze Katzengejammere um »die deutsche« Literatur. Und hoffen wir auf Autoren, die ihr Vergnügen darin finden, das Toreschießen *und* das Ballzaubern auf unorthodoxe Weise zu verbinden.

Die also noch immer (oder schon wieder) »eine Geschichte erzählen«, die ursprüngliche – traditionelle – Geschichte jedoch dabei dekomponieren.

Und aus deren Versatzstücken samt mancherlei Neben- und Überbau eine *neue* Art von »Geschichte« zusammensetzen: Alles andre nämlich wäre ein Rückfall in die Vormoderne. Ob solche »Geschichten« in Deutschland oder USA entstehen, in Dänemark oder Kamerun – diese Frage soll uns zuallerletzt dann den Spaß daran verderben.

ROMANE (NICHT) LESEN, ROMANE (NICHT) SCHREIBEN
Eine Selbstvergewisserung

Wir wissen es alle: Schriftsteller wird man, wenn man für einen bürgerlichen Beruf zu faul ist, zu ängstlich, zu eitel, verzärtelt, größenwahnsinnig, dumm, untalentiert. Aber wie *ist* man Schriftsteller? Wie hält man's aus, Tag für Tag Schriftsteller zu *sein*, also im wesentlichen: wie hält man all die dicken Romane aus, mit denen man's dabei zwangsläufig zu tun bekommt – die der andern, die's zu lesen, die eignen, die's zu schreiben gilt, und vor allem diejenigen, die man jahrelang mit sich herumträgt, ohne je eine einzige Zeile davon zu Papier zu bringen?

Hundert Gründe, die dagegen sprechen

Lange vor der Romanniederschrift steht für einen Schriftsteller, insbesondre für den, der sich noch gar nicht mit einem ersten Werk geoutet hat, die Lektüre *andrer* Romane – die Lektüre also von Werken, die leider *andre* konzipiert und realisiert haben und die daher den *lesenden* Schriftsteller fast ausnahmslos unbefriedigt lassen: Sogar das beste Buch beenden wir vorzugsweise mit einem eifersüchtigen »Ja, aber«; stets fallen uns einige! nicht wenige! überraschend viele! inhaltliche bzw. stilistische Aspekte ins Auge, die *wir* (hätte man uns nur gelassen!) ganz anders angegangen wären. Sicher nicht besser, sondern eben – *anders*. Dieser korrigierende Blick (der übrigens schnell habituell wird) ist unsre Art Probehandeln; Besserwisser, Besserdenker, Besserformulierer, der man als lesender Autor wohl sein muß, können wir angesichts einer bedruckten Papierseite – und gar angesichts *vieler* Seiten, deren Summe zum Beispiel »Jakob und sein Herr« bzw. »Jacques, der Fatalist, und sein Herr« heißt, ein entsetzlich gutes Buch! – einfach keine Ruhe geben: und zwar desto weniger, je mehr das Buch unsern Erwartungen entgegenkommt. Ja, Dantes »Göttliche Komödie« mag unredigiert bleiben, denn vom ersten bis zum letzten Buchstaben blickt sie uns »moderne Menschen« in lauter fremden Versen und aus großer Ferne an; aber warum hat Laurence Sterne in seinem »Tristram Shandy« solch ermüdende Passagen über Festungsbau eingefügt?[1] Her mit dem dicken schwarzen Filzstift und weg damit; und wenn wir schon dabei sind, dann – doch halt, noch sind wir eben *nicht* dabei, sind zähneknirschend beim »bloßen« Lesen, beim Nachvollziehen, Re-Konstruieren eines Textes und ohnmächtiger Kommentierung am Seitenrand …

Vorausgesetzt, wir lesen überhaupt, denn das Leben, das Selber-Leben, ist allemal wichtiger als das Lesen *übers* Leben, auch wenn das Lesen, zugegebnermaßen, mitunter das Leben sein *kann*. Gerade für einen Schriftsteller dürfte's hundert gute Gründe geben, dies oder jenes Buch gar nicht erst in die Hand zu nehmen:

1. »Es steht ja sowieso, abgesehen von einigen variablen Randparametern, immer das gleiche drin.« Folglich ist, nach Absolvierung eines gewissen Grundstudiums, beim großen ungelesenen Rest der Weltbibliothek nichts mehr zu versäumen.

2. Und erst recht nicht bei der Gegenwartsliteratur: deren poetisches Moment sich meist im Klappentext erschöpft. (Werch ein Illtum!)

3. Das außerliterarische Leben hält gleichfalls Romane in petto, spannender oft und phantastischer erzählt als die kunstvoll zusammenphantasierten. Den Verlockungen eines real existierenden Sommersonntags ist nun mal nicht durch dessen wortreiche Beschreibung beizukommen; zum erklärten Bewohner des Elfenbeinturms – den man sich überdies mit Handke teilen müßte! – könnte man »später« ja immer noch werden.

4. Jedes Buch macht uns um eine Erfahrung reicher, so sagt man, gerade damit aber macht es uns auch ärmer – um die

Möglichkeit ebenderselben Erfahrung »in der eignen Schreibhand«. War's gut, das Buch, so ist sein Thema darin erschöpfend abgehandelt, sprich, für alle Zeit erledigt, und war's etwa auch *unser* Thema, so haben wir's hiermit verloren: Der Rest ist Schweigen ... War's schlecht, das Buch, was wahrscheinlicher ist, so hat es uns das Thema immerhin verdorben. Oder hat eine Stilfigur, die wir selber noch hätten entdecken können, bis zur Vollendung durchexerziert (und vielleicht gar darüber hinaus), so daß wir zum Epigonen werden müßten, wenn wir sie, die eigentlich auch für uns sich versteckt hatte hinter irgendeiner unsrer Sprachlosigkeiten, trotzdem übernehmen wollten.

5. Undsoweiterundsofort!

Vorsicht also vor Büchern aller Art: Sie stehlen Lebenszeit, sie stehlen Schreibzeit, sie rauben Themen, Figuren, Metaphern, Halbsätze und, schneller als man denkt, die nötige Unbefangenheit, um überhaupt zur Feder zu greifen! »Vieles nicht sehn, nicht hören, nicht an sich herankommen lassen – erste Klugheit, erster Beweis dafür, dass man kein Zufall, sondern eine Necessität ist« (Nietzsche).[2] Selbst wenn diese erste Klugheit die einzige gewesen sein sollte: Begehen wir sie so selbstgewiß, als wär's unsre größte Dummheit! Und überlassen die Vielbelesenheit guten Gewissens den Sekundärliteraten.

Trotzdem kommen wir nicht vollständig – außer wir heißen Jesse Thoor – um die Bücher herum, wir hassen sie, wir lieben sie und natürlich, vor allem, wir lesen sie. Mit spitzem Bleistift, s. o., oder – bisweilen sogar: vergnügt. Die Grade des Vergnügens freilich sind vielfältig; was uns bei einem Karl May-Roman in Spannung versetzt, müßte uns bei J. F. Coopers »Lederstrumpf« empören, eine gute Wendung in einer Erzählung von Thomas Mann würde uns in Musils »Törleß« gar nicht erst auffallen. Wie gemein! Wie ungerecht gegenüber den meisten Autoren, sie *nicht* in einen Topf zu werfen! Aber wir haben ein vielfaches Ich und entsprechend vielfach sind unsre Bedürfnisse nach Spannung und Stil, nach Identifikation und Erkenntnis, nach Katharsis jedweder Art.

Welche Bücher lohnen sich da am meisten? Diejenigen vermutlich, die uns weder zu nah stehen noch zu fern, die uns berühren, ohne uns gleich zu ergreifen, ja mit deren Handlungsablauf, Satzbautechnik, »Sicht der Dinge« wir uns zunächst ganz & gar nicht anfreunden können, Bücher, die uns Unbehagen bereiten bis zu einer gewissen Langeweile,[3] die uns – mit einem Wort – eine Tortur sind zu lesen: Denn die Lektüre eines Werkes, das uns *zu* fern steht, die brechen wir vor Überschreiten der Schmerzschwelle erfahrungsgemäß ab; ein Werk, das uns nah und vielleicht *zu* nah steht, das verschafft uns zwar immense Leselust, es bringt uns indessen nicht voran, bestätigt lediglich, was wir immer schon wußten: ist nur der Schlüssel für eins unsrer zahlreichen Schlösser, die unser Innerstes verriegeln – immerhin. Die *andern* Bücher dagegen, deren mittlere Reichweite im Falle eines Falles zu Explosionen vor, neben und in uns führen kann, die sprengen *neue* Löcher für *neue* Schlösser, manchmal sogar reißen sie tiefe Breschen in unsre Denkbarrieren: Und das *ist* schmerzhaft! Da wehren wir uns durch heftige Randnotizen, grenzen uns ab durch Unterstreichen, Unterringeln, Umkringeln, Ausstreichen, Stabilobossieren ganzer Zeilen in Rot, Gelb, Grün: und *zerstören* so das Buch für jeden Bibliophilen. Durch jene äußerliche Zerstörung allerdings entsteht das Buch in unserm Innern ja auch neu und wir mit ihm: Die Zerlegung und Wiederzusammensetzung zum Beispiel von Valérys »Monsieur Teste«, das war eine regelrechte Materialschlacht für mich, der reinste Nervenkrieg; doch Texte wie dieser, die mich dermaßen langanhaltend in Alarmbereitschaft versetzten und hin & her hetzten von Zeile zu Zeile, hinauf & hinab die Seiten vor & zurück, die markierten entscheidende Zäsuren in meinem Literaturverständnis (ich hätte beinahe gesagt: in meinem Leben), noch heute orientiere ich mich an ihnen.

Die Stärke der Schwäche

Nun verfaßt man also offensichtlich deshalb Romane, um nicht die Romane *andrer* Autoren zu lesen, d. h. Bücher, bei denen man sowieso selber Hand anlegen müßte: als bleistiftspitzer Randbemerker, als nachmaulender Nörgler und Klugscheißer. Dann lieber gleich die *eignen* Romane, bei denen alles so ist, wie's sein soll. Nämlich *für uns.* Daß der Einwände hier nicht weniger zu machen wären, das geht in diesem Fall die andern an – wir spielen Vorhand. Aber warum, warum überhaupt spielen wir?

Nietzsche teilt die Kunst ein in zwei Kategorien – in Kunst aus Mangel und Kunst aus Überfluß. Im Falle des Mangels schaffe der Künstler aus einer Schwäche heraus, es fehle ihm etwas, mitunter das Entscheidende, und er hole es sich oder einen Ersatz über den Umweg des beschriebnen Papiers: Kunst als Kompensationsprodukt eines defizitären Alltagslebens, Onkel Freud läßt grüßen (bzw. hat's mit dem Anstreichen der entsprechenden Nietzsche-Passagen nicht bewenden lassen). Im Falle des Überflusses dagegen schaffe der Künstler aus einer Stärke heraus, aus einer übervoll angestauten Innenwelt, die sich nach außen zu entladen dränge.

So einleuchtend Nietzsches Modell auf den ersten Blick wirkt, so schematisch erscheint es auf den zweiten, so unkünstlerisch. Denn *beides* gehört beim schöpferischen Akt zusammen: Immer fehlt uns etwas, und immer haben wir etwas (anderes) zuviel; gerade unser Mangel ist's, der unsern Überfluß bewirkt, erst unsre Schwäche bedingt unsre Stärke! Andernfalls würden wir uns ja auch nur hinter den erstbesten Tresen klemmen, uns ein wenig Mut (lies: Stärke) antrinken und unser mißglücktes Leben dem Barkeeper erzählen. Doch siehe da, das tun wir eben nicht; bereits der Anblick einer leeren Seite, wie sie gnadenlos weiß vor uns auf dem Schreibtisch wartet, erfordert eine ziemliche Kraft, ein Durchhaltevermögen und einen Überfluß an Willen, sie mit Worten zu bedecken, der bzw. die bzw. das uns in andern Lebensbereichen wohl abgeht – mag sein. Die Rache der Enterbten und Gekränkten, der Zukurzgekommnen und zu lang Vertrösteten, der Spätentwickler und der Frühvergreisten – das ist von jeher die Kunst, und folglich lachen die Künstler stets gekränkter, kürzer und länger als die Nichtkünstler. Lachen später und früher, vor allem aber lachen sie dann, wenn sie vor lauter Kummer keinen andern Ausweg mehr wissen.

Das offne Ohr, das offne Auge, der offne Mund

Und was tun sie außer Lachen und, zum Beispiel, Schreiben? Sie gehen durch die Welt und staunen. Nicht *alle*, zugegebnermaßen: Kant kam über den Umkreis Königsbergs nicht hinaus; der ägyptische Nobelpreisträger Nagib Machfus hat seinen Wohnort Kairo – genau genommen: ein gewisses Stadtviertel von Kairo! – bis auf zwei kurze Ausnahmen nie verlassen; Arno Schmidt berechnete bekanntlich seine Lebenslesezeit, stellte eine Literaturliste zusammen und verschanzte sich in seiner Schreibtischburg. Und erst das andere Extrem – Lenau, Grillparzer, Hebbel, Hamsun, Somerset Maugham, Dauthendey, Ringelnatz und wie sie alle heißen, die ruhelosen Befahrer der sieben Weltmeere, die rastlosen Wanderer von Pol zu Pol! Statistische Ausreißerwerte gibt's freilich auf beiden Seiten *jeder* Theorie; der Gaußschen Glockenkurve entsprechend, trifft die These in ihrer Mitte aufs Gros der Romanciers zu: die in erster Linie nicht das von andern vorsortierte Leben in Form von Literatur brauchen, sondern die Sache selbst, die »Erfahrung«, als spätere Kontrollinstanz ihrer »wild« drauflosphantasierenden Phantasie.

Oder glaubt man ernsthaft, über Dinge schreiben zu können, die man nie gesehen, nie in die Hand genommen und bedrückt und berochen und beschleckt hat – über Dinge, an denen man niemals *gelitten* hat? »Denken und Tun, Tun und Denken, das ist die Summe aller Weisheit [...]«, so empfahl's der alte Goethe;[4] alsdann, in Goethes Namen! lassen wir uns von unsrer Neugier durch die Weltgeschichte treiben und in sie verwickeln – alles, alles fällt bei unserm Beruf schließlich unter »Recherche«! –, um uns, in einer nächsten Schaffensphase, der Welt wieder zu entziehen und: sie zu Papier zu verarbeiten. Das *klingt* sehr simpel, *ist* hingegen so ziemlich das Zweitschwerste, was es zu erlernen, immer wieder neu zu erlernen gilt.

Nun geht es mir nicht um schamlose Fahrstuhl- und Gehsteig-
studien, nicht um methodische Störaktionen in U-Bahnen und
an Grabbeltischen, geht es mir weder – wie Charles Cros in seiner Erzählung »Die Wissenschaft der Liebe« – um langfristige
Testserien an arglos liebenden Frauen noch um kurz- bis mittel-
fristige Selbstversuche als Penner oder sonstwo »ganz unten« in
unsrer Gesellschaft. Nein, es geht mir um das normale, das
»mittlere« Leben des Romanciers und ein damit verknüpftes
notorisches Staunen, geht mir um die größtmögliche Offenheit
den Dingen, den Menschen, den Ereignissen gegenüber: Ein
Schriftsteller hat schlichtweg keine Weltanschauung zu haben!
Sondern deren hundert, und die muß er täglich sich aufs neue
erarbeiten durch genaues Hinhören, -sehen, -riechen, -schmek-
ken, -fassen; und sein induktives, fallorientiertes Interpretations-
vermögen wird nicht selten die Ergebnisse von gestern widerlegen müssen und morgen diejenigen von heute.

Im Erlebnisbereich ein hemmungslos empfänglicher Aphoristiker, ist der Autor im Verarbeitungs- und Verpackungsbereich
ein verkappter Systematiker, ein Assoziations- und Interpola-
tionskünstler zumindest: Ähnlich Raffael – der seine Madon-
nenbilder nicht etwa schuf, indem er *ein* Modell abkonterfeite,
sondern, wie er einmal verriet, vom ersten die Augen, vom zweiten die Augenbrauen, vom dritten die Nase, vom vierten den
Mund usw. – ähnlich Raffael ist auch der Romancier ein Großteil seines Lebens mit Sammeln beschäftigt, mit Sammeln von
Satz*fetzen*, Bild*segmenten*, Handlungs*sequenzen*. Durchaus mit
dem Anspruch, das alles »später einmal« zu katalogisieren und
zu kombinieren, idealtypisch zu ergänzen, die verrückten Wahrheiten der tatsächlichen Eindrücke zur glaubhaften Wahr-
haftigkeit einer erzählten Geschichte zu »verbessern«. Ohne
Rubriken, ohne »Verinnerlichungssystem« (oder wie derartige Verkompostierung von Außenwelt-Impulsen heißen mag)
kommt der Romanautor nicht aus; noch weniger freilich ohne
das »reine Auge«, die Unverdorbenheit des Sehens, die Aufmerksamkeit gegenüber den ganz großen und den ganz kleinen
Dingen. Nur in Ausnahmefällen stellt er sich als Beobachter ins

Abseits (das würde ihn nämlich auf Dauer zum Zyniker machen), sondern er läßt sich ein auf dies verrückte Leben, indem er es liebt trotz all seiner lächerlichen Insuffizienzen: läßt sich ein auf sein Leben und ehrt es, indem er darin *handelt*.

Leichter gesagt als getan, denn bekanntermaßen fristen wir unser gestanztes Steuerzahlerdasein in einer entzauberten Welt – ob in Düren, Dresden, Eckernförde oder Ottobrunn, macht da lediglich akzidentielle Unterschiede. Wer weiß noch ein Meer, in das es sich zu stürzen, das es auszutrinken lohnt? Geben wir's nur zu: Unser Leben ist langweilig, und nicht erst das zwischen Airbag und beheizter Rückenlehne der Postmoderne, sondern, wenn man Justus Möser Glauben schenken darf,[5] (mindestens) schon das in den Reisekutschen des 18. Jahrhunderts: Seit Etablierung einer bürgerlichen Gesellschaft scheinen die existentiellen Herausforderungen bis auf weiteres schubladisiert, jeder Straßenecke blicken wir erwartungsvoll entgegen und dahinter erwartet uns – nichts. S-Bahn-Surfen, Bungee-Springen, Teilnahme an schwarzen Friedhofsmessen und all die andern Nervenkitzelhobbys der Zeitgeister: sind ja bezeichnende Ausbruchsversuche aus userm vorprogrammierten Alltag. Und führen jedenfalls in Extrembereiche des Erlebens, die ich zwar nicht ablehne, die ich allerdings nicht meine, wenn ich vom staunenden Handeln, vom handelnden Staunen spreche als dem Standpunkt des Romanciers.

Große Gegenmaßnahme: raus aus der künstlichen Harmonie, rein in die Disharmonien der Dritten Welt. Wo, wenn nicht dort, sind die Horizonte noch offen – und damit die Wege noch allesamt frei zur Inspiration? Da ist die Hitze noch eine wirkliche, eine *weiße* Hitze, da ist ein kurzer Schluck Tee noch ein kurzer Schluck Tee, da sind die Farben voll Wut und voll Lust und voll Angst und voll Schmerz, sind die Gerüche schrill und spitz und rund und glatt, die Töne gelb und grün und braun –, da gibt es nicht erst *hinter*, sondern bereits *vor* jeder Straßenecke die überwältigende Erfahrung. Wo, wenn nicht dort, hat das Leben – zumindest für den klischeesüchtigen, den außenstehenden, den versuchsweise teilnehmenden Beobachter aus der zentraleuropäisch heilen Welt – noch sichtbare Kanten und Klüfte und Klippen und wüstenweite Durststrecken, wo, wenn nicht dort, verteilt es seine Tiefen und Untiefen in grausamer Gelassenheit rund um die Uhr und, vor allem, birgt in jeder Minute die Gefahr des Scheiterns? Der marokkanische Autor Tahar Ben Jelloun findet in seiner Heimat »eine Wirklichkeit vor, die an Phantastik und Abgründen nicht zu überbieten sei«,[6] und gerade wir Wohlstandseuropäer werden ihm beipflichten: Kaum fährt man in den Maghreb, nach Burma oder in die Mongolei, schon ist die Gleichgültigkeit dahin, schon hat man wieder Hunger auf die Welt, hat um jede Mahlzeit zu kämpfen: mit »den Umständen«, den lieben Einheimischen und nicht zuletzt mit sich selbst und seinem kranken Körper. Erst auf der Basis jener zeitweisen Überreizung mit Außenwelt wird die Innenwelt aktiv; ist man wieder zu Hause, nimmt man nichts Äußeres mehr wahr, läßt die Erlebnisse gären. Und wenn man Glück hat, kommt das Faß dabei zum Überlaufen:[7]

Das Initialereignis

Wenn also überhaupt, dann kommt die Inspiration im Überfluß. Und kommt stets dann, wenn man's am allerwenigsten gebrauchen kann – zum Beispiel während der Arbeit an einem *anderen* Projekt; sie kommt heftig, rasch und unerwünscht, und sie duldet keinen Aufschub: Als Brechreiz der Phantasie ist sie die pure Nötigung; was wahllos einst hineingefressen wurde und schwer seither im Magen lag, nun wird es endlich ausgekotzt.[8] Und zwar im Stück, eine Vision kommt immer als Ganzes – als leere Silhouette –, eine Vision ist ein Anfall, ein Überfall, und man braucht nichts weiter zu tun, als die Hände zu heben und … den Dingen zuzusehen, wie sie ihren Lauf nehmen: In seinen größten, seinen glücklichsten, seinen berauschtesten Momenten ist der Schriftsteller nichts als ein hilfloser Handlanger.

Zum Beispiel des »Taifuns über Kyōto«, der mich auf einer Zugfahrt überraschte von Hamburg nach München. Kaum hatten wir die Elbe überquert, las ich in einem Reisebericht der frühen 60er Jahre von einem »alten Gobelin, den ein Windhauch sanft bewegt, so daß die eingewebten Gestalten sich auf einmal zu bewegen und mit menschlicher Zunge zu sprechen beginnen, die Felsen, Bäume und Gewässer zu atmen und zu blühen anfangen [...]«.[9] Ich weiß nicht warum – doch sofort war mir klar, daß man derlei nicht bloß zu sehen und zu hören *vermeinte* aufgrund eines Windhauchs, sondern daß man's *tatsächlich* sah und hörte, und zwar deshalb, weil in gewissen Teppichen eben *wirkliche* Bäche flossen und *wirkliche* Bäume von einem *wirklichen* Luftzug durchraschelt wurden. Einige zeitlose Minuten lang hing ich jenem (keineswegs originellen) Gedanken nach – vor meinem innern Auge spulte sich eine komplette Geschichte ab: die Geschichte eines fernöstlich-exotischen Wandteppichs, der bei anhaltender Betrachtung laufend neu in Szene sich setzte, und seinem verwunderten Bewunderer aus Europa –, dann schrieb ich los oder vielmehr der innern Bilderflut hinterher, es konnte mir gar nicht schnell genug gehen, dazu war's einfach viel zu schön? zu spannend? zu erlösend? Erst kurz vor München blickte ich wieder auf, in die mienenlosen Gesichter – nicht etwa von Geishas und Samurais, sondern von zugestiegnen Fahrgästen. Die's nicht gewagt hatten, mich anzusprechen, obwohl der Sitzplatz neben mir lediglich mit vollgeschriebnen Seiten belegt gewesen, rücksichtsvoll standen sie im Gang! Und ich schämte mich und war glücklich: Zwanzig Seiten »Taifun über Kyōto« lagen vor bzw. hinter mir – die Kontur war skizziert, alles Weitere würde nur eine Sache noch des Ausmalens sein. »Nur« »noch«!

Und so ging's mir fast ausnahmslos; in dieser ersten (streng genommen: zweiten) Arbeitsphase wird überhaupt nichts gesucht, wird alles gefunden. Ob im Traum, den man nach dem Erwachen schnell notiert, ob bei völlig selbstvergessener, selbstloser Betrachtung eines Bildes, einer Landschaft, irgendeines Ausschnitts von »Umwelt«, ob beim Hinterherlauschen, beim *Hinein*hören in eine magische Wortkombination: Immer sind es Situationen, in denen wir nicht mehr Herr der Lage sind, die unsre produktiven Kräfte wecken – kindlich erlebte Momente des Geschehen-Lassens ohne jedes reflektive Wenn & Aber.

Völlig unpoetisch ist's folglich, sich von enflammierten Kreativratgebern Themen und Stoffe vorschlagen zu lassen; was die Ratgeber zu den kühnsten Kombinationen beschwingt, unter *unsern* Händen geriete es zum gottschedianisch zusammengeschusterten Konstrukt, fehlte ihm doch ausgerechnet die Initialzündung, also (Schub-)Kraft und (Stoß-)Richtung, also alles. Den »Zug nach vorn« erhält ein Text niemals aus einer wie raffiniert auch immer erdachten Konstruktion, sondern aus der prärationalen Primärvision – sie ist Conditio sine qua non allen Erzählens. Im Lauf mehrjähriger Arbeit mag sich die ursprüngliche Vision bis zur Unkenntlichkeit verändern, trotzdem ist und bleibt sie's, die Vision, die den Text von der ersten bis zur letzten Seite durchpulst, die ihm seinen eignen Ton verleiht, seine Melodie. Mit Walter Benjamin, der sich seinerseits vielleicht an einen Brief Schillers anlehnt,[10] würde ich die erste Arbeitsstufe, in der sich die Geschichte komponiert, als die *musikalische* bezeichnen; in einem weiteren Schritt kommt zur Eingebung auch der Gedanke, der die Fabelführung nach Kriterien der Logik und der Wahrscheinlichkeit durchstrukturiert, sie auf dem Reißbrett ergänzt, verbessert und eigentlich: noch einmal neu entwirft – der *architektonische* Arbeitsgang einer planvollständig formulierten Aufzeichnung. Erst die letzte Arbeitsstufe, laut Benjamin die *textile*, widmet sich den Worten im engeren Sinne, hier wird das Textgewebe gewirkt, werden Sätze miteinander verwoben, rote Fäden und alle Art Ziernähte gezogen, wird *Stil erzeugt*.

Arbeitsverhinderungsstrategien

Ob zweite oder dritte Stufe, wir brauchen uns nichts vorzumachen: Der Alltag des Romanciers ist langweilig. Was für enervierende Qualen, eine im Kopf längst zu Ende erzählte Geschichte über Wochen, Monate, Jahre hinweg zu Papier zu bringen, noch dazu, wo die einzig adäquate 1:1-Abbildung selbst nach zwölffacher Korrektur, sprich, nach zwölffach erneuter Niederschrift einfach nicht, zweifach nicht, zwölffach nicht gelingen will!

»Welch ein Zwischenraum zwischen dem ersten Entstehen der Idee und dem Hervortreten derselben in gesättigter Form!« lamentiert nicht nur ein Hebbel;[11] und da die Belohnung für jene langwierige formale »Sättigung« der Inspiration erst mit erheblicher Verzögerung (oder nie) »gewährt« wird, jeder Mensch jedoch ein alltägliches Quantum an Erfolgserlebnissen braucht: so wird man eben findig. Schließlich muß ja auch mal die Schreibtischablage entmüllt werden, muß ja auch mal der Abwasch, die Post, der Gang zum Finanzamt erledigt werden, auf daß man dann, wenn's unweigerlich losgeht, ungestört durcharbeiten kann. Und müßte nicht erst dieses & jenes Café aufgesucht werden, um sich mit ein paar Stücken Mohnkuchen zu stärken? Und dieser & jener Biergarten, um sich an ein paar Kaltschalen zu erfrischen? Und ist nicht ein *neuer* Abwasch inzwischen abzuarbeiten, ein *neuer* Postberg, damit der Kopf auch wirklich frei ist? Und ein Anruf zu erledigen? ein zweiter Anruf, ein dritter? Man wird unerhört fleißig, wenn man faul sein will; am Ende setzt man sich sogar an eine längst überfällige Rezension oder – Ultima ratio! – an einen Essay übers Romane-(nicht-)Schreiben: Hauptsache, man kann sich vor der Sache selbst drücken, vor dem Roman. »Ich hätte Wichtigeres zu tun«, sagt eine der beiden Hauptfiguren in Detlev Kopps »Brunswick & Sneed«,[12] »darum zähle ich die im Raum verwehten Stäubchen«.

Nun scheint der Erfindungsreichtum zwar unerschöpflich, wenn sogenannte große Herausforderungen drohen, trotzdem wächst die Unlust am (bevorstehenden) Text mit jedem Tag, wächst umgekehrt proportional zur flau und immer flauer schmeckenden Lust an allen Dingen dieser Welt: Doch erst die oft monatelang währende Flucht ins Uneigentliche erzeugt jene brisante Mischung aus schlechtem Gewissen, wachsendem Termindruck und exponentiell sich steigernder Verzweiflung – und also den notwendigen Schaffensdruck, der sich dann, ähnlich dem der Primärvision, als mächtiger Energieimpuls löst und über die ersten 50 Seiten trägt, hoffentlich! Nichtstun ist dafür die Vorbedingung, ist unverzichtbarer Bestandteil der Arbeit,

und man täusche sich nicht: Es ist so geschäftig wie anstren-
gend, nicht zuletzt für Ehefrauen, Freunde, Bekannte und Unbe-
kannte, die sich über die hausgemachten Probleme eines nicht-
schriftstellernden Schriftstellers bloß wundern können.

Arbeitsermöglichungsstrategien

Wenn's denn aber endlich losgehen soll, dann richtig! Richtig?
Es ist gar nicht so leicht für einen Autor, herauszufinden, was
für ihn richtig, was falsch – also arbeitshemmend – ist. Schließlich sagt's einem niemand, und selbst wenn, s. o., so wäre der
Nutzen fragwürdig und man käme um aufwendiges Experimentieren nicht herum: um das Ausprobieren verschiedner Arbeits-
plätze, -zeiten und -materialien, von allen möglichen Sitzgele-
genheiten ganz zu schweigen.

Reizvoll wär's sicherlich, die Literaturgeschichte einmal unter
dem Gesichtspunkt zu betrachten, auf welch verschiedene Weise man sich derartiger technischer Probleme bislang entledigte,
d. h. unter welchen Bedingungen die mittlerweile kanonisierten
Meisterwerke überhaupt entstanden:[13] Das Sein bestimmt bekanntlich das Bewußtsein, und jede geistige ist auch eine kör-
perliche Leistung ... Da gibt es Autoren, die im Gehen arbeiten
(Nietzsche), und solche, die ihre Werke aussitzen – G. B. Shaw
zwang sich über fünf Jahre hinweg, täglich so lange vor einem
Stapel Papier auszuharren, bis er fünf Seiten vollgeschrieben
hatte! –, da gibt es professionelle Diktierer (Goethe) und solche,
die ihr Tagewerk erst einmal nächtlings probeweise in die Welt
hinaus skandieren (Flaubert), da gibt es reisende und dezidiert
nichtreisende (s. o.), gibt es rauschhaft-getriebne (Rimbaud)
und beamtenhaft-rationelle (Kants strenge Tageseinteilung ist
beileibe kein Einzelfall!), nicht zu vergessen Schriftsteller wie
Balzac, die den gezielten Wechsel von Askese und Ekstase pro-
pagieren.

Viel auch wäre vom Ort abzulesen, an den sich der Schriftsteller zurückzieht, um zur Tat zu schreiten. Der seinerzeit führende
katholische Philosoph deutscher Sprache, Max Scheler, schrieb

bevorzugt in Bordellen; der katholische Gegenwartsphilosoph Reinhard Löw braucht Flughafen-Wartehallen oder Bahnsteigbänke, um sich während des naturgedrungen einsamen Schaffensprozesses weiterhin verbunden zu fühlen mit der Welt. De Sade oder Villon schufen ihre Werke in der Abgeschiedenheit von Gefängniszellen, Nabokov oder Klaus Mann in Hotels, der alte Lessing im Sterbezimmer seiner Frau. Wechselnde Arbeitsräume am entgegengesetzten Ende der Stadt wählt der in Paris lebende Schweizer Paul Nizon – die lange Fahrzeit in öffentlichen Verkehrsmitteln, so sagt er, stimme ihn ein –, und der Lyriker Robert Schindel steht auf einen ganz bestimmten Tisch zu einer ganz bestimmten Uhrzeit in einem ganz bestimmten Wiener Kaffeehaus ...

Aber nicht nur die Wahl des Tatortes verrät etwas. Jede kleinste Kleinigkeit ist ein potentielles Indiz und wird von den Tätern entsprechend erwogen, also nicht etwa bloß die Frage, ob man am besten unter Drogen (Burroughs), unter Alkohol (71 % der amerikanischen Nobelpreisträger waren Alkoholiker!),[14] bei excessivem Kaffee- (Schiller während der Arbeit am »Tell«), Nikotin- (Musil) oder Kaffee-*und*-Nikotinkonsum (Böll) arbeiten kann – oder völlig nüchtern und clean. Nein, da geht's um die berühmten faulen Äpfel in der Schublade (na?), die Händel-Musik im Hintergrund (Pleschinski), die Schreibunterlage, die sich bekritzeln läßt (G. Keller); da geht's um den seit Jahrhunderten währenden Kampf gegen die Müdigkeit – noch der achtzigjährige A. v. Humboldt hatte mit vier Stunden Schlaf pro Tag genug; Balzacs periodische Anfälle von Arbeitswut ließen ihn eines Monats nicht mehr als 60 Stunden zur Ruhe kommen! Melanchthon setzte sich regelmäßig schon ab drei Uhr morgens an die Manuskripte; Proust dagegen und der junge M. Walser blieben gerade zum Arbeiten im Bett ... Da geht's um Vormittags- (Schopenhauer, Th. Mann, Zola) oder Nachtarbeit (Kafka, Hegel), um die Reduktion der Nahrungszufuhr (Proust aß phasenweise nicht mehr als ein Croissant täglich), um die Menge der Bierzufuhr am Abend und die Form des Frühstückseis (Nietzsche): Nichts erscheint zu banal, um nicht reflektiert und in Betracht gezogen zu werden für das eigne Schreiblebenskonzept. Hält sie unnötig auf, die tägliche Rasur, oder wirkt sie gerade beflügelnd; lenkt es unnötig ab vom Wesentlichen, das Make-up am Morgen, oder ist es selber wesentlich? Ob man geduscht, geölt, geschminkt und gepudert seinen Romanfiguren gegenübertritt oder ungewaschen, ungekämmt, ist nichts weniger als eine Frage des Stils! Und soll man, last not least, mit Bleistift, Kuli,[15] Filzstift, Füller, Schreibmaschine, PC, Laptop, soll man nicht?

So viele Fragen, so viele verrückte Antworten, verrückte Vorlieben und Abneigungen, verrückte Tricks, sich stündlich neu zu motivieren, und so viele regelrechte Ticks: summa summarum eine herrliche kleine Marottenkunde, gewiß. Andrerseits liefern jene angeblichen Schrullen entscheidende Hinweise über den Tathergang, über den Entstehungsprozeß eines Romans; und da *jedes* Werk nur aus seiner Geschichte heraus zu begreifen ist ... sollte man derlei Details zur Arbeitstechnik (ohne sie deswegen gleich psychologisch auszuwälzen!), versuchsweise ernst nehmen. *Alles* sagt etwas aus, auch wenn man nicht weiß von vornherein, *was* es sagen will.

Also gut, welche Spleens gäb's denn bei mir zu entdecken? – Im Prinzip dieselben, zu denen sich W. Benjamin bekennt: »Pedantisches Beharren bei gewissen Papieren, Federn, Tinten ist von Nutzen.«[16] Ich schwöre auf einen alten Lamy-Füller, ein Nachkriegsmodell mit ausgeleierter Feder, aber eben – eine Persönlichkeit. Für ihn mische ich sogar eine eigne Tintenfarbe zurecht, ein spezielles Schwarzgrün, das es leider nicht zu kaufen gibt, das jedoch äußerst beruhigend wirkt auf weißem Papier: Sind die Sätze, die man damit schreibt, noch so schlampig gebaut, *optisch* sehen sie gediegen aus, seriös, ja edel – und schon das allein kann ungemein befriedigen. Apropos Papier: *Ganz* weiß ertrage ich's nicht, mit Vorliebe benutze ich die Rückseiten irgendwelcher Kopien, es streicht sich dann leichter und überhaupt muß nicht alles so perfekt sein: Schließlich ist das Papier auch bloß »zweite Wahl«...

Wie man sieht, werte ich das Textumfeld bzw. dessen Hinter-

grund ebenso schamlos ab wie ich den eigentlichen Text, nämlich seine *optische* Realisation, durch eine spezielle Tintenfarbe
aufwerte – ein kleiner Selbstbetrug, der mich nachträglich zwar
erhebliche Korrekturarbeit kostet, während erster und zweiter
Arbeitsphase aber stimulierend wirkt. Nein, vom direkten »Erstellen« des Textes im Computer halte ich ganz & gar nichts,
solch schnurrende, aufpiepsende, abknarzende Verschiebebahn-
höfe von Textbausteinen fördern nicht etwa nur das Herum-
schludern – »nachher« könnten die einzelnen Erzählabschnitte
ja problemlos umgruppiert werden: nie wieder gutzumachender
Irrtum! –, sie liefern nicht nur ein häßliches Schriftbild und häß-
liche Nebengeräusche bei dieser stillsten aller menschlichen Tä-
tigkeiten, vor allem trennen sie die Wörter von der Hand, die sie
– eben nicht bloß »erstellt«, sondern: *schreibt.* In jener Hand
mit ihrem individuellen Schreibrhythmus sitzt die Seele der Sätze, so behaupte ich allen Ernstes, sitzt ihre Schwungkraft, ihr
Fluß, der gerade für die Erstniederschrift so wichtig – und selbst
dem *gedruckten* Text noch anzumerken ist. Sogar eine fallweise
nötige Streichung, Korrektur, Ergänzung fügt sich dem manuel-
len Schreibprozeß organisch ein (und strahlt auf das Textumfeld
aus), während sie am Bildschirm des Computers nichts ist als
ein Fehler, ein Hemmnis, ein Zurück-und-Nochmal. Schließlich:
vermitteln handbeschriebne Seiten, Blatt für Blatt, ein ganz
andres Entstehungsbewußtsein, ein ganz andres Gefühl für
den Gesamttext, als wenn man ihn erst nach Vollendung des
letzten Satzes ausdrucken läßt. Nein, ich brauche den Anblick
meiner Schrift, den Anblick eines Papierstapels, der sich langsam erhöht, brauche den Rhythmus, den mir das DIN A4-
Format auferlegt. Bedenkt man Diltheys Klage, er beneide jeden
Holzhacker darum, daß er sehen könne, was er geleistet habe,[17]
so ist's wenigstens ein gewisses Erfolgserlebnis, sein Tagewerk
von zwei bis zwanzig vollgekleksten Seiten abends in die Hand
zu nehmen; ein erstes Glücksgefühl stellt sich ein, wenn der
Pegel im Tintenglas sichtbar gesunken. »Es lebe das Hand-
Werk«; daß es nach diversen Korrekturen mit diversen Farbstif-
ten dann *doch* noch in den Computer hineingelangt (und jeder

Ausdruck nach erfolgter Kolorierung aufs neue), versteht sich von selbst.

Und ansonsten: kein Alkohol, keine Drogen, keinerlei abendliches Halligalli; sondern Regelmäßigkeit, wie sie Rolf Engelsing bereits den Schreibtischtätern früherer Jahrhunderte bescheinigt: »Die Stunde des Aufstehens, der Augenblick des Beginns der Arbeit [...], der Gang zur Bibliothek, der Spaziergang, die Stunde des Zubettgehens und manches andere waren normiert, und es wurde jahrzehntelang an gewohnten Einteilungen festgehalten.«[18] In meinem Fall zwar bloß für die Dauer einiger Wochen oder Monate, die Biederkeit meiner Acht-? Zehn-? Achtzehn-?Stundentage läßt allerdings zu wünschen nichts übrig; am besten, man flieht dazu die Stadtverlockungen vorübergehend völlig, verzieht sich in ein Reich jenseits von Fax und Telephon.

Phantasiebewältigungsstrategien

Aber *wenn* ich's denn tue, *wie* tue ich's dann – nachdem ich ausreichend Tinte zurechtgemischt habe? Als erstes sichte ich den Zettelhaufen, der sich in der Periode zwischen Initialereignis und jetzt anstehender Niederschrift angesammelt hat, stoße dabei bisweilen auf Details, die so fremd mir entgegenblicken, als hätte ein andrer sie gehortet. Als zweites »mache ich ein Schema«, um mit Goethe zu sprechen, erstelle eine möglichst ausführliche Gliederung des Gesamttextes. Diesen 30–50 Gliederungspunkten werden in einem dritten Schritt sämtliche Notizen zugeordnet – spontane Einfälle, Anregungen verschiedner Gesprächspartner, zufällig Aufgeschnapptes oder minutiös aus Fachbüchern Exzerpiertes, sogar Photos, Schallplatten, kleine Dinge. Eine der entscheidenden Entdeckungen meines Lebens ist die der Schere gewesen, d. h. der Möglichkeit, solche Notizzettel nach erfolgter Durchnumerierung vielfach zu zerschneiden – so läßt sich der Riesenstoff aufteilen in 30–50 Papierschnitzelhaufen, welch eine Entlastung! »Und gleich hinein mit der ganzen Zettelwirtschaft in verschiedenfarbige Plastikfolien, hinaus aus dem unmittelbaren Gesichtsfeld« – nur der erste Punkt der Gliederung steht nunmehr zur Debatte. Und auch mit ihm verfahre ich nach der Methode progressiver Segmentierung, sprich, Arbeitsverminderung: zugehörige Aufzeichnungen sichten, Sub-Gliederung erstellen, Schnipsel nochmals zerschnipseln und in Sub-Sub-Gliederungen gruppieren – so lange, bis sie in definitiver Reihenfolge vor mir liegen. Erst wenn die für den unmittelbar anstehenden Text zu verwendende Schnipselmenge so klein geworden, daß sie mit *einem* Blick zu überschauen ist, wird sie erträglich; bei größeren Mengen weiß ich gar nicht, wie ich und wo ich beginnen sollte.

Sodann: schreibe ich Punkt für Punkt, gewissermaßen von oben nach unten, einfach ab. Ergänze dabei oft große Lücken. Entdecke, daß ich viele der rubrizierten Einfälle gar nicht verwenden kann oder erst in späteren Abschnitten. Komme auf ganz neue Ideen und Wendungen der Geschichte, so daß ich nicht selten den vorgesehenen Schnipselweg verlassen muß. Diese mit Randziffern versehenen Textfragmente – in ihrer Gesamtheit bildeten sie gleichsam mein Netz unterm Hochseil, ja mehr noch: einige Fasern, Fäden, Litzen des Seils selbst; *sie* erst ermöglichen die Logifizierung der Phantasie, die strengstmögliche, schreibökonomischste Buch-Führung: und bieten noch im Stadium des Überholt-Werdens durch bessere Einfälle eine beruhigende Sicherheit gegenüber allerorts drohenden Kreativitätspleiten. Wer die Technik des Scherenschnitts beherrscht, der kann zwar weiterhin abstürzen, aber eben nicht mehr so tief.

Nein, das Problem der leeren Seite habe ich folglich nicht; wohl aber dasjenige – und zwar jeden Tag in selbiger Intensität –, einen ersten Satz zu Papier zu bringen. Meine Gegenstrategie beschränkt sich bislang darauf, über den Schluß eines Abschnitts bzw. Sub-Abschnitts hinauszuschreiben, im Erzählfluß eines dem Ende sich zuneigenden Arbeitstages noch einige Sätze anzufügen, die »eigentlich« bereits einem neuen Gliederungspunkt zugehören. Am nächsten Morgen muß man dann nicht »von Null auf Hundert beschleunigen«, sondern kommt beim Lesen ebenjener Sätze meist ganz von selbst auf Touren.

Nicht minder schwierig ist's, die Balance zu halten zwischen Zettel und Traum, zwischen den schnipselförmig vorgegebnen Erzählschritten und den kleinen kreativen Abweichungen, den verlockend plötzlich aufkeimenden und mächtig sich sofort entfaltenden Tagträumereien: Gerade *sie* sind ja Zeichen der Lust am Text, verbürgen oft eine ganz andere Qualität als das mühsam zusammengereimte und -geleimte Schema. Nicht selten freilich bergen sie als eigendynamische Organismen die Gefahr eines irreversiblen Überwucherns der gesamten Fabelführung –, im »Tristram Shandy« ist Laurence Sterne den Verlockungen des Urwalds auf derart exzessive Weise nachgegangen, daß daraus buchstäblich ein Dschungelbuch entstand! Und zwar ein geniales, im Gegensatz zu Burroughs' »Naked Lunch«, dessen planlos-ziellos ins Kraut schießende Obsessionen wohl nur dem bekifften Leser einen Sinn offenbaren.

Doch das sind Extremfälle. In der Regel *braucht* der Autor – vom Leser zu schweigen – die verbindliche Konzeption eines französischen, zumindest eines englischen Gartens, um den einzelnen Setzlingen ihren angemessenen Platz zuteilen zu können: Kreativität besteht auch darin, fallweise und rechtzeitig Kreativität in die Schranken zu weisen, abrupt sogar zu kappen, wenn die Gesamtanlage auf dem Spiel steht. Spontaneität beim Schreiben ist das eine, Verhinderung von Spontaneität das andre, ebenso wichtige – und erst die kontrollierte Pendelbewegung zwischen beiden führt dorthin, wohin sich der Romancier von der ersten Seite an sehnt: zur letzten Seite.

Der zweite Leser

Müßig zu sagen, daß die Schnitzeljagd des Romanciers hinter verschlossenen Türen stattfindet und daß die Türen sich erst wieder öffnen, wenn der Text komplett vorliegt. Ist der Schlußstrich allerdings gezogen und der damit verknüpfte Anflug von Größenwahn verrauscht, beginnt die Durststrecke des Selbstzweifels: Und damit auf ihr nicht nur der Durst gelöscht wird, ist's Zeit für den ersten Leser, der, strenggenommen, der zweite ist. Stets bleibt das ausgeführte Werk hinter seiner Konzeption, und zwar weit, zurück – doch wem soll man klagen sein Leid? Der Herzdame, die verständnisvoll die Arme öffnen wird oder – dem Lektor, der gleich den Rotstift mitbringt und alles besser weiß, der unser Bier wegtrinkt und die Chipstüten leert und uns dann sitzen läßt mit unserm Kummer? Reine Geschmacksfrage; nach landläufiger Meinung ist der Trost eines Lektors (als des heimlichen Herzbuben jeden Textes) gnadenloser, aber auch effektiver; als Vertreter eines Verlages verfolgt er ja nicht zuletzt ein handfestes Interesse, das Manuskript stark zu machen gegen jeden erdenklichen Einwand, auf daß es als Buch seinen Weg machen wird. Es geht die Fama, manche Autoren könnten ohne ihren Lektor schier gar nichts mehr publizieren, manche der *bekannteren* Autoren; diese seine Rolle als Co-Autor wird in der Regel unterschätzt vom Lesepublikum, und Zeit ist's, den grauen Eminenzen des Literaturbetriebs Dank auszusprechen für all ihre Beckmessereien.

Aber ist der einmal geschriebne Text denn nicht heilig? und also zu schützen vor derlei profaner Verschlimmbesserung? Klare, wenngleich noch immer umstrittne Antwort: Nein. *Jede* erste Niederschrift hat ihre Schwächen, und daß sich jemand der Aufgabe annimmt, in aller Stille und zur rechten Zeit darauf aufmerksam zu machen, kann, nach Absolvierung der Schrecksekunde, dem Autor bloß nützen.

Schriftstellerei als Dienstleistungsgewerbe

Und, nicht zuletzt, dem Leser! Literatur ist ein einsames Geschäft, das wohl, jedoch nur, solange sie entsteht. Sobald sie in den Buchhandlungen liegt, wird sie extrem öffentlich – öffentlicher vermutlich als das meiste, womit der Mensch ansonsten seinen Lebensunterhalt verdient. Natürlich! schreibt im Grunde jeder nur für sich selbst; und ohne Rücksicht auf jedweden Leser verfolgt er *sein* Thema, schon in den ersten pubertierenden Zeilen klingt es an, und bis zum Lebensende wird es, Versuch um Versuch, in die verschiedensten Tonarten moduliert. All jene Versuche zusammengenommen ergeben im Grunde die *eine* Melodie, die der Autor tagein, tagaus im Ohr gehabt, der er lebenslang hinterhergeschrieben – und die er trotzdem nie geschafft hat, zu Papier zu bringen. Lebensthemen, Lebensaufgaben: Goethe zum Beispiel kreiste um die »Entsagung«, Schiller um das Verhältnis von Pflicht und Neigung, Nietzsche um den »höheren Typus«, Hofmannsthal um den Übergang des Menschen von der »Prae-existenz« einer frühreifen Einsamkeit zur »Existenz« einer sozialen Eingliederung …

Während dieser fortwährenden Einkreisungsversuche darf, kann, soll, muß ein Autor im umfassenden Sinne rücksichts-los sein. Aber, und das wird gern bestritten, die Rücksichtslosigkeit endet in dem Moment, wo aus dem Manuskript ein Buch werden will, also etwas, worauf ein Preis steht, den andre zu bezahlen haben. Dann schlägt die Stunde des Lesers, dann schlägt die Stunde der kritischen Rückfragen, der Proteste gegen Motivationslücken und Erzählsprünge im Konzept. Gegen Langweiliges und Unverständliches. Gegen eitel Abschweifendes und selbstherrlich Verquastes. Vergessen wir nicht, daß wir nur deswegen hauptamtlich schreiben dürfen, weil wir gelesen werden – zwar nicht mehr von der »breiten Masse« (die sich ohnehin nie für literarisch Gestaltetes interessiert hat, für das »Wie« einer Geschichte, sondern bloß für deren Inhalte, das pure nackte »Was«), aber doch immerhin noch von einzelnen, die ihr Geld, ihre Zeit, ihre gute Laune und ihr Vertrauen in ausgerechnet! uns investieren. Der Abstieg des Mediums Buch verschafft uns den entscheidenden Vorteil, daß man es heute nicht mehr jedem recht machen muß, sondern lediglich einer verschwornen Gemeinschaft von Trotzdem- und Immer-noch-Lesern. *Deren* Einwände allerdings haben wir ernst zu nehmen – wie sonst sollte unser *nächster* Roman endlich das einlösen, was unsre bisherigen Versuche nur versprachen? Wie sonst als durch das Öffnen von Auge, Ohr, Mund auch hier?

Womit wir endlich bei dem wären, was das Allerschwerste ist am Romane-Schreiben, am Romane-Geschrieben-Haben.

FORM IST WOLLUST!

*Vorrede zur Anthologie »Hundert notwendige Gedichte.
Und ein überflüssiges«*

*Schon wieder eine Gedichtsammlung! Vielmehr eine bloße
Ansammlung – Villon neben Hofmannsthal, Gryphius neben
Benn, als Zugabe die Rolling Stones und ein wenig Fernöstli-
ches: Ist das nicht ein bißchen viel – und für das Viele wiederum ein bißchen wenig?*

Langsam, Leser, denn Sie haben ja recht. Vielleicht allerdings
werden Sie nach Lektüre aller 101 Gedichte sogar anfügen: *Noch
weniger wäre mehr gewesen?* Denn es könnte ja sein, daß aus Ihrer Perspektive nicht einmal die hier vorgelegten Gedichte dem
hohen Anspruch gerecht werden, den das Vorwort für sie reklamiert: formvollendet nämlich zu sein. – Oh ja, der gemeinsame
Nenner der hier versammelten Gedichte ist ihre formale Perfektion (die freilich das Gegenteil ist von Reimgeklingel & Metaphernprunk), ihre artistische Radikalität. Also ein darin sich
manifestierendes Virtuosentum, das *nicht* sich erschöpft in hand-
werklicher Präzision – »Platenismus fürs Volk«! –, sondern eine
bis zur Leichtigkeit, zur Selbstverständlichkeit, *bis zum Spiel* hin-
aufgereimte und -rhythmisierte Ernsthaftigkeit der Suche nach
dem Zauberwort, dem Zaubersatz, wahlweise nach der Maxime:
- »Die Form ist der Gedanke.« (Karl Kraus)[1]
- »Form ist vom Inhalt der Sinn, Inhalt das Wesen der Form.«
  (Hugo von Hofmannsthal)[2]
- »Form ist der höchste Inhalt.« (Emil Staiger)[3]

Usw. usf.; wenn man Nietzsche Glauben schenken darf, so
kommt *keiner*, der schreibt (oder malt), um diese Erkenntnis
herum, mag er sich nun dagegen sträuben oder nicht:

Man ist um den Preis Künstler, daß man das, was alle Nichtkünstler »Form« nennen, als *Inhalt*, als »die Sache selbst« empfindet. Damit gehört man freilich in eine *verkehrte* Welt: denn nunmehr wird einem der Inhalt zu etwas bloß Formalem [...][4]

Was keineswegs gelesen werden darf als: ... wird einem der Inhalt zu etwas Zweitrangigem; wenn Gott tot ist, so ist das Insistieren auf menschenmöglicher Formvollendung alles andere als Ästhetizismus, und Beckmesserei schon gar nicht. Artistik ist vielmehr die Kunst der raffiniertesten und umfassendsten Sublimation: »Form ist Wollust« (Ernst Stadler)![5]

Verstehe, verstehe, deshalb diese offensichtliche Vorliebe für geschlossene Formen. Aber, Politycki, mehr als ein Viertel deiner Auswahl wird von Sonetten bestritten – ausgerechnet von Sonetten, über die sich F. W. Bernstein mokiert:[6] Man nehme ...

*... schöne Wörter, etwa Balustrade,
verrühre sie mit Reimen, lasse das Gedicht
nun in vier Strophen stehen, bis der Sinn aufbricht.
Dann kann es vorgetragen werden. Ach wie schade,*

*daß es so wüste Namen gibt von schönen Dingen;
ich denk an »Schnitzel«, »Kümmelstange« und die
　　　　　　　　　　　　　　　　》Schweiz«;
gewaltig ist der Klang von »Ohrwurm« andrerseits,
doch hat der wenig Reiz. Soll das Sonett gelingen,*

*dann braucht es beides, Form und Inhalt, Sinn und Klang,
wie Rom, Granada, Ulm, Luang Prabang
und andre Städtenamen – doch nicht »Drispenstedt«.*

*Auch klingen ganz vorzüglich schön Obst und Gemüse,
die Aprikose, Kraut und Rüben voller Süße;
jetzt noch ein tief'rer Sinn, dann wird es ein Sonett.*

Worauf sich (mit Bernstein) nur gegenhalten ließe: »Die schärfsten Kritiker der Elche / waren früher selber welche« bzw. »wären gerne selber welche«[7] bzw.: »Das Gegenteil von gut ist gut gemeint« – dieser Stoßseufzer muß Odo Marquard bei der Lektüre zeitgenössischer Lyrikalmanache entfahren sein.[8] Falls er nicht gleich selbst aus der Haut gefahren ist ... Und das alles wegen eines verhängnisvollen Wandels im Selbstverständnis der Lyriker gegen Ende der sechziger Jahre; Versemachen wird von ihnen seither bloß im Ausnahmefall noch als »Quadratur des Kreises« (Rolf Dieter Brinkmann) betrieben, ist in der Regel zur Notation der laufenden Ereignisse heruntergekommen: »Man braucht nur skrupellos zu sein, das als Gedicht aufzuschreiben. [...] Man muß vergessen, daß es so etwas wie Kunst gibt! Und einfach anfangen« (Brinkmann).[9]

Wie, wenn der Leser das aber *nicht* vergessen hat, nach der Demontage des Wahren (durch Kant) und des Guten (durch die französischen Moralisten, dann wieder durch Nietzsche) verbissen am Schönen festhält? Und nicht zufrieden sich geben will mit den allfälligen »snap-shots« (Brinkmann), sondern auf der »Quadratur des Kreises« beharrt, die Brinkmann so großzügig den »berufsmäßigen Ästheten und Dichterprofis« überläßt?[10] Wie, wenn es gerade das ist, was den Leser abschreckt von der gegenwärtigen Mainstream-Lyrik: daß sie die »Quadratur des Kreises« noch nicht einmal mehr versucht, statt dessen mit dem Kreis sich begnügt, dem ewigen Um-sich-selber-Kreisen ... Und dabei bestenfalls ein leichtes Schwindelgefühl beim Leser hervorruft, eine Verwirrung, eine Übelkeit bisweilen:

Wie stehen Sie zu Zärtlichkeit?

Ja – aber damit man anständig streicheln kann, muß man diese Filzwinkel erst haben. Sonst kann man es nicht. Also von meinem Gesichtspunkt aus ist es undenkbar, daß man noch jemals einen Menschen streicheln kann, ohne sich Fettecken gemacht zu haben.

Kein gutes Gedicht, finden Sie? Zugegeben, zunächst ist's auch nicht mehr als Frage & Antwort in einem Interview mit Joseph Beuys aus dem Jahr 1979,[11] aber – jeder Mensch ist ein Künstler! Man braucht nur skrupellos zu sein ... und selbst ein wenig Hand anzulegen, schon gewinnt der »snap-shot« lyrische Qualitäten:

Zärtlichkeit

Jaja – aber
damit du wirklich streicheln kannst,
mußt du die Filzwinkel erst haben.
Sonst –
kannst du es nie ...
Also
undenkbar,
daß du je einen Menschen noch streicheln kannst,
ohne dir Fettecken –

– verdammt, wie eigentlich soll man sich Fettecken machen? Fett*flecken* gingen ja noch an – na egal bzw. um so besser, das *Gerippe* eines kleinen lyrischen Maulaffen haben wir jedenfalls und, ganz nebenbei, eine Bestätigung für Gottfried Helnweins Behauptung: »Von diesem Jahrhundert wird Walt Disney bleiben und nicht der Joseph Beuys.« Gewiß, letzterer hat seine Weisheit im (Prosa-)Stück gegeben und nicht in zeilenweisen Häppchen, sein Beinahe-Gedicht weist aber beredt auf das Grundübel all der andern Beinahe-Gedichte hin, die unter dem Namen namhafter Lyriker publiziert werden: Es plappert. »Dieses Plappern des Textes«, so Roland Barthes ganz allgemein, »ist nur jener Sprachschaum, der sich aufgrund eines bloßen Schreibbedürfnisses bildet [...], ein kleines Debakel von Schmatzern [...]. Kurz, man kann sagen, ihr habt diesen Text bar jeder Wollust geschrieben [...]«[12] – und natürlich meint er, man erinnere sich an das Wort von Ernst Stadler, mit der (Woll-)Lust am Text nichts anderes als die an der Form.

Nichts gegen Plappertexte – solange sie sich nicht Gehör verschaffen wollen in der sogenannten Öffentlichkeit. Der *Weg* zum Himmel, aus dem man sich mit seiner ersten Publikation dann ja meinetwegen um so geräuschvoller herabfallen lassen kann, ist die eigentliche Meisterleistung, sprich: der verschwiegene Marsch durch die Instanzen der Versformbeherrschung. Womit wir endlich beim Sonett wären:

> mit der gefahr, die form überzubewerten, dafür aber
> mit dem vorteil, daß es den dichter zwingt, sein gefühl,
> sein erlebnis zu objektivieren, ist das sonett
> eine anspruchsvolle form und strebt zu gültiger aussage.
> es ist eine besonders strenge form und deshalb gegen
> belanglose inhalte besonders empfindlich [...]

Soweit Karl Riha in seinem »programm-sonett 1«, das im Jahre 1988 veröffentlicht wurde.[13] Mitten in einer Zeit also und *gegen* eine Zeit, die lt. Hans Magnus Enzensberger dem »S-Bahn-Gefasel«[14] in der Lyrik huldigt und dabei zumeist vergißt, daß ein Gedicht nicht nur *empfunden* sein muß, sondern vor allem *gemacht*. Mit den Worten Gottfried Benns von 1951:[15]

> Alle haben den Himmel, die Liebe und das Grab,
> damit wollen wir uns nicht befassen,
> [...]
> heute ist der Satzbau
> das Primäre
> [...]

Flachdenker könnten einen derartigen »formalen Priapismus« (Benn)[16] als Pedanterie abtun – das Gegenteil ist der Fall: Denn wie es eine Kunst aus Mangel gibt, die dezent jammernd die Zeilen vollhuchelt (dazu später mehr), so gibt es auch eine Kunst aus Überfluß – aus Überfluß an geistiger Kraft, die es versteht, »in Ketten [zu] tanzen« (Nietzsche).[17] Derartige Ketten schätzt der Sonettist – doch nicht nur er, sondern jeder, der das Gedicht als (Sprach-)Musik begreift und Rhythmus & Reim als lyrische *conditio sine qua non* akzeptiert: sei es auch, um sie, die Ketten, nach ausgiebigem Tanz schließlich abzustreifen. *Danach*, andernfalls werden seine »freien Rhythmen« höchstens frei sein, nicht rhythmisch, und höchstens wahr – also schlecht:

> Die Liebe zu dem freien Vers dünkt klug
> die jungen Hirne, die den Zufall schätzen.
> Es ist die Glut von rührend holdem Trug.
> Man kann nur lächeln, wenn sie davon schwätzen
> [...]
>
> (Verlaine)[18]

Denn was nicht klingt, bringt auch im Leser nichts zum Klingen, was nicht nach einer eignen, *neuen* Ordnung zwingend komponiert ist, bleibt allzumenschlich, ein Erdenrest, zu ertragen peinlich.

Im andern Fall – und in *gebundner* Form ist er leichter und damit häufiger zu realisieren – wird jede Zeile zum Fest; eine Neue Äußerlichkeit, die natürlich alles andre als neu ist, kann auch der abgestandensten Innerlichkeit wieder auf die Sprünge helfen: »O markverzehrende Wonne der Spracherlebnisse! [...] Was bog dort um die Ecke? Noch nicht ersehen und schon geliebt! Ich stürze mich in dieses Abenteuer« (Karl Kraus).[19]

Puh, die nächste Antwort bitte kürzer – und die Sprünge von Gedicht zu Gedicht entsprechend: Von Villon nicht bis zu Hofmannsthal, von Hugo Ball nicht über Bashō zu Verlaine –

Und warum nicht? Wer sagt denn, daß Gedichte nach chronologischen oder geographischen Gesichtspunkten zusammengepfercht werden müssen? Oder nach thematischen Oberbegriffen, die zwar den »wissenschaftlichen« Erkenntniszuwachs befördern, keinesfalls aber die Lust am Text? – Falls man es nicht vorzieht, die Gedichte beim unsystematischen Durchblättern *einzeln* zu entdecken – und als Unikate sind sie ja ursprünglich konzipiert! –, so wird man sie hier in sechs Gruppen angeordnet finden, die einen *erzählerischen* Zusammenhang zwischen (und hinter) ihnen herstellen. Ein Stichwort, eine Zeile, ein Gedanke wird vom nachfolgenden Gedicht aufgegriffen, ausgearbeitet, die »Fabel« des ersten Abschnitts beispielsweise entzündet sich an der Sexualität bzw. dem Überdruß daran, schildert den Aufbruch nach neuen Welten (die freilich erst im zweiten Abschnitt erreicht werden), schildert Desillusionierung wie Fluchtversuche in die Vergangenheit und mündet am Ende zurück in die »bedrängende« Gegenwart der Sexualität ... Andere Abschnitte thematisieren Tod & Teufel, Tanz & Musik, Essen & Trinken, die Lust am Nonsens & diejenige an sprachkritischer Selbstreflexion, und sie kulminieren schließlich in diversen Kneipenträumen und dem Rausch – dem Rausch an der ästhetischen Beherrschung sämtlicher Lebenslagen, versteht sich, die selbst die größte Obszönität zum Kunstwerk läutert.

Apropos: Wo sind die Frauen in diesem Buch, ich meine: die Autorinnen? Ganze drei Namen sehe ich!

Ja, wo sind die Frauen in der Lyrik, das frage ich mich auch. Jedenfalls gibt's in Anthologien noch keine Quotenregelung – und einen Pflichtanteil weiblicher Ästhetik schon gar nicht. Weiterhin gibt's dort bloß gute und schlechte Gedichte, nicht etwa männliche und weibliche – und wer das nicht sofort begrüßt, beweist, daß er im Kunstwerk noch immer ein Mittel sieht, nicht den Zweck. Pardon, eine falsche Nachgiebigkeit verhülfe hier jeder Agnes, Else, Ina, Oda, Ulla zurück aufs Anthologiepapier: und da nähme sie einem *guten* Lyriker (oder einer guten Lyriker*in*) schlichtweg den Raum, den man zum kulturellen Überleben braucht. Die Menschen sind *nicht* gleich – und ihre Gedichte ebensowenig.

Das soll wohl auch gegen die ausländische Lyrik ins Feld ge-
führt werden? Die ja allenfalls als französische *Lyrik angemes-*
sen hier vertreten ist?

Nein, ganz und gar nicht, doch sehen Sie einmal genau hin: Setzen diese »Hundert notwendigen Gedichte« nicht sogar innerhalb der *deutsch*sprachigen Lyrik einen Schwerpunkt? Warum
also sollten sie sich im internationalen Rahmen ausgewogen geben? Unausgewogenheit und Unvollständigkeit sind ja hier Programm! Was aber die ausländische Lyrik im einzelnen betrifft,
so halte ich deren Übertragung ins Deutsche oft für nicht so ge-
glückt oder: ich kenne sie nicht –

– und die deutsche *Lyrik, so*
scheint's, wohl auch nur sehr fragmentarisch – oder wie willst
du erklären, daß ausgerechnet die bekanntesten, die größten
deutschen Gedichte in deiner Sammlung fehlen?

Weil sie sich längst durchgesetzt haben und auf einen hundert-
tausendsten Abdruck wirklich nicht mehr angewiesen sind. Für
mich galt, frei nach Hegel, die Auswahlmaxime:
• Wer abseits der Literaturgeschichte ein gutes Gedicht geschrieben hat, ist immer schon gerechtfertigt.
Während sich der Satz für die Autoren, die bereits Teil der Literaturgeschichte geworden, wie folgt modifiziert:
• Wer abseits seiner bekannt guten noch ein paar unbekannt ge-
  bliebene (und ebenso gute!) Gedichte geschrieben hat, der ist
  doppelt gerechtfertigt.
Freilich konnte ich nicht widerstehen, eine Handvoll *bekannter*
Gedichte *bekannter* Autoren aufzunehmen – ohne sie wäre meine Jugend ärmer gewesen … Was allerdings aus entgegengesetzten Gründen fehlt, sind meine Antipoden: die Linie Celan –
Huchel – Eich – Bachmann, deren »erlesener« Metaphernprunk
reihenweise Lyrikleser am Rande des Nervenzusammenbruchs
generiert:

Die Kälte hämmert in den Fels
das gesammelte Schweigen des Sehers.
Eine Frau leichten Fußes steigt
hinab ins Tal,
in ihrer Hand
den letzten Tag des Herbstes,
den Feuerstein und den Zunder.

Oder lautet das Original etwa:

Die Hitze sticht in den Stein
das Wort des Propheten.
Ein Mann steigt mühsam
den Hügel hinauf,
in seiner Hirtentasche
die neunte Stunde,
den Nagel und den Hammer.

Oje, was ist hier gehuchelt, was geheuchelt?[20] Egal, in jedem
Fall singt sich hier einer um Kopf & Kragen, ein »Dichter« alter Schule – und indem sie so singen, die Dichter, lügen sie bekanntlich zu viel.

Lüge hin, Lüge her, mir *gefällt nun einmal –*

Keine Frage, *mehr* gibt's als hundert notwendige Gedichte. Dies
hier ist lediglich *meine* Auswahl, sie dokumentiert meine speziellen Vorlieben, meine Nähe zu gewissen Autoren bzw. meine Ferne, aus der sich bekanntlich leichter bewundern läßt. Wenn jedes
Gedicht ein Liebesgedicht ist – eines der Liebe nicht nur zu bestimmten Menschen, sondern zur Welt und zum Leben im allgemeinen: ein direktes oder indirektes Ja-Sagen –,[21] dann ist auch
jede Anthologie das Werk der (Vor-)Liebe, einer perspektivischen
Liebe zweiten Grades, wenn man will. Die alleinseligmachende
Liebe dagegen, die noch dazu als verbindlich für alle Menschen
verordnet werden könnte, die gibt es – nur in der Kirche.

Damit allerdings kommt deine ganze Anthologie natürlich nicht mehr auf dem Kothurn daher, sondern auf Stelzen. Hundert notwendige Gedichte reduzieren sich zu hundert unnötigen Liebeserklärungen, und auch das hunderterste, das überflüssige Gedicht dürfte nicht mehr sein als eine private Überempfindlichkeit, eine rein subjektive Abneigung gegen bestimmte Metaphern, bestimmte arhythmische Reizungen und dergleichen.

Nicht unbedingt, denn in der Ablehnung ist unser Blick gemeinhin nicht so stark getrübt wie in der Zustimmung. – Unabhängig von allen persönlichen Vorlieben und Aversionen wird man, so denke ich, keinem der hier präsentierten hundert Gedichte seine Meisterschaft absprechen können, und sei's eine der Provokation, der Radikalisierung, ja der Dekonstruktion alles (bisherigen) Lyrischen. Das hunderterste Gedicht dagegen ist vor allem für die Literatur*wissenschaftler* versteckt worden, die über ihrer Lust am Interpretieren gern um die Qual der Wertung sich drücken:

> War's um sechs Uhr oder sieben,
> Wann er diesen Vers geschrieben?

So beginnt der »Gesang der Stoffhuber« nicht nur in Friedrich Theodor Vischers »Faust III«, und der »Gesang der Sinnhuber« kulminiert auch in unserm Jahrhundert noch in den Versen:[22]

> Nur erklären, nur erklären,
> Aber ja kein Urteil wagen,
> Nur verehren, nur verehren,
> Ob poetisch? ja nicht fragen!

Also Vorsicht, Leser, hier lauert auf jeder Seite ein schlechtes Gedicht – so lange, bis Sie es als »notwendig« passieren lassen. Die Auswahl ebenjenes prekären Gedichts war übrigens am schwersten: Denn daß es bei *jedem* Autor Mißlungnes zu entdecken gibt, ist ein offenes Geheimnis – Benn, der selbst an die 500 Ge-

dichte schrieb, spricht in seiner Rede über »Probleme der Lyrik«
unverhohlen aus, »keiner auch der großen Lyriker unserer Zeit
[habe] mehr als sechs bis acht vollendete Gedichte hinterlassen
[…]«.[23] Das *auf den ersten Blick* Unvollendete hier zum Stolper-
stein für Stoff- und Sinnhuber zu machen, wäre banal gewesen;
nein, bei der Lyrik kommt's auf den zweiten und dritten Blick
an, und da zeigt sich's dann bisweilen, daß alle Formgewandt-
heit nicht auf Dauer über eine inhaltliche Platitüde hinwegtäu-
schen kann, daß Fingerfertigkeit noch lange kein beseeltes Spiel
hervorzaubert und daß zwischen den makellos gebauten Zeilen
oft gar kein Abgrund ist, sondern bloß ein Stück Papier. – Vielleicht, Leser, daß Sie sogar *zwei* oder *fünf* solch »überflüssiger«
Gedichte für sich herausfinden: um so besser.

Meiner Treu, nun erweist sich die vielbeschworne Lust am Text
schlußendlich als Arbeit am Text! Wenn wir aber einfach nur
konsumieren wollen, nur schmökern?

Kein Problem, das Risiko liegt unter ein Prozent, daß Sie am
Schlechten sich erfreuen – oder sagen wir besser: am Mittelmä-
ßigen. Vielleicht haben Sie recht, *mehr* recht als ich, wenn Sie
einfach lesen und lesen: »Man erfliegt das Fliegen nicht« sagt
Nietzsche,[24] und auch das Bewerten (gar: Schreiben!) von Gedichten beginnt ja mit nichts anderem als mit Lesen und Lesen,
mit dem langsamen Zerkauen, Zerlutschen, Verschlucken &
Verdauen von Gedichten. In diesem Sinne:

Setzt euch um den Tisch
Und redet nicht so viel von Dingen
Die man nicht essen kann
(Albert-Birot)[25]

DRITTER TEIL

1980–1990

WENN DU ZUM DICHTEN GEHST, VERGISS DIE FEILE NICHT

Herr Auerhahn und das »Jahrbuch der Lyrik 1988/89«

Im Prinzip ist ein Lyrikjahrbuch etwas Feines: Auf begrenztem Raum eröffnet sich das unbegrenzte Universum der Poesie; zu Recht erwartet man hier einen repräsentativen Querschnitt durch die Gedichtproduktion des abgelaufnen Jahres, ja mehr noch: Man erwartet das Beste vom Besten, und daß dies »Beste« noch dazu erschwinglicher ist als all das einzeln publizierte Gute, macht die Sache doppelt erfreulich. Freilich hat sie einen Haken: Hängt sie doch nur auf der konzeptuellen Ebene vom Herausgeber ab, auf derjenigen der konkreten Erscheinung aber von der Qualität der jeweiligen Beiträge. Da mag das Konzept noch so überzeugend sein, wenn die einzelnen Gedichte nicht das halten, was die Namen ihrer Verfasser versprechen, dann macht auch das Ganze nicht mehr wett, was im einzelnen versäumt wird.

Nehmen wir also das »Jahrbuch der Lyrik 1988/89«,[1] das Renommierobjekt unter den Almanachen, und erwarten das Beste vom Besten: nehmen wir, erwarten wir, lesen wir die darin versammelten 121 Auswahlprodukte deutschsprachiger Gegenwartslyrik, lesen erneut, bedenken die bekannten bis berühmten Namen, denen wir *Derartiges* nie & nimmer zugetraut hätten, lesen ein drittes Mal und …

… können uns die Sache nur damit erklären, daß diese Texte gar nicht aus ihrer Feder stammen, daß vielmehr hinter all den bekannten bis berühmten Pseudonymen, die für jene 121 Lyrifizierungsversuche von »Wirklichkeit« verantwortlich zeichnen, bloß immer wieder derselbe, ein einziger Autor steht – ein geschickter Bastler, der sich diverser Methoden des Kunsthandwerks bedient. Mit einer Ausnahme: Peter Rühmkorfs »Aufwachen und wiederfinden«[2] nämlich ist *wirklich* ein Gedicht im müden, ermüdenden Allerlei-Einerlei der deutschen Gegenwartspoeterey – und schon deshalb hat sich die Lektüre des Buches gelohnt: ist *wirklich* ein Gedicht, ein *echtes* Gedicht unter all dem »sackfarben von Schimmel Überzogen[en]«,[3] all den »Eintagsfliegen«[4] aus den »Sümpfen« der »Abgeschiedene[n]«;[5] es hat sein spezifisches Maß gefunden und seinen Rhythmus, dazu noch einige genaue Bilder, präzis kalkulierte Doppeldeutigkeiten – und es hat all das (und einiges mehr) zusammengebracht in ein dynamisches Ganzes, hat die Teile nicht serviert als Teile, sondern aufeinander bezogen ineinander: durch Versmaß und Reim. Dies Gedicht – man kann es wieder und wieder lesen, es hat Atmosphäre, es ist einfach gut. Und der Rest?

> Jeden Tag fehlt irgendwo auf der Welt ein Gedicht,
> Jeden Tag ist irgendwo ein Gedicht fällig.
> Das wäre doch gelacht, Herr Auerhahn! Von Ihnen
> hat man schon lange keinen Vers gehört.
> Wie isses denn?!

So beginnt »Bernsteins Lyrik-Lehrgang«, nachzulesen in vier Titanic-Heften der Jahre 1980/81;[6] und Herr Auerhahn hat sich nicht zweimal bitten lassen. Hat die dort erhaltnen Lehren in beherzte Praxis umgesetzt und nun, nach langjähriger Kleinarbeit, sein Kompendium der Öffentlichkeit vorgelegt: ein Lyrikjahrbuch. Wie isses denn? – Bedenkt man, daß wir's hier mit einer Fälschung im großen Stil, vergleichbar derjenigen der Ossian-»Übersetzungen«,[7] zu tun haben: dann ist's nicht weniger als genial. Getrost wird man auf Lektüre weiterer Lyrikbände verzichten können, der Gegenwartsgeist deutscher Haupt- und Staatspoeten ist aufs überpeinlichste hier in all seinen Erscheinungsformen kari-
Und wenn es *keine* Fälschung wäre? Wie isses *dann*?
»Bei vielen Menschen ist das Verse-Machen eine Entwicklungs-Krankheit des menschlichen Geistes« – behauptete Lich-

tenberg,[8] der selber sich übrigens des Versemachens nicht völlig enthalten konnte, und man ist versucht zu ergänzen: Je nach Disposition, sprich, Betroffenheitstalent kommt sie sporadisch bis regelmäßig zum Ausbruch. Der Krankheitsverlauf, in aller Regel, führt von der Vogel- zur Nabelschau, noch an matten Mixturen von Metaphern wird sich der Fiebernde berauschen und, im fortgeschrittnen Stadium, jedwede intellektuelle (Selbst-) Kontrolle verlieren: jedwede reflexive Durchdringung des Dahingeschriebenen und jede nachträgliche Korrekturlust. Das verriete ja den »Gesunden«, den Durchschnittsdickhäuter unsrer ach! so bewegten Zeitläufte, der mühsam konstruieren muß, was das am Leben »krankende« Genie als Mundstück einer höhern Welt in einem einzigen Tusch ausposaunt: »Nicht bloß der Dichter, auch sein Gedicht wird geboren und nicht gemacht.« Jean Paul, der mit derlei Gewißheiten bereits als Achtzehnjähriger herumtönte,[9] hat sich des Versemachens freilich *völlig* enthalten. Sonst hätte er wohl gewußt, daß ein Gedicht nicht nur geboren, sondern *auch* gemacht wird, sprich: aufgezogen –, und daß es bis zu dessen Volljährigkeit manchmal länger dauert als 18 Jahre.

»Man ist um den Preis Künstler, daß man das, was alle Nichtkünstler ›Form‹ nennen, als Inhalt, als ›die Sache selbst‹ empfindet« – so Nietzsche,[10] dem das Leben ohne Lyrik, d. h. für ihn: ohne Musik ein Irrtum gewesen wäre und dessen Diktum im Werk Stefan Georges die reinste Gestalt angenommen hat. Form *ist* ja Inhalt –, so läßt sich die keineswegs ästhetizistische Position auf ihre kürzeste Formel bringen, eine »Form als solche« gibt es gar nicht. Was für Herrn Auerhahn zu übersetzen wäre als: Formale Laxheit ist nichts anderes als Ausdruck von Gedanken-, ja Gefühllosigkeit, schließlich sagt jedes seiner Gedichte bestenfalls das aus, was in ihm auch gesagt wird, und kein Jota mehr! *Dazu* allerdings bräuchte es keine Gedichte, da böten die Telephonbücher, die Fahrpläne, die Rundfunknachrichten mehr an Stoff: Denn ausschließlich zählt hier der Inhalt, gibt's keinerlei Mehrwert zwischen und hinter dem Gesagten, der ein Gedicht um soviel inhaltsschwerer machen kann als eine gleich lange Prosaäußerung. Bzw. könnte, denn der »Wallungswert« gewisser Worte, den uns Benn noch in den 50er Jahren ans Herz legen mußte oder knapp daneben,[11] bringt am Ende der 80er bereits ganze Sätze zum (Über-)Kochen und deren Inhalte zum Verdampfen:

a) Orakeln

Reglos ballt sich die Stunde unter der Hitze[12]
und ringsum tropfte Dunkel durch die Zweige.[13]
Das gestaffelte Sein rafft die Zügel,[14]
es legt dir seine Seidenpranke in den Schoß …[15]
Dann pfeift der Mond [ja: er pfeift!][16] –
Fliegen umkreisen
                    die Leere[17]

Aah. Noch immer tönt das lyrische Ich aus den Tiefen des (gestaffelten) Seins; anstelle apollinischer Traumbilder für dionysische Erfahrungen, wie sie Nietzsche von dort erhoffte,[18] liefert es den Weltgeist freilich in reichlich verwässertem, bei anhaltender Überhitzung in verkalktem Zustand, als Orakelspruch: Man liest ihn, man staunt, man liest ihn erneut, man berätselt seine Weisheit, man bewundert. Angesichts von Kunstwerken jedweder Art vergessen wir Deutschen, die wir ja grundsätzlich ein schlecht austariertes Selbst-Bewußtsein haben, nur allzu bereitwillig unsern »gesunden« Menschenverstand und die heilsame Kraft des Gelächters; heimlich empfinden wir eine Masochistenlust, uns zu ducken vor allem, das wir nicht verstehen, uns vor ihm klein zu machen: umso kleiner, je weniger wir's verstehen und – lieben können. Was sicherlich, bedenkt man den naßforschen Umgang mit Kulturgütern in unsrer jüngeren »tausendjährigen« Vergangenheit, was sicherlich auch sein Gutes hat(te). Nur: Wie lange wollen wir noch vor allem, das uns ganz eigentlich ein heiliger Blödsinn dünkt, in Ehrfurcht herumdrucksen; wie lange wollen wir noch duckmäusern und hin & her klügeln und uns dabei klein, häßlich und impotent fühlen

(»Von Lyrik versteh ich halt nix«)? Statt endlich einmal, angesichts hymnischer Gackeleien wie den folgenden, herauszuplatzen mit all unserm angestauten Gelächter:

Lanzen aus Säure und Gas brechen Keile aus Glut,[19]
doch der Dichter entgegnete: Nein[20] –
den Bäumen blies er Lava unter die Rinde –,[21]
ich hungere schon vor der Zeit.[22]
Das Jahr lehnt sich an mein Holz.[23]
Heimat. Ja. Mutter Erde. Du Gütige. Adieu![24]

Adieu, deutsche Dichtkunst; fortan nehme man den leisesten Anflug einer Gefühlsduselei, kleide ihn flugs in ein paar altehrwürdige Metaphern von der Stange – sie dürfen ruhig ein wenig schief sitzen! – und unterlege das Ganze mit einer dumpf tremolierenden Ahnung von was auch immer: Schon raun(z)t uns ein Hohelied im Ohr, das einem Huchel wahrlich zur Ehre gereicht hätte. Und der Poet höchstselbst? Wenn er nicht vor lauter Ergriffenheit die Nebel aufziehen läßt und übers eigne Ufer tritt,[25] dann verwandelt er sich, »die dunkle Traubenfrucht in der Linken«,[26] verwandelt sich in einen trunknen Halbgott, dessen aufgeblähte Nichtigkeiten einem nüchternen Leser nur sauer aufstoßen können.

Ja jedes Wort fein hübsch gestiefelt und gestelzt
Und jedes Hirsenkorn wie eine Welt gewälzt,
[...]
Zeig alles was du willst, nur nicht Kastratenzwang;
Was dir an Mannkraft fehlt, ersetz' stracks durch Gesang.

So parodierte dergleichen Lichtenberg,[27] und Herr Auerhahn ist durchtrieben genug, den Vorwurf aufzugreifen: »Ach, kleinmütiges Jahrhundert, zwei Flecken / auf der Haut, schon greifst du zur Feder«,[28] beschwörst in der »Sprache einer vagen Unendlichkeit«[29] die ewige Wiederkehr des Gleichen, frei nach dem Motto: Alles Leben ist Leiden! Alles Leiden ist Dichtung! Nutzen wir diese unsre Chance! »Die Bilder gleichen sich« entsprechend,[30] das macht es uns Lesern immerhin leichter, an den richtigen Stellen mit den Tränen zu kämpfen. Und trotzdem: Nicht alles, was fliegt, ist ein Vogel, und nicht jeder, der aus der DDR kommt, ist ein Liedermacher, geschweige »Dichter«.

Und erst unsre Dichterinnen! Die großen Worte zur Attitüde erstarrt, das eigne Bekennertum mit viel Liebe zur Naivität herausgeputzt – fast durchgehend herrscht bei ihnen »die Zimmerpflanzensprache«.[31] Wer's nicht glauben will, der taumle von Helga Novaks »gebrechlichen Urnen«[32] durch Magdalena Sadlons »Gut so, mein Scheitern«,[33] durch Sarah Kirschs wahrhaft klassisches »Krähengeschwätz«[34] bis hin zur unvergleichlich komischen Friederike Mayröcker, wie sie ihm seitenlang entgegenkommt »mit leuchtenden / Füszen durch Mannaschnee / geschaufelt gestiefelt geschlurft undsoweiter, Himmelsgrotte / changierende, mein schnelles Parlando« –?[35] Undsoweiter geschlurft!

b) Plappern

Was dem einen das Schwelgen und Schwulsten, ist dem andern das Schwätzen und Plappern. Ein *weltlicheres* Mitteilungsbedürfnis vorausgesetzt, notiert man auch hier einfach mit, was die innere Stimme diktiert, versucht dabei jedoch, jegliches Würzwort sich zu verbeißen, jedwede Gelüste auf schwere fette Soßen und auch auf jeden Senf. Dem Anspruch, »in zehn Sätzen zu sagen, was jeder Andre in einem Buche sagt, – was jeder Andre in einem Buche *nicht* sagt«,[36] kommt man freilich auf der sprudelnden Sprachoberfläche kaum näher als in deren blasenbildender Tiefe. Im Gegenteil, auch hier geht mitunter »verstohlen [...] der Mond auf«,[37] die Tinte seiner schreibwütigen Beobachter ist genausowenig »unverdorben«[38] wie diejenige der blinden Seher in a) ... Warum trotz allem nicht etwa bloß eine Mitteilung ans liebe Tagebuch herauskommt oder der Wunschzettel für den Weihnachtsmann, kann man der ersten Lektion von »Bernsteins Lyrik-Lehrgang« entnehmen:[39]

Schere mitbringen!
Nur eine Schere,
um
die Zeilen
in
lauter
kleine
bedeutungsvolle Wörter zu
zerschnibbeln.
Von wegen Denkanstoß.

Eine Schere wahrlich ist leichter zu erwerben als die Fähigkeit, einen zunächst sperrigen Text mühsam in fließende Rhythmen zu
überführen, in Musik, die ihre Zäsuren – lies: Zeileneinschnitte
– dem Leser als Selbstverständlichkeiten offeriert, als generöse
Atempausen gewissermaßen, ehe sie ihn aufs neue mitreißt mit
ihren Hebungen und Senkungen ... Ja, *dann* lieber die Schere:
Und schon schnipselt man sich erfolgreich durch die deutsche
Lyrikszene. Besonders unter dem Pseudonym Peter Härtling feiert man Triumphe, das ist wirklich Poesie,

                                        die
                                        durch
                                        schlägt.
                                        Ein
                                        Mal

                    ums andre;[40] wenn
aber nicht nur die Form, sondern auch der Inhalt in lauter kleine Silbenhäufchen zerschnippelt wird, dann! droht Gewaltiges,
dann! kriegen wir *richtige* Scherereien, sozusagen Scherereien
zweiten Grades:[41]

Sterben
ein Dunkel
Baum

dies Lächeln
Ahorn
auf allen Wegen
hinunter
[...]

Freilich, es gibt auch das andre Extrem: Wenn die unvergleichlich
komische Friederike Mayröcker all ihre »kleine[n] Weinberg-
schnecke[n] vom Stuhlbein gelöst«[42] und auf Verslänge auseinan-
dergezogen hat, benötigt sie in der Regel die *doppelte* Anzahl an
Zeilen ...

                ... als ob Versmaß und Reim nicht auch ein Regulativ
                            bieten könnten, den immensen
        Äußerungsdruck zu kanalisieren; als ob die *Zerstörung* der
                                    (alten) Form,
            wie sie beispielsweise Expressionisten und Dadaisten
                                vornahmen, nicht stets nur
        Mittel wäre, Mittel zum Zweck der *Erschaffung* einer
                                    (neuen) Form;
            als ob man andernfalls, ohne den formalen Filter, der das
                            Persönlich-Beliebige aufs
        Allgemein-Zwingende reduziert, nicht von vornherein im
                            Subjektiven stecken bliebe,
        im Kleinlichen, Unzulänglichen, »Allzumenschlichen« ...

                                            ... doch
selbst unter den Namen Paul Wührs[43] oder Ernst Jandls[44] hat der
unbarmherzige Auerhahn seine Prosa publiziert! Bisweilen gar
versetzt er sie mit allerhand Offenbarungen und Weissagungen
zu einer mächtigen Süß- und Sauerspeise nach Mayröcker Art –
hatten wir diesen Namen nicht schon ein paarmal gehört? –,
»beiläufig mit Milch begossen und Mehl bestreut das ganze
dann«,[45] Hauptsache, die Zeilen bleiben auch beim Orakeln
irgendwie abgeschnitten, so daß
                        der Leser wenigstens

optisch

zur Kenntnis nimmt,

es

handele sich hier

um

mindestens

freie

Rhyth-

men.

Wenn sie einen Rhythmus wenigstens hätten, diese angeblich »freien Rhythmen«! Zwar machen auch sie den Leser sprachlos, allerdings auf entgegengesetzte Weise, als es ein unfrei rhythmisiertes Gedicht zu tun vermag. Mitunter gar gibt sich Herr Auerhahn *noch* eine Spur »moderner« und verzichtet selbst auf den schönen lyrischen Schein – auf die Vorspiegelung von Zeilenbruch überhaupt:[46] Das heimliche Motto der Schwätzer – »Ich bin faul«[47] – ins Unheimliche gewendet, schon läßt sich auch die lästige Verseinteilung als veraltet abtun. Schließlich haben wir's mit einem Prosagedicht zu tun! Und siehe an, »neben den längeren Sätzen stehen kürzere geschrieben«![48]

Wo aber jeder ein Künstler ist und insbesondere jeder Text ein Gedicht, da ist's nur konsequent, die unübersehbare lyrische Landschaft in Katasterbüchern vermessungstechnisch abzugrenzen und laufende Flurstück-Nummern gesondert nachzuweisen: beispielsweise durch »Nr. 3048«, wie sie Lutz Rathenau als Überschrift eines seiner Texte wählt,[49] oder durch »Nr. 3049«, wie ich sie für den hier vorliegenden Essay, Pardon: das hier vorliegende Gedicht geltend machen möchte.[50] Mit einer amtlichen Lyrik-Kennzeichnung könnten nämlich auch die hartnäckigsten Zweifler zum Verstummen gebracht werden und

befreit von der Angst, [vom Wesen des Lyrischen bislang
   noch nicht mal den farbigen Abglanz erhascht zu haben,]
w[ü]rfen wir

mit wenigen Wörtern,
die wir noch kennen,
uns voraus.[51]

c) Moraltrompeten

Um die unter Abschnitt a) und b) verlorne Zeit wieder einzuho-
len, beschränken wir uns in der Tat jetzt auf wenige Worte: Der
»filz im innenmuff«[52] der sozialkritisch-gesellschaftsrelevant-
systemverändernden Sprücheklopferei nach '68 ist ja inzwischen sattsam »geschlurft«;[53] lassen wir den Rest von Politlyrik also achselzuckend zurückgehen: »Der allerbeste Mensch
kann schlechte Verse machen« (Molière);[54] »ein Dichter würde
sich [...] vergebens mit der moralischen Absicht seines Werks
entschuldigen, wenn sein Gedicht ohne Schönheit wäre« (Schiller).[55] Übrigens, die besten Verse dieser Gattung stehen traditionellerweise gar nicht in Anthologien, sondern auf Toilettenwän-
den, und dort gehören sie auch hin und bereiten Vergnügen.
Manchmal sogar findet man darunter echte Meisterwerke – wie
ehedem im Pissoir einer Münchner Diskothek:

Schmekt mir kain Arbait
Ißt mir kain Essen zuvil
Aber immer miede!

Ja, Herr Auerhahn alias Karsunke,[56] Schutting[57] usw.: Da können Sie sich noch eine Scheibe vom großen Weltkäse abschneiden!

Muß damit ein Ende der deutschen Dichtung vermeldet werden,
zum wievielten Mal, mit anschließender Hinwendung vielleicht
zum allzeit bereiten Englisch bzw. Amerikanisch?[58]
　　»Wo man nicht mehr lieben kann, da soll man – vorüber-
gehn«, also lehrt Zarathustra[59] und neuerdings auch Hans Magnus Enzensberger: Seine kritischen »Meldungen vom lyrischen

Betrieb«[60] leuchten mir nicht zuletzt deshalb so ein, weil sie von der Hoffnung getragen sind auf »ein paar unerhörte Zeilen […], [die] den trostlosen Befund […] widerlegen«. Vorübergehen will das essayistische Ich also hier wie dort nur an den abgewirtschafteten Erscheinungsformen des Lyrischen, nicht an der Gattung insgesamt: Hält sie doch nach wie vor Möglichkeiten bereit, die andere literarische Formen *nicht*, die sie *niemals* bereithalten können.

Freilich bleibt die Liebe derzeit eine unglückliche: Man wartet und wartet auf eine Rehabilitation von Schönheit, Wohlklang, Atmosphäre, von (meinetwegen auch »freier«) Rhythmik – und liest während dessen die Altmeister, die ihr Handwerkszeug noch gelernt haben: zum Beispiel Kommaregeln (auf daß deren fallweise Verletzung wieder Signifikanz erhielte!), zum Beispiel Satzbautechnik (auf daß der vorübergehende Verzicht darauf wieder …), zum Beispiel Reimschemata (auf daß …), eben all das, was über die bloße Mitteilung eines Inhalts hinausgeht. Denn nur durch qualitative Potenzierung jenes Inhalts wird das Gedicht mehr als die Summe seiner Teile, erhält es den Zauber, der es nicht altern läßt; nur durch Aussparung von Inhalt wahrt es, über Jahrhunderte, sein Geheimnis …

Weil also »ein Gedicht entweder vortrefflich sein, oder gar nicht existieren soll« (Goethe),[61] so legt das essayistische Ich jetzt dem lyrischen Du die alte olympische Maxime ans Herz: Tiefer, langsamer, kürzer! Das wäre doch gelacht, Herr Auerhahn! Wie isses denn?

Die Farbe der Vokale

Voyelles

A noir, E blanc, I rouge, U vert, O bleu, voyelles,
Je dirai quelque jour vos naissances latentes:
A, noir corset velu des mouches éclatantes
Qui bombinent autour des puanteurs cruelles,

Golfes d'ombre; E, candeurs des vapeurs et des tentes,
Lances des glaciers fiers, rois blancs, frissons d'ombelles;
I, pourpres, sang craché, rire des lèvres belles
Dans la colère ou les ivresses pénitentes;

U, cycles, vibrements divins des mers virides,
Paix des pâtis semés d'animaux, paix des rides
Que l'alchimie imprime aux grands fronts studieux;

O, suprême Clairon plein des strideurs étranges,
Silences traversés des Mondes et des Anges:
– O l'Oméga, rayon violet de Ses Yeux!

(Arthur Rimbaud, etwa 1870)[1]

Vokale

A schwarz E weiss I rot U grün O blau – vokale
Einst werd ich euren dunklen ursprung offenbaren:

168

A: schwarzer sammtiger panzer dichter mückenscharen
Die über grausem stanke schwirren · schattentale.

E: helligkeit von dämpfen und gespannten leinen ·
Speer stolzer gletscher · blanker fürsten · wehn von
dolden.
I: purpurn ausgespienes blut · gelach der Holden
Im zorn und in der trunkenheit der peinen.

U: räder · grünlicher gewässer göttlich kreisen ·
Ruh herdenübersäter weiden · ruh der Weisen
Auf deren stirne schwarzkunst drückt das mal.

O: seltsames gezisch erhabener posaunen ·
Einöden durch die erd- und himmelsgeister raunen.
Omega – ihrer augen veilchenblauer strahl.

(Übersetzung von Stefan George, etwa 1905)[2]

Vokale

A schwarz, E weiß, I rot, Ü grün, O blau, Vokale,
Einst künd ich den verborgnen Grund, dem ihr entstiegen.
A, schwarzbehaartes Mieder glanzvoll prächtiger Fliegen,
Die summend schwärmen über stinkend grausem Mahle.

Der Schatten Golf. E, Weiß von Dämpfen und von Zelten,
Speer stolzer, weißer Gletscherkönige, Rausch von Dolden;
I, Purpur, Blutsturz, Lachen, wie's von Lippen, holden,
In trunkner Reue strömt und in des Zornes Schelten.

Ü, Kreise, grüngefurchter Meere göttlich Beben,
Der Almen Friede, wo die Herden weidend leben,
Friede, den Alchemie in Denkerstirnen gräbt.

O, wunderbares Horn, voll seltsam schrillen Weisen,
Stillschweigen, drin die Welten und die Engel kreisen:
– O, Omega, Strahl, der *ihr* Auge blau umwebt.

(Übersetzung von Walther Küchler, 1946)[3]

»A schwarz, E weiß, I rot, Ü grün, O blau« – mit dieser lapidaren Definitionsreihe eröffnet Rimbaud sein Gedicht »Vokale«[4]
und damit das Tor zu einer Welt, zu einem Kosmos im Kopf, der
gegenüber dem sattsam unbekannten »gestirnten Himmel über
uns« noch den Vorteil der fünften Dimension ausweist: Die restlichen Zeilen nämlich beinhalten nicht mehr bzw. weniger als
erstaunlich präzise Beschreibungen der fünf Farben – d. h. der
fünf Vokale oder vielmehr dessen, was an verborgener Sinnlichkeit sie in sich tragen. Nach Lektüre des Textes fühlt man,
daß die »wirkliche Wirklichkeit« unsres Alltagslebens nur auf
hauchdünnem Boden getürmt ist, fühlt aber gleichzeitig auch
oder sollte's zumindest, daß A nicht etwa irgendein beliebiges
Schwarz in sich birgt, sondern dasjenige »glanzvoll prächtiger
Fliegen, / Die summend schwärmen über stinkend grausem
Mahle«. Und man weiß, daß hinsichtlich der Röte eines I nicht
an Lippen bloß und Blut zu denken sei (wenn die Analogie zum
I wegfiele, würde ohnehin das naheliegen), sondern auch an
Zorn, Reue, Lachen. – An Lachen? Ja, das behauptet die zweite Strophe des Gedichts, und sie gewährt ihrem Leser kaum eine Atempause um nachzufragen: Rot? Ist das wütende Gelächter einer Frau etwa –? Und gesetzt einmal, es *wäre* rot: Gäbe's
dann nicht mindestens auch ein indischgelb aufstäubendes Gelächter und ein goldockerfarben glucksendes und –?
Spätestens durch derartige Fragen wird über die Farben der
Vokale – die durch nichts ja und niemand verbindlich festgelegt,

geschweige bewiesen sind – ein *zweiter* Firnis gelegt, gewissermaßen ein »meta-physischer« über den »physischen« der primären Assoziation, und das doppelt solcherart versiegelte Gedicht entrückt ins Un(be)greifbare: »Ü [...], Friede, den Alchemie in Denkstirnen gräbt«. Aha, nunja. Ü. Vielleicht war das der Zustand, in dem Rimbaud die Farbe der Vokale »erfand« – erfand, wohlgemerkt, nach eigener Behauptung: Schließlich versah er den betreffenden Abschnitt seiner (1873 geschriebenen) »Fieberphantasien«[5] nicht zufällig mit der Überschrift: »Schwarzkunst des Wortes«. Ob der Schwarz- bzw. hier: Grünkünstler Rimbaud dabei allein dem Zauber von Sprachklängen erlag oder, ganz nebenbei, auch dem einen oder andern Joint, spielt für den Vokalästhetiker sicherlich keine ganz geringe Rolle; desgleichen der Satz, der jener fieberphantasierten »Geschichte einer meiner Narrheiten« die Fortsetzung weist: »Ich bestimmte Form und Bewegung jedes Konsonanten« –, also nicht etwa die *Farbe* derselben, was das Problem (im Deutschen) immerhin verfünffacht bereits hätte, sondern deren »Form und Bewegung«! Als ob sie Formen längst nicht schon hätten, ja deren ungezählte! Als ob ihnen nicht immer schon eine jeweils spezifische Bewegung innewohnte der Luft, die beim Artikulieren beispielsweise eines R –

   – aber so wird das kaum gemeint sein.
Doch wie dann? In Rimbauds alchemistischer Wortlehre wird jedwede Nachfrage unterbunden mit dem Satz: »Die Übersetzung sparte ich einstweilen auf.«

Einer Übersetzung wenigstens der *Vokale* hat sich, als erster, Stefan George angenommen, in dessen Nachdichtung Rimbauds Fiebervisionen nicht nur eine andere, eben »deutsche« Klangfarbe annehmen, sondern gegenüber dem französischen Original mitunter ins freie Fabulieren geraten: Das »Stillschweigen« zum Beispiel des blauen O, in dem der siebzehnjährige Franzose »*ihr* Auge« anbetet, gerinnt dem siebenunddreißigjährigen Deutschen, der für weibliche Reize bekanntermaßen kaum etwas übrig hatte, zur »Einöde«; gewissermaßen als Entschädigung benennt er die fragliche Farbe eigenmächtig als

»veilchenblau«:[6] Seine Nachdichtung wird zur Neudichtung, *die* Farbe des O zeigt ein zweites Gesicht.

Und wiederum stößt man an einen dunklen Punkt der Klangfarbentheorie – längst ist der vergleichsweise trittsichere Boden von Ernst Jüngers »Lob der Vokale« hinter uns – und tastet sich, laut A oder O in sich hineinsummend, mitten ins magische Alphabet, von dem schon der französische Romantiker Gérard de Nerval träumt:[7] *Welches* Blau denn wäre zu sehen gewesen im Auge der originalen, der französischen Frau? Omega-Blau? Die Möglichkeit, durch ein informelles Rendezvous den Fall aus der Welt zu schaffen (mit einem scharfen Blick oder besser: einem verträumt unscharfen), ist uns Spätgeborenen leider verwehrt. Einen Moment lang unsre Gedanken tänzeln heraus aus dem Text: O … was hätten wir da nicht alles selber beizutragen –

Deine blauen Augen machen mich ganz sentimental,
Kaum zu glauben! Was sich da so abspielt, ist phänomental![8]

– und unwillig nur ließen wir uns belehren: Nicht so sehr um Augen ginge es, als um die Farbe für O. Gutgut; welches Blau also mag Rimbaud im Sinn gehabt haben: Ultramarin-, Kobalt- oder Preußischblau (letzteres kaum), vielleicht Pariserblau?[9] Himmelblau, Indigo-, Königsblau? All die Worte, die da auf ihren Einsatz lauern –, man kann sich gar nicht entscheiden, es ist alles so schön bunt hier …[10] Dabei stünden in unserem Jahrhundert noch ungezählte weitere Vokale zur Verfügung; verzeichnet sind sie in jedem beliebigen Werbeprospekt über Aquarell- oder Ölfarben: Für den hier ins Auge zu fassenden O-Ton zunächst einmal kämen »Iris Blue« oder »Ultra Blue« in Frage, von »True Blue« ganz zu schweigen. Diese und alle weiteren – lieferbaren – Farben bzw. Worte sind nun zusätzlich mit Nummern versehen, die exakte Kennung verbürgen. Aber die erste Zeile von Rimbauds Gedicht lautet nicht etwa: »A 382, E 204, I 266 …«, sondern sie begnügt sich mit den allergemeinsten Zuordnungen.

172

Und schließlich: In welcher Intensität müßte man sich das passende Blau dann vorstellen, wie stark »verdünnt« durch Weiß, »verdickt« durch Schwarz? Wäre es matt oder glänzend (ersteres wohl schwerlich)? Und zu allerletzt: Selbst wenn der Farbton eindeutig auszumachen wäre und durch eine Wellenlängenzahl unverwechselbar gekennzeichnet, bliebe dann nicht die Frage seiner Umgebung? Und zwar in räumlicher wie zeitlicher Dimension –, auf der Ebene der Vokale nicht zu vergessen die sprachliche: Eine Farbe ja definiert sich nicht allein durch ihre Vorgeschichte, den Weg, den der Blick des Betrachters bis zu ihr genommen, die Freude, die Erschöpfung, die Qual, die beim Betrachten hineinspielen in den »objektiven« Farbton oder besser: darüberspielen. Nachmittagsblau, Phantastischblau, Schonwiederblau … Ein simples O, je nach Textumfeld, in dem es gesagt geschrieben gelesen gehört, könnte solcherart die gesamte Bandbreite von Blau umfassen, einschließlich der Grenzwerte wie Blauviolett und Blaugrün. – Blaugrün? Jeder kennt das kurz aufblitzende und resigniert sofort auf Eis gelegte Streitgespräch, ob ein gewisses Blau nicht bereits Grün zu nennen sei oder wenigstens Türkis –

–: Die Farbwörter wohl sind die schwierigsten der Sprache.[11] Und damit die faszinierendsten, sie sind die schlechthin bodenlosen Wörter, deren schwindelerregende Abgründe jedweden Inhalt schlucken und trotzdem niemals zu schließen sich scheinen … Und jetzt auch noch Klangfarbenwörter! Zum Glück nur deren fünf (im Deutschen!) gilt es zu präzisieren, vorausgesetzt, man will sich nicht auch gleich des »Unbekannten Vokals« annehmen, auf den Jean Tardieu wartet.[12] Eine ganze Geschichte müßte man wahrscheinlich schreiben, selbst wenn's nicht mehr als das fragliche O auf den Begriff zu bringen gälte bzw. auf sein Blau.[13]

Und wie, wenn O gar nicht blau wäre? Sondern grün? Das Problem der Synästhesie wird schließlich in jedem einzelnen aufs neue, mit einem Blick in *sein* Innerstes gelöst … Wobei die Artikulation besagten Vokals, der in den verschiedenen Sprachen (und selbst *innerhalb* eines »nationalen« Sprachraumes) ja mindestens so unterschiedlich sich färben kann wie Grün und Blau –, wobei die Artikulation sämtlicher Vokale allenfalls *vor*entscheidend sein dürfte ...

: »A Blau, E Rot, I Gelb, U Braun, O Grün« –?!

Das wäre doch einmal ein Ausgangspunkt für weitere Gedichte;[14] jedem Vokal könnte man ein Bezugswort zuteilen, dem O beispielsweise »T d« (nicht ganz so günstig erschiene mir »T mate« oder » n mat p esis«), und darüber dann jeweils *sein* Gedicht, wahlweise *seine* Geschichte schreiben.[15] Um am Ende überrascht festzustellen, daß man nicht etwa an den geplanten fünf Texten, sondern an einem einzigen bereits gescheitert, der weder Gedicht ist noch Geschichte, an einem einzigen Text, über dessen Niederschrift man fünf volle Jahre verträumt – Vielleicht allerdings Sie glauben gar nicht an die Farbe der Vokale?[16]

– Glauben? Nunja.

glauben Sie zu wissen:

– Nach all dem bislang Gelesenen also an willkürlich postulierte Kombinationen willkürlich intonierter Klänge mit willkürlich dazuphantasierten Farben – an Musikmalerei sozusagen mit bloßen Buchstaben? Nunja.

»Bloße Buchstaben«!

befürchtet der Text das Schlimmste, und weil ihm so schnell keine neuen Argumente einfallen wollen, greift er zurück auf die alten:

Als ob's »bloße Buchstaben« gäbe! Als ob in jedem nicht eine ganz bestimmte Melodie erklänge, ein ganz bestimmter Duft und, um das Wort nicht zu scheuen, eine ganz bestimmte Sehnsucht: Als ob –

– Höre ich recht

, halten unbarmherzig Sie dagegen,

– die Sehnsucht entzündet sich heute nicht mehr an der Blauen Blume oder an gewissen Frauennamen oder –

Nein, das tut sie nicht!

will man Ihnen den Satz abschneiden; da man aber auf Sie angewiesen ist, fragt man lediglich:

174

Ist das nicht dasselbe? ZUM BEISPIEL die Sehnsucht nach O, nach dessen einzig passendem T d; und selbst dieser noch lange nicht wäre Erfüllung: Einen ganzen Roman würde erzählen ich müssen, um ein O auszudrücken, wie *ich* es höre sehe rieche schmekke, einen gewissen Farbton zwischen Grün und Grün ...

– Ist das nicht dasselbe?

wollen Sie zurückfragen; da Sie den Text aber nicht, so kurz vor seinem absehbaren Ende, zu einem Umweg ermuntern möchten, sagen Sie lediglich:

– Wenn Sie uns jenen Roman jetzt auch noch erzählen wollen, dann werden Sie nie fertig mit Ihrem Essay.

Vielleicht sogar Sie haben recht

, versucht man, aus der Affäre sich zu ziehen und $\left\{ \substack{\text{auf sein} \\ \text{in sein}} \right\}$ O zurück: Manch einer voreilig würde drauflos fabulieren daneben ins Türkis, in kristallwasserhaltiges basisches Kupfer-Aluminiumphosphat, $CuAl_6(PO_4)_4(OH)_8 \cdot 4H_2O$ –, doch das ist kein echtes, kein grünes Glück. Nein, beglückend bloß ist die unbegriffne Farbe des Vokals O. Man kann durch sie hindurchsehen – wie beim Buchstaben –, das verbindet die beiden ja auch.

Keiner wußte, ob unversehens man nicht bereits in den Roman gerutscht war, mit dem man vor wenigen Zeilen gedroht ... Die Vokale – deren Farbe – dazu die Farbwörter – darüber ein Gedicht – ein Essay – und darin nun auch ein Roman? Man geriet ins Schwitzen.

Freilich Bezeichnung der Farbe

, so ließ der Text nicht locker und zog Ihre Aufmerksamkeit zurück auf S. 175 des Essays? Romans? jedenfalls Buches mit dem Titel »Die Farbe der Vokale«,

die Bezeichnung der Farbe zielt knapp stets neben die Farbe selbst. Das verbürgt den qualitativen Sprung, den Zweiklang, den man sehen kann.

– Ich verstehe

, verstehen Sie kurzerhand falsch und summen eine geterzte Prise O in den Raum.

Um des $\left\{ \substack{\text{Romans} \\ \text{Essays}} \right\}$ willen!

entrüstet sich der $\left\{ \substack{\text{Essay} \\ \text{Roman}} \right\}$:

Viel zu rostig – das klingt ja fast nach U!

Und schickt sich an, völlig aus der Rolle zu fallen, den kompletten Regenbogen vorzusingen in O-Dur vielleicht -Moll, da lassen Sie die Maske endlich fallen:

– Was für ein absurdes Unterfangen: ein Essay, ein Roman über grünes O! Als ob das nicht *schwarz* bekanntlich wäre, schwarz wie ein »sammtiger panzer dichter mückenscharen / Die über grausem stanke schwirren«![17]

Und wenden sich mit einem roten Gelächter ab, so wie Leute, die mit ihren Vokalen allein sein wollen.

AN DEN SECHS ENDEN DER SACKGASSE
Rede anläßlich der Verleihung eines Literaturpreises

Herr Präsident, sehr geehrte Civitas, meine Damen & Herren,
das
Lob ist die Form der »guten Rache«, sagt Nietzsche –,[1] und
wenn ich soeben aus den Worten Reinhard Löws einiges Loben-
de herausgehört habe,[2] so weiß ich auch um dessen Hinter- und
Abgründe: Er schließlich war einer der ersten, dem ich, gewissermaßen als Loseblattsammlung, meinen Entwickelungsroman
»Aus Fälle / Zerlegung des Regenbogens« in die Hände drück-
te – 3 kg »experimenteller« Prosa, eine Lektüre also, wie ich
damals wohl wußte, der er allenfalls unter Berücksichtigung
mildernder Umstände die eine oder andere gute Seite abzuge-
winnen vermochte, in keinem Fall jedoch 561 ... Für jenen Über
Fall hat er sich weidlich gerächt: Hier stehe ich nun und kann
nicht anders, als meinen damaligen »Handstreich« öffentlich zu
rechtfertigen in einem 37minütigen Plädoyer –, für diese *gute*
Rache danke ich ihm und dem gesamten Vorstand von »Civitas«.

Stendhal rät an, einen derartigen Eintritt in die Gesellschaft
als Duell zu inszenieren;[3] und selbst ohne sich auf ihn zu beru-
fen, beginnen literarische Karrieren – diejenigen einzelner wie
ganzer Epochen – gerne mit einem Vatermord. Nun denn, ans
Werk, möchte man sich also auch diesmal den Dolch ins Gewand stecken, indes: Wo eigentlich sitzt noch ein Tyrann, von
dem man sich befreien sollte, welche literarischen Väter könnte
man guten Gewissens heute, am 10. Juli 1989, ermorden? Doch
nicht etwa einen Überlebenden der deutschen Nachkriegsprosa,
deren künstlerischer Wiederaufbau eingestandnermaßen »ganz

unten« erfolgen mußte und über literarisches Tiefparterre auch heute noch nicht hinausgekommen? Integrität ist wohl das Bedeutendste an ihnen; unter *künstlerischer* Perspektive sehen sie heute schon so großväterlich alt aus wie ihre Urahnen, die Vertreter des Jungen Deutschland: Beider Publikationen gehören eher in die Geschichte der Politischen und der Sozialwissenschaft, als in diejenige der Literatur.

Hat man sämtliche Aspekte der (Nachkriegs-)Gesellschaft zu Ende bewältigt, so bleibt erfreulicherweise noch das weite Feld der Selbstbewältigung, man entdeckt die Neue Innerlichkeit, die Neue Äußerlichkeit,[4] die Neue Mittelmäßigkeit ... Ach ja, die Geschlechtsteile sind nach wie vor da, bieten Anlaß für einige mimetisch zu malende Fragezeichen, wahlweise lädt man sich das Gewicht der gesamten Weltwurst auf die Schultern – es läßt sich so schön darunter ächzen –, man blinzelt ein wenig in seine eigne Ausweglosigkeit hinein oder ... man rafft sich auf und, Jahr für Jahr pünktlich zur Buchmesse, bläst seine Fanfare der Eitelkeit übers Publikum hinweg. Schade lediglich, daß wir Erdgebornen nicht auch einen Zipfel von der Weltwurst zu fassen bekommen und uns zu behelfen haben mit Paraphrasierungsversuchen der höhern Orts abgeschmeckten Weisheit: »Die Sonne wandert schnell. Aha« oder »Ich mach Bubu, was machst du«.[5]

Literatur, meines Erachtens, ist aber immer beides: Kraftmangel *und* Kraftüberschuß, sie sagt im selben Atemzug Nein *und* Ja zur Welt; muß man nur noch bewältigen und sublimieren, so wird die Sache peinlich, verfügt man andrerseits bloß souverän über Innen- und Außenwelten, wird sie zum Machwerk. Bestenfalls zum Handwerk, das auf bewährte Schnittmuster zurückgreift, um bewährten Stoffen wieder einmal zu »neuen« Ehren zu verhelfen: Der Roman von der Stange ist jedem auf den Leib geschrieben, er ist pflege- sprich leseleicht, bietet viel (Handlung) für wenig Geld: Wenn Sie, meine Damen & Herren, noch nicht gemerkt haben sollten, daß ich von der literarischen Postmoderne spreche, liegt das nicht an Ihnen: So leicht ist sie als Epoche ja gar nicht auszumachen, Dieter Borchmeyer bezeichnet sie gar als Einhorn unsres Jahrhunderts:

»Jeder spricht davon, aber keiner hat es je gesehen.«[6]

Eine Sache niemals wahrzunehmen, könnte natürlich auch daran liegen, daß wir sie im Grunde zu oft schon gesehen haben; man müßte vielleicht nur einmal in vollem Bewußtsein wieder hinblicken, um das vermeintliche Einhorn gleich an *beiden* Hörnern fassen zu können – beileibe nicht denjenigen eines Stiers! –, um es erkennen und benennen zu können: als eine Spielart des Klassizismus, wie er zum Beispiel im 19. Jahrhundert unmittelbar auf die *damalige* »Moderne« der Goethezeit folgte. *Jene* Postmodernen allerdings waren ehrlicher, bezeichneten sich als Epigonen ... und ich fürchte, *unsrer* Postmoderne – wie gesagt: derjenigen in der Literatur; die *philosophische* Postmoderne mit ihrer Revolte gegen das jahrtausendealte Diktat der Vernunft mag eine ganz andere Valenz haben –, also ich hoffe, unsrer literarischen Postmoderne und allen noch kommenden Postmodernen wird eine entsprechende Enttarnung nicht erspart bleiben. Gerade die Tatsache, daß ich ihre Werke mit Genuß lese, d. h. problemlos, nie verunsichert, nie verstört, bestätigt mir meine These ebenso wie die befremdliche Beflissenheit, mit der die Moderne z. Zt. in den vorgezogenen Ruhestand geschickt wird. Dabei ist sie doch längst noch nicht zu Ende geschrieben, bis zu ihrem letzten E! Allenfalls bis zum vorletzten, und könnte gut somit noch in Mode sein ... Apropos »noch«: Noch 1955 beantwortet Benn die Frage nach dem »Stil der Zukunft« lapidar mit der Formel: »Phase II – nämlich Phase II des expressionistischen Stils«;[7] daß davon im Rückblick nicht die Rede sein kann, ist schmerzlich, insbesondere weil statt dessen von Neuer Sachlichkeit, Neuer Subjektivität und dem Neuesten vom Neuen, der Postmoderne, gesprochen werden muß.

Deren Vertreter nämlich sind allesamt meine Väter nicht, ich würde sie selbst als Onkel ablehnen. Der potentielle Mörder, die Hauptwege deutscher Nachkriegsliteratur beschleichend, findet sich am Ende einer Sackgasse wieder, in die er nicht zu geraten ahnte: Einige Vorgärten winken mit bunten Rabatten, es pinschert, kläfft und winselt aus allen Himmelsrichtungen, Geruch vom Gartengrill signalisiert »Gemütlichkeit«: Feierabendstimmung im Reihenhaus. Ganz von ferne quietschen Reifen, irgendwo drückt die wirkliche Wirklichkeit auf die Hupe ... Was bleibt dem Mörder übrig, als zusammenzuzucken – wer wird hier gerade ertappt –, was bleibt ihm übrig, als auf seine Tat zu verzichten, zu warten auf bessere Zeiten? D.h. *nicht* länger zu warten am Ende der Sackgasse, sondern zurückzugehen zumindest an deren Ausgangspunkt und einen neuen Anfang zu suchen, etwa:

Lieber Albrecht Oldenbourg, meine Damen & Herren,

das Lob ist die Form der »guten Rache«, sagte ich, und wenn sich Reinhard Löw auf derartige Weise an mir gerächt hat, so bereits Jahre früher Albrecht Oldenbourg: Auch ihn hatte die Lektüre des Romans viel Zeit und, euphemistisch ausgedrückt, Energie gekostet; seine Rache formulierte er in einem einzigen Satz:

»Alles, was *im* Text beschrieben wird, muß *als* Text optisch zur Darstellung kommen.«[8]

So schnell sich solch ein Satz sagt, so schnell man ihn versteht – und leider leuchtete er mir sofort ein –, so langsam läßt er sich umsetzen in literarische Praxis: Dieser eine Satz kostete mich einige Jahre Mehrarbeit an den »Aus Fällen«, in ihm begründet sich nicht nur das drucktechnische Erscheinungsbild des Ganzen, nicht nur die Erscheinungsform des einzelnen, dasjenige, was man gemeinhin »Stil« nennt, es ist damit – wie mit jeder Form – zwangsläufig auch ein spezifischer Inhalt verknüpft, eine spezifische Denkweise, eine spezifische Sicht auf die Dinge: Für diese gute Form der Rache möchte ich Albrecht Oldenbourg danken.

Ich bin nun in der glücklichen Lage, daß der Roman erst Ende September erscheint, daß ich Ihnen also bis dahin nicht bloß das Blaue, sondern den kompletten »Regenbogen« vom Himmel herunterschwindeln kann. Zwar moniert Zarathustra ja generell, »die Dichter lügen zuviel«,[9] aber erstens bin ich kein DICHTER und zweitens kann man es ja auch mit Arthur Schnitzler halten, vor allen Dingen, wenn man ihn verfälschend zitiert: »Wir lügen immer, / wer es weiß, ist klug«.[10] Inzwischen wissen wir es nämlich alle, und so wird es Sie sicher nicht stören, wenn ich in diesem Sinne weiterlüge und behaupte: Thema meines Romans ist der Roman. Für einen Laurence Sterne, einen Diderot, noch für die Romantiker ist solch Behauptung nichts anderes als ein Gemeinplatz; bedenkt man freilich die Wendung zum erzählerischen Realismus, die das 19. Jahrhundert in seinem zweiten Drittel ebenso vollzog wie das 20., dann müssen selbst Gemeinplätze manchmal verteidigt werden, u. U. mit einer Maxime Lichtenbergs: Schon seit Jahren habe er den Glauben verloren, so schreibt er, seine Gegner mit Gründen überzeugen zu können, habe auch

> deswegen die Feder gar nicht angesetzt, sondern bloß, um sie zu ärgern, und denen von unserer Seite Mut und Stärke zu geben und den andern zu erkennen zu geben, daß sie uns nicht überzeugt haben.[11]

Überzeugt in diesem Fall von Büchern, die uns irgendwie vergessen machen möchten, daß sie Bücher sind, will sagen: Kunstprodukte, die uns nicht etwa nur eine spannende oder entspannende Geschichte offerieren, sondern eben: Literatur. D. h. eine *gemachte*, höchst artifizielle Welt für sich, mit *eigenen* Gesetzen, *eigenen* Kompositionsprinzipien, die es durchaus lohnt, in gleichem Maße darzustellen wie den sogenannten Plot: Die Form ist der Inhalt, »die Sache selbst«, sagt Nietzsche;[12] »die Inhalte […] hat ja jeder«, ergänzt Benn,[13] und folglich – was ist denn das Eigentliche an einem Text, die Fabel oder die Gestaltung der Fabel? Ich lüge Sie ganz bewußt an, wenn ich mich für die Gestaltung hiermit entscheide, denn, wie gesagt, alles, was *im* Text geschildert wird (»Inhalt«), muß gleichzeitig *als* Text sichtbar werden (»Form«): Deshalb, nur deshalb werden Sie, nein: würden Sie beim Lesen der »Aus Fälle« aus dem Stolpern gar nicht mehr herauskommen, dem Stolpern über plötzliche Kursivschrift oder Kapitälchen, über Textpassagen, die mitten im Satz auf Blattrückseiten hinübergleiten – der komplette Roman wird ja einseitig gedruckt –, über Begriffe mit fehlenden Vokalen oder solche, die aus dem üblichen Satzspiegel hinauskreiseln, über Lücken, die unversehens aufklaffen zwischen den Worten, Spalten, die sich durch die Seiten ziehen, immer feiner und feiner sich verästeln bis – das ganz normale Druckbild wieder erreicht ist: Nur könnten Sie jetzt nicht bloß die Buchstaben lesen, sondern auch deren Zwischenräume, den papierweißen Abgrund zwischen Wort und Wort.

Ich fürchte, Sie werden an dieser Stelle ein Gähnen kaum unterdrücken: Die Techniken der konkreten Poeten sind ja nicht gerade das Neueste; längst haben raffiniertere Köpfe davon Besitz ergriffen, schreiben Romane, die *jede* Seite als optisches Erlebnis gestalten – freilich kaum als literarisches: Bilderbücher wollen schließlich in erster Linie betrachtet werden, nicht gelesen.[14] Andere Autoren, auch nicht faul, schreiben Romane, in denen sie, gewissermaßen einfach mal so, bis zur letzten Seite ohne Vokale auszukommen suchen, naja: ohne *einen* bestimmten Vokal auszukommen suchen, beispielsweise das E, und sie verrenken sich dabei nicht gerade publikumsunwirksam auf dem Hochseil der Artistik: Mit'm wichtigst'n Vokal, wo noch dazu nicht da ist, Blatt um Blatt zu füll'n – so'n Roman gibt's doch bislang noch nicht? [15]

Dafür aber gibt's Leser, die zurückfragen: Warum sollte's ihn denn geben, wenn er uns nicht einmal ein E gönnt? Der reine Spieltrieb, so meine ich, ist nicht mehr kindlich, sondern kindisch, auf diesem Weg gerät die Literatur gleichfalls in die Sackgasse: an deren Ende zwar nicht gegrillt wird und gespießert, nichtsdestoweniger der Weiterweg verbaut wird mit Romankonstruktionen, die an die Geschlechtertürme in San Gimignano erinnern – an große fensterlose Monaden, deren Höhe ein direktes Indiz der Macht sein soll. Nur: Selbst in San Gimignano sind die Gemüsestände parterre geblieben, die Eisdielen und Weinschänken; das Lachen, das aus den Häusern und Gassen heraufweht, lockt selbst den faszinierten Besucher wieder herunter auf den Boden der Realität. Ich beginne also ein drittes Mal:

Lieber Niko Hansen, meine Damen & Herren,

ein Roman wie die »Aus Fälle«, der eigentlich zu keiner Richtung gezählt werden will, d. h. ein Autor, der sich zwischen *alle* Stühle setzt –, das wird in unserer Zeit ja erwartet von einem Neuling. Daß sich die Verlage kaum noch zu retten wissen vor derartigen Newcomern und Greenhorns, indem sie in hektographierten Absageschreiben gerade die *Richtung* ihres Programms unterstreichen, in die solch Richtungslose nun einmal nicht paßten, ist hinlänglich bekannt; daß es dann doch plötzlich einen Lektor gibt, der über alle Leitlinien und auch – wenigstens vorerst – über alle marktwirtschaftlichen Gesichtspunkte hinwegsieht und hinein ins Manuskript, gehört zu den unverdienten Freuden eines Besserwissers und Bessermachenwollers, als der ich mich ihm mit meinem Papierstapel präsentierte. Freilich, eine ernste Angelegenheit scheint die Veröffentlichung des Manuskripts für diesen Lektor schon zu sein – seine, des Romans, Kalkulation ist in einem Ausmaß ernüchternd, daß man sich fast wieder daran berauschen könnte –,[16] oder aus welchen Erwägungen sonst hat sich Niko Hansen dem ab September zu befürchtenden direkten Zugriff des restlichen Weismann Verlages so weit wie möglich zu entziehen versucht: durch Flucht nach Hamburg?[17]

Ernst ist die Angelegenheit auch noch auf einer ganz anderen Ebene, d. h. daß sie unbedingt nur ernst ist, würde ich gerade bestreiten und habe das bereits getan: im Frühjahr, anläßlich eines Gesprächs mit Michael Ende, der die Literatur, analog zur Musik, in E- und U-, *ernste* und *unterhaltende* Literatur einzuteilen vorschlug. Ich fürchte, Sie würden – läge der »Regenbogen« in allen Farben schon vor, gedruckt und gebunden – ausnahmslos aufstöhnen: Wenn *das* nicht E-Literatur ist, so ist es keine!

So ist es eben keine! würde ich Ihnen da zu widersprechen suchen, indem ich Recht Ihnen gäbe; niemand schreibt ja auch aus reinem Schmerz, sondern ebenso aus Lust, abgesehen einmal davon, daß man natürlich schon – mit Hofmannsthal – das Leiden genießen könnte als Leidens*glück*.[18] Und während ich so antwortete, hielte ich bereits mein schüchternes »U« dagegen: Vielleicht, so suchte ich mich aus der Affäre zu ziehen, ist die Unterhaltung hier bloß anders geartet, vielleicht sind die »Aus Fälle« für Leser geschrieben, die sich einmal auf andere Weise unterhalten wollen als diejenigen von – nun, jedenfalls von Büchern, die auf der letzten Seite nicht nur *zu*, sondern auch *am* Ende sind, die man anschließend ruhigen Herzens einreihen kann ins Regal, indem man sie darauf reduziert, was im Grunde sie sind: ein 2 bis 3 cm breiter Buchrücken.

Für Leser, die derartige U-und-nichts-als-U-Bücher weniger schätzen, gibt es zum Glück noch solche, die von eingeschworenen U-Lesern als E-Literatur abgetan werden: André Gides »Paludes« etwa oder Carl Einsteins »Bebuquin«, Benns Rönne-Novellen – das alles sind Bücher, die so unendlich mehr bieten als ein 2 bis 3 cm dünnes U, Bücher, die bei der Lektüre ziemlich schweißtreibend, bisweilen erschöpfend wirken können, Bücher, deren Schlußpunkt nichts anderes markiert als den Anfang eines langen Fragezeichens: Was habe ich da eigentlich gelesen, in welche Welten habe ich da gerade einmal wie durch einen Türspalt Einblick genommen? – »Eigentlich lernen wir nur von Büchern, die wir nicht beurteilen können«: Diese Maxime immerhin kann man dem alten Goethe ablernen;[19] für die Lektüre derartiger Bücher braucht man allerdings einen langen Atem, ständig muß man anlesen gegen das Gefühl, wieder und wieder gerade das Wichtigste übersehen versäumt verträumt zu haben, und man wird sich wohl kaum anders über sie beruhigen als mit dem Vorsatz, später einmal, wenn der Blick sich geweitet und der Atem noch länger, erneut auf sie zurückzukommen und auf die unverständlichen, faszinierenden Welten, die aus ihnen hervorwinken.

Aus einer derartigen Perspektive betrachtet, kann es eigentlich gar keine reinen E-Texte geben –, und jedenfalls mein Roman möchte beides sein, E- und U-, ja darüber hinaus auch A-, I- und O-Literatur: Das ist ja schließlich, so würde ich meiner Eingangsbehauptung gern widersprechen, das Thema des Romans: die Farbe der Vokale. Aber vielleicht interessieren Sie sich dafür ja gar nicht?[20]

– Für Vokale? Wie meint er das?
, stellen Sie sich farbenblinder, als Sie es sind,
– doch nicht etwa für … bloße Buchstaben?
Als ob »bloße Buchstaben« es gäbe! Nehmen Sie O zum Beispiel
, macht sich der Redner da wichtig-wichtig,
als ob darin nicht eine ganz bestimmte Farbe wohnte, ein ganz
bestimmter Klang und eine ganz bestimmte Sehnsucht: nach
der einzigen, der einzig passenden Silbe, die ihn umhüllt, nach
dem einzigen, dem unerhörten unaussprechbaren unbegreif-
baren Wort, in dem die Silbe schwingt, nach dem einzigen, dem
großen runden Glückssatz, in dem das Wort erklingt, nach der
einzigen Geschichte, in der, ganz groß und klein und stumm,
der Satz zerfließt das Wort die Silbe das grüne Rund des grünen
O …
– Wenn Sie uns diese Geschichte jetzt etwa erzählen wollen,
    dann werden Sie nie fertig mit Ihrem Roman äh Ihrer Rede.
Ach der Roman!
zuckt der Redner lediglich leicht mit den Schultern,
der Roman nur liefert Vorwand für Geschichten. Geschichten
nur sind Vorwand für Sätze. Sätze nur sind Vorwand für das
Wort. Die Wörter nur werden verwendet verschwendet auf der
Suche nach reinem Vokal. Doch nach welchem?
– Um Himmelswillen, es wird doch nicht wieder Ihr dämliches
    O sein?
Der Redner zuckt noch nicht mal mit den Schultern. Keiner
weiß, durch welche Redewendung sich die Rede wenden wieder
ließe. Draußen die Nachmittagskulisse gerade wird in den
himmlischen Schnürboden gezogen, offner Bühnenbildwechsel
von Werktag zu Wochenende, während hier drinnen – Man gerät ins Schwitzen.
Freilich die Silbe für die Farbe
, so läßt der Redner nicht locker,
das Wort für die Farbe ist schwieriger als Farbe selbst. Ganz
deutlich vor mir sehe ich sie – unbeschreiblich weiblich vielmehr
ẗdlich – nur hören kann ich sie nicht.
– Schade, wirklich schade

, reißt Ihnen jetzt wirklich die Geduld,
– die Farbe für A hätten wir Ihnen glatt vorsingen können. Wir
denken da an ein renovierungsbedürftiges Freskoblau – selbstverständlich weder Kaiser-, Königs- noch Sonstwieblau, sondern ganz präziser Ton.
Aber was hätte ein A mit einem O je zu tun!
empört sich der Redner:
Blau! Blau! Reines A-Dur, verstehen Sie, Adagio, ein klarer
Frühlingsvormittag für Streicher und Pikkoloflöte, in der Ferne
ein paar verminderte Terzen, ein paar Klangwolken, die in Richtung U davontreiben, und *hinterm* Horizont –
– Jetzt dreht er völlig durch!
erkennen Sie die Lage zu spät:
– Nur ein Verrückter kann –
Um Niko Hansens willen!
beschwört Sie gerade noch rechtzeitig der Redner, ohne die restlichen Vertreter des Weismann Verlages aus den Augen zu lassen:
Ich breche hier wohl besser ab und beginne von vorne. Um Sie
jedoch nicht weiter zu beunruhigen, ich nenne meine Anfänge
nunmehr Schlüsse, komme also zu meinem vierten Anfang, d. h.
ersten Schluß:

Hochverehrter Mallarmé, verehrter Rimbaud, geliebter Nietzsche, meine Damen & Herren,
                           höchste Zeit scheint's, mich ei-
niger Vorkämpfer und Mitstreiter zu versichern, einiger weiterer Verrückter gewissermaßen, um Sie zu überzeugen, daß meine »Aus Fälle« eigentlich das Gegenteil von aus gefallen sind:
Wie wäre es zum Beispiel mit Rimbaud, der vor mehr als hundert Jahren bereits sich beschäftigte mit der Farbe der Vokale;
ich zitiere ihn in der Übersetzung Stefan Georges:[21]

A schwarz E weiss I rot U grün O blau – vokale
Einst werd ich euren dunklen ursprung offenbaren:
A: schwarzer sammtiger panzer dichter mückenscharen
Die über grausem stanke schwirren · schattentale.

186

E: helligkeit von dämpfen und gespannten leinen ·
Speer stolzer gletscher · blanker fürsten · wehn von dolden.
I: purpurn ausgespienes blut …

…; so fasziniert ich von der Möglichkeit einer derartigen Analogiebildung war, so spontan wehrte ich mich gegen die Analogien als solche: A empfinde ich nicht als schwarz, sondern als blau, E nicht als weiß, sondern als rot usf. Natürlich sind all solche Assoziationen keineswegs objektiv, selbst in ihrer Subjektivität aber sind sie einer künstlerischen Entwicklung verpflichtet, die über Rimbaud zurückweist in die Romantik; vielleicht gar ist der Synästhesiegedanke ein Topos der Kultur, dessen Anfänge in (natürlich:) grauer Vorzeit liegen … Jedenfalls gehöre ich mit diesem Thema in eine literarische Tradition, die ich mit der notwendigen Ungerechtigkeit zeitgenössischer Aneignung auch alles andere als leugnen will: Vor zwei Jahrhunderten mittlerweile, mit Goethes Italienischer Reise des Jahres 1787, ist die Zeit der Originalgenies ja abgelaufen und überhaupt: »Originell sind wir ohnedies nur in bezug auf das Falsche«, wie Robert Spaemann sagt.[22] Daß ich geradezu ein wenig krampfhaft darum bemüht bin, unoriginell zu erscheinen, mag Ihnen folgende Überlegung bestätigen; ich zitiere aus einer noch ungeschriebenen Rezension mit dem Titel »Ein Fälle / Wiederzusammensetzung des Regenbogens«:

Mit seinem Prosa-Ziegelstein »Aus Fälle / Zerlegung des Regenbogens« versucht der Verfasser ganz offensichtlich, sich in die Nachfolge Arno Schmidts zu drängen; ansonsten steht er dem gegenwärtigen Strom der literarischen Entwicklung ein wenig *zu* angestrengt entgegen, ist augenscheinlich bestrebt, gleichermaßen an französische Symbolisten *und* deutsche Expressionisten anzuschließen. Seine Inhalte mitunter wirken kafkaesk, mitunter erinnern sie an den bekannten »in Hinterpommern geborenen Zwangsostfriesen, der am Fuße des Vogelbergs sein bedenkliches Leben verbringt und darum ja auch sowieso eher zuständig ist für nonkonformistische Teile der südhessischen Grundlagenfolklore«.[23] Der »Regenbogen« bietet keine lineare Farb- und Fabelführung, sondern 13 Schichten, die einen Halbkreis schlagen um die eigentliche Geschichte; der Autor spricht hier gern von situativer Prosa. Deren Anordnung ist derjenigen von Goethes »Wanderjahren« deutlich nachempfunden; das lyrifizierte Sprechen innerhalb der Prosaform scheint vom »Hyperion« Hölderlins angeregt. Daß der Verfasser mit dem Gedankengut Nietzsches einigermaßen vollgesogen ist wie ein Schwamm, läßt er mitunter in etwas aufdringlicher Weise durchsickern: Wie seinerzeit dieser, schreckt auch er vor keinem Mittel zurück, um einen im Grunde unlesbaren Text doch noch an den Leser zu bringen. Ein beliebtes Mittel, das er in seiner Dankrede zur Verleihung des Civitas-Preises bis zum Überdruß demonstriert, ist das Zitat: Durch häufiges Einblenden bekannter Aussprüche und großer Namen versucht er ganz offensichtlich davon abzulenken, daß er selber nichts Neues mitzuteilen hat.

Zitatende. – Hier bleibt die Flucht nur nach vorn, in ein weiteres Zitat; es ist jener eben erwähnten Dankrede entnommen und beginnt mit den Worten:

> Durch häufiges Einblenden großer Namen und bekannter Aussprüche versucht der Autor ganz offensichtlich mit der Tatsache fertigzuwerden, daß bei jeder künstlerischen Betätigung der Anteil innovativer Elemente gegenüber demjenigen traditioneller Motive und Strukturen verschwindend gering bleibt: Mag man auch jahrelang leben mit gewissen Geschichten und Figuren, mag man jahrzehntelang hinterherschreiben dem sogenannten eignen Stil –, taucht man auf aus der heilkräftigen Isolation und zurück in die Rolle des Rezipienten, dann ist das Erschrecken gewaltig: Bis in einzelne Neologismen, die man zu prägen wähnte, findet man sich da gedruckt wieder, leider nicht unter dem eigenen Namen. Man mag sich drehen und wenden, schließlich entdeckt man, daß es gar kein anderes Mittel gibt, sich vor solch Übermacht des bereits Vorhandenen zu bewahren, als dasjenige, das Goethe in seinen »Maximen und Reflexionen« empfiehlt: »Gegen große Vorzüge eines andern gibt es kein Rettungsmittel als die Liebe.«[24]

Zitatende. – Ganz in dem Sinne freue ich mich also zum Beispiel, wenn meine Texte mit denjenigen Arno Schmidts verglichen werden: Zwar kenne ich diesen Herrn gar nicht und werde erst recht mich in der nächsten Zeit hüten, seine Bekanntschaft zu machen –, aber ich *be*kenne mich zu ihm als jemandem, der auch nicht so ohne weiteres klarkam mit der Sprache. Und fast ein wenig schadenfroh bin ich, wenn man mich als Nietzscheaner begreift, denn eigentlich – und gerade darin bin ich Nietzsche ganz verpflichtet – benütze ich seinen Namen ja nur als Vorwand, um die mir ureigensten Ansichten einmal überdeutlich auszusprechen. Nein, ich bin keinesfalls bestürzt, wenn man – nunja, wenn man mich solcherart in die Tradition einreihen würde, daß ich *völlig* darin verschwände: dann allerdings wäre ich vor den Kopf gestoßen, dient mir die Tradition doch lediglich als Mittel, einen sogenannten »transsubjektiven Horizont des Verstehens«[25] um meine Texte zu ziehen, ein rezeptives Vorverständnis zu evozieren, denn mit dem eigentlichen Verständnis tue ich mir erfahrungsgemäß etwas schwer. Peinlich-peinlich, könnte man hier abwinken, wenn ein Text nicht aus sich selbst die Kraft nimmt, den Leser zu überzeugen, dann wird er durch philologische Kommentierung nicht etwa gerettet, sondern gerichtet.

Zum Glück kommt mir selbst in jenem Punkt die Tradition zu Hilfe – in Gestalt des bekannten Germanisten Hans Robert Jauß, mit dem sich zurückfragen ließe: *welchen* Leser man eigentlich ad hoc überzeugen wolle? Jauß führt in seinem Essay »Literaturgeschichte als Provokation der Literaturwissenschaft« aus, der Grad der zeitgenössischen Schwierigkeit mit einem Werk entspräche geradezu dem Grad seines Kunstcharakters;[26] *jeder* Text sei ursprünglich *gegen* einen vorgegebenen Horizont rezeptiven Selbstverständnisses gerichtet gewesen, auch und besonders solche, die wir heute als »klassisch« empfänden.[27] Gerade diese »ästhetische Distanz« zwischen Innovation und traditioneller Leseerfahrung sei's ja, die über den Wert eines Werkes entscheide –,[28] doch halt, widerspreche ich mit einer derartigen Favorisierung des innovativen Moments nicht meinem vorherigen Loblied auf die Tradition? »Äh, also dann tschau, und danke für den Scheck«, möchte man sich nach dem Vorbild Paul Feyerabends der Peripetie entziehen,[29] fasel noch etwas von Dialektik jeder literarischen Evolution, weist zurück auf den Passus über Sprechen & Widersprechen, nutzt die Pause, während der Sie sich zu erinnern suchen an nie gehörte Ausführungen, um in einen fünften Anfang zu entwischen, d. h. einen vorletzten Schluß:

Liebe Michaela Wiesner, lieber Wolfgang Gehringer, meine Damen & Herren,
zur literarischen Tradition seit mehr als einem Jahrhundert – und damit zum Standardrepertoire jedes zweiten Autors, der vor sein Publikum tritt – gehört die Sprachkrise; erstaunlich nur, daß sich deren immer neue Verkünder noch als innovativ empfinden! Was um 1900 nämlich als echte Not verspürt wurde, das gehört inzwischen zum Luxus, den sich jeder (zweite) gönnt; die existentielle Sprachkrise von einst wird als scheinbar unabdingbares Element des Dichterischen mit geradezu gelassenem Grimm auf allen U-, O-, E- und I-A-Ebenen der Literatur vermarktet ... Ja, wenn der Verlust einer vormals problemlosen Sprache beklagt wenigstens würde von Klägern, in deren Besitz jene Sprache einst gewesen! Aber mitnichten: Da tönen gerade die am lautesten, die gar nichts verloren haben, weil sie es noch nie besessen, Sprachgewalt nämlich – aus *dieser* ihrer Not machen sie geschickt die Tugend einer vorgetäuschten Not. Warum jedoch dreht man den Spieß nicht einfach um und bemerkt: Eine derartig verschleppte Krise der Sprache ist nie etwas anderes als eine solche der Sprecher? Natürlich, die *traditionelle* Eleganz der Sprache ging mit Musil verloren und schon bei Thomas Mann wirkt sie unzeitgemäß im negativen Sinne, nicht nach vorne weisend, sondern zurück –, allein wer sagt denn, daß uns lediglich *eine* Möglichkeit des Sprachvollzugs offensteht, wer kann denn angesichts eines Joyce bestreiten, daß es neue Formen des Sprechens und Schreibens gibt und immer wieder geben kann?

Nun behaupte ich nicht, im Besitz einer solch neuen Sprache zu sein, allerdings begreife ich mich als Suchender nach ihr. Dabei habe ich ja bereits vehemente Startschwierigkeiten: mit Vokalen, wie man weiß, und um wieviel mehr mit den Farbtonwörtern. Grün, o ja, die erste Assoziation ist jedem sofort klar, indessen schon die zweite, mit der die erste zu präzisieren wäre – was versucht man da alles, um ein spezielles Grün endlich auf den Begriff zu bringen: Satzumstellungen, Verzicht auf Nebenworte, Ausbrüche aus traditionellen Grammatikstrukturen, Einschub von –

– Wenn's weiter nichts ist

, befürchten Sie das Schlimmste, einen Rückfall auf S. 185, während ich gerade zum zentralen Anliegen des Romans kommen wollte:

– Ist die Form denn der einzige Inhalt?

Natürlich nicht

, widerspreche ich mir zum wievielten Mal,

da können Sie ganz beruhigt sein: Es geht um eine auf dem Meeresspiegel schwimmende Stadt – ich dachte dabei an den idealtypisch korrigierten Mont St. Michel –, es geht um eine Insel, die, kaum daß sie in den Wahrnehmungsbereich eines einsamen Strandspaziergängers hineingeschwommen, schon zu versinken beginnt. Was bleibt einem solch unfreiwillig Schaulustigen da andres übrig als zu erzählen von dieser *seiner* Stadt: in den verschiedensten, kapitelweise aufs neue ansetzenden Versuchen? Phantasie begnügt sich ja niemals mit *einer* Vision, Thema des Romans entfaltet somit sich nicht linear, sondern perspektivisch, das ist eigentlich alles.

Doch bevor ich Ihnen dies »alles« näher präzisieren kann, gähnen ein zweites Mal Sie dazwischen:

– Wenn's weiter nichts ist als eine Insel, um die's da gehen soll, dann nennen wir die Sache lieber gleich beim richtigen Namen: Eskapismus.

Der Autor schluckt programmgemäß und bekennt, daß er mit jenem Begriff wenig anzufangen weiß: ist nicht jede Literatur irgendwie eskapistisch, d. h. Flucht aus dem Alltag in interessantere Phantasiewelten, oder vielmehr: *Gibt* es überhaupt eskapistische Literatur, ist nicht jeder Text eine Art Gesellschaftskritik, sei sie direkter oder eben indirekter, sehr indirekter oder sehrsehr indirekter Natur? Jedenfalls, wenn mit dem Totschlagwort

Eskapismus der Totschlagsatz verbunden sein sollte, es gebe »in Zeiten wie diesen« schließlich Wichtigeres zu beschreiben als Inseln, und wenn damit auch behauptet sein sollte, ein Text über eine Insel würde wohl aller Wahrscheinlichkeit nach selbst auf einer Art Insel geschrieben worden sein, so kann ich dagegenhalten: Die Namen Michaela Wiesners und Wolfgang Gehringers stehen für eine Reihe von Freunden, die an der Entwicklung des Projekts auf verschiedenste Weise Anteil nahmen: Sei es, man saß zusammen in einer Kneipe und wieder einmal wollte nichts passieren, man wartete auf Godot oder den Kaiser von China und stellte sich vor mittlerweile, die Tür ginge endlich auf und – plötzlich stand da entstand da eine Geschichte, die unbedingt erzählt werden mußte. Oder man fuhr im Bus durch die Sahara, ärgerte sich über die Einheimischen, die sämtliche Seitenfenster verhängten gegen die Sonnenbestrahlung –, aber natürlich! ging uns da plötzlich ein ganz anderes Licht auf, die Kunst des Schattenbaus gehörte in Arabien zum Überleben, so wie es in den nördlichen Breiten, etwa den verdüsterten Regionen eines Königs von Thule, keineswegs bloß eine Freizeit- oder Nebenbeschäftigung sein konnte, den Lichtbau zu betreiben: Schon hatten wir anstelle des Blicks auf die Wüste eine kleine Parabel über das Verhältnis von Kunst und Philosophie. Usw.! Die Form, in der die »Aus Fälle« jetzt vorliegen – d. h. *bald* vorliegen –, war alles andere als geplant: Nicht etwa als Denksportaufgabe wurden sie konstruiert, sondern sie wuchsen organisch, Geschichte für Geschichte, die immer mehr plötzlich miteinander zu tun bekamen – bis sie schließlich, gewissermaßen über meinen Kopf hinweg, zu Schichten zusammenwuchsen eines gemeinsam erfabulierten Ganzen. Dies gemeinsame Ganze – auf textexterner Ebene –, das war ja der unterhaltsame, der U-Aspekt an der Arbeit, und so wie Sie hier sitzen, sind Sie selbst Teil davon: Das 12. Kapitel nämlich besteht aus nichts anderem als weißen Seiten, ist erst noch zu erleben von jedem einzelnen Leser: auf *seine* Weise, d. h., ist erst noch auszudenken von *Ihnen* auszumalen aufzuschreiben, denn der *herkömmliche* Leser wird bereits im 11. Kapitel ermordet: natürlich mit

192

einem o und aus Gründen, wie sie die Ausführungen über Innovation und Tradition im nachhinein nur mühsam zu kaschieren verstanden. Und hier sind wir endlich bei Ihnen, denen der
sechste Anfang, d.h. der letzte Schluß, nun zugestanden werden
soll:

Meine sehr verehrten Damen & Herren,
                                    die vorhin referierten
Ansichten von Hans Robert Jauß sollten nicht diskreditiert werden, indem man sie auf den Kopf stellt – beileibe nicht alles
Unverständliche ist innovativ –, und ebensowenig sollten sie da-
hingehend gedehnt werden, daß ein innovatives Kunstwerk vor
allem eines verhindern müsse: Verständnis. Möglicherweise
mag es etwas vermessen sein, wenn ich in unsrer sogenannten
schnellebigen Zeit mir nicht bloß das Recht herausgenommen,
ein langsames Buch zu schreiben, sondern darüber hinaus hoffe, daß es von möglichst vielen auf möglichst vielfältige Weise
verstanden werde. Was sicherlich nur bei *langsamer* Lektüre
geschehen kann, also bei einem Umgang mit Literatur, der
irgendwie untergegangen im Zeitalter des diskursiven und des
Diagonallesens. Aber: Man darf nicht mit dem Wunder rech-
nen, man muß sich darauf verlassen. Vielleicht rächen ja sogar
Sie sich an den »Aus Fällen«, indem Sie die Lust am rezeptiv-
identifikationswilligen Lesen eintauschen gegen die am aktiven
Lesen, am Weiterfabulieren und Eingreifen ins Romangesche-
hen, rächen sich, indem letztendlich *Sie* aus fallend werden und
im 12. Kapitel all die Widersprüche aufdecken, die in den vor-
angehenden und nachfolgenden Passagen enthalten. Ein letztes
Mal möchte ich hier aus der bereits genannten Dankesrede zi-
tieren:

Die Entdeckung der Langsamkeit ist bei jedem Roman aufs neue
zu vollziehen. Allen Genannten und Ungenannten, die mich die
letzten Jahre unterstützten, sei dafür gedankt, daß sie sich, jeder
auf seine Weise, Zeit nahmen: durch Ein Fälle inhaltlicher Art,
durch Korrekturen stilistischer Art, durch Abwiegeln und Abwä-

gen verlegerischer Art und, nicht zuletzt, durch Verleihung eines Preises. Auch Ihnen allen, die Sie sich heute Zeit genommen und RECHTSCHAFFEN bzw. berufsbedingt gelangweilt haben, ist zu danken – ganz ohne Ironie oder doppelten Boden: Ich danke Ihnen also.

Zitatende.

Das Individuum ist ein Irrtum

Heiratsanzeigen, Nietzsche und die Postmoderne

»Anpassungsfähige Putzhilfe (stattliche Erscheinung) mit höchstem akademischen Niveau von fiesem Ekel gesucht«.[1] Alle Achtung, der Mann hat Geschmack – ob er Antwort bekam auf seine Kontaktanzeige? Von einer Inserentin der entsprechenden Rubriken wohl kaum: Sie ist in der Regel »warmherzig« und »feminin«, »kulturinteressiert« und »reisefreudig«, ist »ernsthaft-verträumt«, »neugierig«, »aktiv«, »nachdenklich« usw. – eine promovierte Putzfrau mit Sed-Card sucht man da vergeblich. Was man dagegen sehr schnell findet, ist auch auf der Männerseite ein immer wiederkehrendes Klischee: »Liebevoll« und »selbstbewußt« soll er sein, »stark« und »weich«, »zuverlässig« und »offen«, »klug« natürlich, »sensibel« und ... was das Schönste daran ist: Bei drei Viertel aller Annoncen kann man sich als Leser zufrieden an die eigne Nase fassen, gesucht wird stets kein anderer als – ausgerechnet man selbst! Ja, wenn wir bloß einmal antworten wollten ...

Aber das tun wir eben nicht, müssen uns vielmehr der Frage stellen: Mit welcher Berechtigung glauben wir eigentlich laufend, »gemeint« zu sein, sind wir mittlerweile denn tatsächlich drauf und dran, zu macken- und marottenlosen Idealmännern bzw. -frauen zu mutieren? Haben wir kapituliert vor den übermenschlichen Leitbildern unsrer Fernsehschirme und Kinoleinwände, versuchen wir mehr oder weniger verkrampft, auch unser Innenleben mittels psychokosmetischer Korrekturen von all den störenden Haken und Ösen zu befreien, die uns in früheren Epochen zum »Charakter« gemacht hätten? In früheren Epochen, dort also, wo traditionellerweise die beste aller Welten liegt: Leibniz kannte sie noch, so meinen wir Zuspätgebornen, Kant gehörte ihr noch an, selbst Hegel ... Solange der Gesamtzusammenhang der Welt als fraglose Selbstverständlichkeit galt – nämlich bis zum Beginn des 19. Jahrhunderts –, solange die alles überwölbende (Welt-)Vernunft dem einzelnen Leben Sinn und Ziel gab, war das Individuum noch das, was sein Name versprach: ein unteilbares Ganzes. Heute, im Zeitalter von Atomspaltung und Digitalisierung, scheint es nichts Unteilbares mehr zu geben; kann es da verwundern, daß auch das menschliche Individuum längst in seine Einzelteile zerlegt und – »Ich mag Zauberer, Erdbeeren, mich und vielleicht bald Dich!« – aus Teilen seiner Teile beliebig neu montiert wird?

Und dennoch, mögen wir uns auch mit den zauberhaftesten Attributen ausstaffieren und mit einer Riesenschale voller Erdbeeren, hinter unsrer Inszenierung bleiben wir, unentrinnbar und stets zu 100%, nichts als: wir selbst. Wobei unser jeweiliges »Ich« bekanntlich nur eine geringe Teilmenge abgibt unsres »Selbst«: dessen bewußte, meinetwegen auch bloß halb- oder drittelbewußte Komponente – in (zugegebnermaßen fließender) Abgrenzung von all den vegetativen, neurologischen und für einen Nichtbiologen jedenfalls geheimnisvollen Strukturen des menschlichen Körpers, die viel mächtiger in uns wirken als das bißchen »Ich«, das bißchen »Individuum«. Ist das Überwiegende an jedem ja gerade das Nicht-Subjektive, das »Ewig-Menschliche«, ob man's nun biologisch oder metaphysisch fassen möchte: »Das Selbst [...] herrscht und ist auch des Ich's Beherrscher«;[2] das »Individuelle«, als bunte Narrenkappe des »Selbst«, markiert allenfalls noch die Spitze des Fleischbergs ...

Allerdings nicht von dieser Seite her geht es dem Individuum seit einem guten Jahrhundert an den Kragen: Die Narrenkappe hat ihm schließlich – vor zwei Jahrhunderten – schon die Deutsche Klassik abgezogen und das stürmende, drängende Originalgenie zurechtgestutzt zum »Typus« Mensch, dessen Individualismus zu überwinden sei.[3]

Der Kragen – das bloß »Individuelle« am Individuum – ist also längst ab und der Zopf eines übersteigerten Originalitätsstrebens mit ihm. Seither steht bereits der blanke Hals zur Disposition: das komplette Individuum und damit solch vertraute Begriffe wie »Individualität«, »Person«, »Ich« und »Selbst«. Sie alle samt »Selbstverwirklichung« und »Selbstbewußtsein« hat uns die moderne Soziobiologie in ihre allerkleinsten Bestandteile zerpflückt – und uns damit (nach Kant, Darwin, Freud) eine vierte Kränkung zugefügt, die nun nicht mehr viel für eine fünfte übrigläßt: Denn wenn jeder Mensch – so der Oxforder Evolutionsbiologe Richard Dawkins – nur ein von seinen Chromosomen geschickt angelegtes Reproduktionsgehäuse ist, eine »Überlebensmaschine« seiner egoistischen Gene,[4] dann gibt es nichts mehr, das er als »Person« geleistet haben kann, nichts mehr, in dem er ein wie auch immer geartetes Selbst »verwirklichen« und dessen er sich stolz »bewußt« werden könnte. Nein, unter dem neuen Paradigma zerfällt sein Selbst in ein komplexes Vektorenbündel, dessen jeder einzelne Vektor aus einem triebhaften Bedürfnis heraus erklärbar ist und dessen Gesamtheit – eben das ehemalige Selbst – nicht mehr ist als eine Kräfteresultante. Eine stets ihre Größe und Richtung wechselnde, versteht sich, je nach dem momentanen Spielstand der Einzelkräfte zueinander: »Das ego ist eine Mehrheit von personenartigen Kräften«, so liest man's auch schon in Nietzsches Nachlaß, »von denen bald diese, bald jene im Vordergrund steht«.[5] Das Wissen darum ersetzt das Gewissen, der Mensch darf sich's, als Marionette seiner DNS-Moleküle, endlich hemmungslos wohlergehen lassen auf Erden, denn determiniert ist sein Verhalten allemal. Hurra zum ersten?

Zum ersten und auch gleich zum zweiten – denn mit dem Selbst ist das »Ich« natürlich ebenfalls verloren: Einst autonome Überinstanz und so etwas wie ein innerster Bewußtseinskern, ein Ausgangs- und Endpunkt jeder Handlung und damit fester Verankerungspunkt in der sozialen Mitwelt – dies »Ich«, das sich durch einen Standpunkt definierte und abgrenzte von den benachbarten »Dus«, ist mittlerweile »zur Fabel geworden, zur Fiktion, zum Wortspiel: das hat ganz und gar aufgehört, zu denken, zu fühlen und zu wollen!«[6] Kaum als Phantom einer rein begrifflichen Synthese erkannt, ist es auch schon mit erbarmungsloser Konsequenz dekonstruiert worden zum Erfüllungsgehülfen unsres genetisch codierten Programms, oder eigentlich: zum Sammelbecken von Lippenbekenntnissen, die sich – zwecks Täuschung wie Selbsttäuschung – weiterhin als »eigenständige Meinungen« verkaufen. Denn was »uns selbst« einst recht war, ist unsern Chromosomen natürlich billig: »Dein Leib und seine grosse Vernunft: die sagt nicht Ich, aber thut Ich« ...[7]

Viel wußte man ja nie von jenem ominösen »Ich«, aber gerade deshalb verbürgte es Konstanz: Denn trotz aller (»oberflächlichen«) Meinungsänderungen blieb es sich, so der vertrauensselige Gemeinplatz, »in seinem tiefsten Innern« gleich – und in solch überschaubarer Konzeption entsprach es ganz derjenigen, die man sich von der gesamten guten alten Welt machte: Schiller, Schopenhauer, Stifter, aber auch noch Thomas Mann, Hesse, Böll – das sind Vertreter einer festgefügten Denkordnung, Lebensordnung; ab der Mitte des vorigen Jahrhunderts jedoch, da geriet das Ganze ins Rutschen und Gleiten, ins Abrutschen und Abgleiten, anfangs lediglich von einigen wenigen wie eben Nietzsche überwach protokolliert, mittlerweile weiß es – zwar noch nicht jeder »Lulatsch zum Liebhaben mit Grips, kultiviert, herzlich, offen«, aber immerhin schon mal jede »charmante Wissenschaftlerin, attraktiv, zierlich, fröhlich, aufgeschlossen und intelligent«: Nurmehr »Dividuum« ist das einstige Individuum, ist nicht etwa bloß ein leib(seele)haftiger Dualismus oder (romantisch-)zerrissen, sondern vielfach zerstückelt, ein Schlachtfeld, wer's ein wenig tragisch sehen will, ein Irrtum, wer's aus reflektierter Distanz bespöttelt.

Der philosophische Großvater der biologistischen Revolution

Am Anfang der großen, der ganz großen Ernüchterung steht meines Wissens Nietzsche, wer sonst, der Meister des Bezweifelns, Hinterfragens und Umwertens aller Werte – und wenn er nicht der Erfinder der Bewußtseinskernspaltung sein sollte, so zumindest deren gnadenloser Beobachter mittels Introspektion:

Was er vor mehr als hundert Jahren postulierte, die Verhaltens-
forschung hat es in den letzten Jahrzehnten auf frappierende
Weise bestätigt.

Vom philosophischen Bermudadreieck aus »Ich«, »Selbst«
und »Individuum«, sprich: von systematischer Erkundung und
Auslotung dieser Begriffe hält sich Nietzsche eher fern, beschränkt sich auf deren Umkreisung: Schließlich läßt sich auch
indirekt eine ganze Menge über sie erfahren – indirekt, d. h. von
der einzelnen Welle, die jenes »Ich-Selbst-Individuum« verur-
sacht, von seinen Stellungnahmen, Überzeugungen, Ansichten,
von seinem Urteils- bzw. Urteilsunvermögen: Schließlich ist die
Summe der Einzelmeinungen ein präziser Indikator des diffusen
»Ich-Selbst-Individuums«, des hinter verschlossenen Türen tagenden Seelenparlaments, in dem wechselnde Koalitionen diverser Unter-Interessen ein – ein! – nach außen gekehrtes Haupt-
Interesse verabschieden. Jene äußerlich sicht- bzw. hörbaren
Meinungen – Nietzsche ist sich nicht nur ihres »dunklen« egoistischen Ursprungs bewußt, er verwandelt die desillusionieren-
de Erkenntnis, eine Gedankenumdrehung später, auch gleich in
eine neue Hoffnung:

> Es giebt *nur* ein perspektivisches Sehen, *nur* ein perspektivisches
> »Erkennen«; und *je mehr* Affekte wir über eine Sache zu Wort
> kommen lassen, *je mehr* Augen, verschiedne Augen wir uns für
> dieselbe Sache einzusetzen wissen, um so vollständiger wird unser
> »Begriff« dieser Sache, unsre »Objektivität« sein.[8]

Jener von Nietzsche zeitlebens vertretene »Perspektivismus«
versucht, den *inneren* Meinungsbildungsprozeß äußerlich nach-
zuspielen, er ist zunächst einmal als eine erkenntnistheoretisch
fundierte »Relativitätslehre« zu verstehen,[9] eine Reflexion auf
die Standortbezogenheit jeder Aussage, mehr nicht. Insofern jedoch jede spezifische Einzelperspektive ein je spezifisches Ein-
zelinteresse vertritt,[10] relativieren sie in ihrer Gesamtheit auch
jede »unterm Strich« herauskommende und gegenüber etwai-
gen Gesprächspartnern vertretene Meinung, ja mehr noch als

das: enttarnen sie *auch auf der Verstandesebene* als bloße Vektorenresultante der je spezifischen »Willen zur Macht«.[11] Was Nietzsche – und hier schlägt die Desillusion in eine neue Hoffnung um – als befreiend empfindet:

> *Die Mehrheit* der Hypothesen genügt [...], um jenen Schatten von der Seele zu nehmen, der aus dem Nachgrübeln über eine einzige, allein sichtbare und dadurch hundertfach überschätzte Hypothese so leicht entsteht.[12]
> Vom Feuer erlöst, schreiten wir dann, durch den Geist getrieben von Meinung zu Meinung, durch den Wechsel der Parteien, als edle *Verräther* aller Dinge.[13]

Nietzsche somit ein »edler Verräther« nicht nur aller Dinge, sondern auch aller Erkenntnis, die sich von ihnen unter Umständen gewinnen ließe samt eines daraus resultierenden »individuellen« Standpunkts? Seine aus dem Kontext herausgelösten Zitate könnten in der Tat eine derartige Interpretation nahelegen; im Grunde ist er aber gar nicht mißzuverstehen, wenn er an mehr als 200 Textstellen seinen Perspektivismus als bloße *Methode* des Erkennens beschreibt, die mit der Sache selbst nicht zu verwechseln sei. So heißt es in unmittelbarer Nachbarschaft der vorhin zitierten Passage: »Dergestalt einmal anders sehen, anders-sehn-*wollen* ist keine kleine Zucht und Vorbereitung des Intellekts zu seiner einstmaligen ›Objektivität‹ [...]«[14] – Perspektivismus folglich als Vorbereitung, als *Mittel*, genauer gesagt: als zweite Stufe eines triadischen Erkenntnisprozesses, der von einer unwillkürlich gefaßten Meinung über die Zwischenstufe willkürlich eingenommener Perspektiven zu – *der* Perspektive führt.

Nicht von ungefähr kommt es ja, daß der angebliche (Multi-) Perspektivist Nietzsche seine Hauptaufgabe gerade darin sah, dem aufziehenden Relativismus, sprich: Skeptizismus, sprich: Nihilismus neue Werte entgegenzustemmen – u. a. auch, indem er nicht müde wurde, zu warnen vor der sich anbahnenden Verabsolutierung der Polyperspektive zur Denkhaltung schlechthin: »Wir können nicht um unsre Ecke sehen: es ist eine hoffnungslose Neugierde, wissen zu wollen, was es noch für andre Arten Intellekt und Perspektive geben könnte.«[15] Damit nimmt er seinem scheinbar postmodernen Ansatz alle Postmodernität, enttarnt ihn als spielerisch eingenommene Zwischenposition, die von einem neuen »Selbst«-Verständnis zwar ausgeht, das alte dabei allerdings nicht aufgeben will. Freilich könnten wir, mit einem Aphorismus von Karl Kraus, darauf zu Recht einwenden:

> Man hat mich oft gebeten, gerecht zu sein und eine Sache von allen Seiten zu betrachten. Ich habe es getan, in der Hoffnung, daß eine Sache vielleicht dadurch besser werden könnte, daß ich sie von allen Seiten betrachte. Aber ich kam zu dem gleichen Resultat. So blieb ich dabei, eine Sache nur von einer Seite zu betrachten, wodurch ich mir viel Arbeit und Enttäuschung erspare.[16]

Es erhebt sich der Verdacht, ob ein Perspektivismus der Meinungen nicht bloße Maske ist, hinter der sich ein recht konsequenter Denkprozeß verbirgt: »*Hat man ihn* [= einen starken Glauben], so darf man sich den schönen Luxus der Skepsis gestatten«, legt Nietzsche ja bereits selber nahe[17] – und damit die alles entscheidende Frage: Ist Perspektivismus außerhalb jenes im Dunkel tagenden Seelenparlamentes überhaupt möglich, ist dem je subjektiven Standort-Beziehen-Müssen ebensowenig zu entkommen wie den durch Grammatik vorgezeichneten Denkstrukturen?

Möglicherweise, so ließe sich erwidern, ist die Frage wichtiger als ihre Beantwortung, möglicherweise ist auch in diesem Fall schon der Weg (wenn nicht das, so immerhin) ein Ziel. Nietzsche jedenfalls bleibt bewußt auf halbem Wege stehen, und er hat seine Gründe dafür: Ein deterministisches Menschenbild, das sich aus dem zu Ende gedachten Perspektivismus ja zwangsläufig ergäbe, sei zwar »wahr, aber [...] tödlich«,[18] da sei's doch »vortheilhafter, gewisse Dinge ersichtlich nicht zu verstehen«.[19] Schließlich will er nicht etwa Wahrheit(en) lehren um jeden Preis, sondern Wirkung erzielen, nämlich Stärkung des (starken) einzelnen. Dazu allerdings muß er dessen sämtliche

Kräfte zusammenhalten, auch und gerade die, die im »tiefsten Innern« walten; dazu muß er das überkommene alte »Ich« hinüberretten ins neue Menschenbild mit der schönen Versöhnungsformel von »unserm ganzen vielfachen Ich«:[20] So nimmt er dem Individuum zwar seine naive Einheit, zeigt ihm aber auch die Möglichkeit, sich auf dem Weg zum »höheren Selbst« eine sentimentalische Einheit neu zu erschaffen: mittels synthetisierender Meinungs- bzw. Urteilsfindung oder, in Nietzsches eignem Wort: mittels Selbstgesetzgebung des »wollenden Willens«, der dem »individuellen« Chaos ein Ordnungskorsett »von außen« aufzwingt, der föderalistischen Innenwelt durch aristokratische Vorgaben den Riegel vorschiebt.

Und was machte die literarische Moderne daraus?

Sie vereinfachte, sie radikalisierte Nietzsches komplexen Ansatz und machte daraus: große Literatur! Ab etwa 1900 nämlich wird sein aristokratisch gebändigter Perspektivismus von einer bewußt gehandhabten Methode zum übermächtigen Prinzip erhoben, vom bloßen Mittel der Erkenntnis zu dieser selbst – wenngleich ein wenig kokett, wie mir scheint, denn die Unbekümmertheit, mit der da vielerorts Abschied vom Individuum und seinen mehr oder minder festen Meinungen genommen wird, ist kaum mehr als die Kehrseite einer tiefen Verunsicherung. Selbst einem abgebrühten Zyniker vom Schlage Walter Serners fällt es in seinem dadaistischen »Handbrevier für Hochstapler und solche die es werden wollen« nur scheinbar leicht, »sich zuzugeben, daß man im Grunde gar keine Einstellung hat«.[21] Derartiges Geprahle erinnert an das »fröhliche« Pfeifen im dunklen Keller, und sogar der kühne Karl Kraus, legendärer Alleinunterhalter in seiner Zeitschrift »Die Fackel«, pfeift sich angesichts des Untergangs der traditionellen K.u.K.-Werte und -Worte eins:

Es kommt schließlich nur darauf an, daß man überhaupt [...] nachdenkt. Widersprüche, die man zwischen seinen eigenen Resultaten finden mag, beweisen nur, daß man in jedem Falle recht hat.[22]

Lies: beweisen gleichermaßen, daß man in jedem Falle unrecht hat; denn wo innere Entscheidungskriterien fehlen, ist der Offenbarungseid des Denkens zu leisten – natürlich salopp und quasi mit der linken Hand: »Welches ist nun der Standpunkt des Ichs? Es hat keinen.« Will uns immerhin auch Gottfried Benn weismachen[23] – und nimmt damit, ob er will oder nicht, einen ziemlich dezidierten Standpunkt ein. Eben den der literarischen Moderne, die Perspektivismus nicht mehr als Mittel, sondern als Zweck begreift: Was sich bis dato in der philosophischen Praxis letztendlich selbst widerlegte – als *literarisches* Gestaltungsprinzip »funktioniert« es nämlich bestens, wie zum Beispiel Carl Einsteins Prosastück »Bebuquin«, Schnitzlers Komödie »Der Reigen« oder neuerdings Italo Calvinos Roman »Wenn ein Reisender in einer Winternacht« belegen – und wie's sogar der gestrenge Musil bestätigt, dessen Diktum stellvertretend steht für eine Unzahl ähnlicher plötzlich in Mode gekommener Lippenbekenntnisse: »Es gibt Wahrheiten, aber keine Wahrheit. Ich kann ganz gut zwei völlig entgegengesetzte Dinge behaupten und in beiden Fällen recht haben.«[24]

Dabei war's beileibe nicht erst »der moderne Mensch, [der][...] in einem Athem Ja und Nein« sagt,[25] bereits Molière kannte das Prinzip der »doppelten Optik« recht gut, wenn er einer seiner Dramenfiguren die ebenso zynisch wie modern anmutende Bemerkung in den Mund legt: »Die einen sagen Nein, die anderen sagen Ja: und ich aber sage Ja und Nein.«[26] Ist es da wirklich noch als Zeichen einer neuen Zeit zu lesen, wenn Gide 300 Jahre später notiert: »Auf die rechte Seite schreibe ich eine Meinung, doch immer erst dann, wenn ich auf die linke Seite, genau gegenüber, die entgegengesetzte Meinung setzen kann«?[27] Oder wenn sich der rumänische Aphoristiker Cioran in die Brust wirft: »Ein Mindestmaß an Weisheit müßte uns dazu zwingen, alle Thesen gleichzeitig zu verfechten, in einem Eklektizismus des Lächelns und der Zersetzung«?[28] Ein Mindestmaß an Weisheit möge uns zumindest diese These bis an unser Lebensende aufsparen – sie ist nämlich eine Endstation, danach kommt nichts mehr.

Oder doch? Wir stehen an der Schwelle zur Postmoderne, die sich aus dem unheimlich dunklen Keller der Moderne abgesetzt hat ins festlich beleuchtete Parterre; jaja, unterm Parkett, auf dem so munter gescherzt wird mit dem Weltgeist und geschäkert, da wartet die Düsternis, die Stille, das weiß man; aber macht dies Wissen das Leben schöner oder der Champagner? Bevor auch wir den Korken knallen lassen, noch ein letzter Blick zurück auf die Moderne: die den Radikalperspektivismus als eine Lieblingsthese zwar gern im Munde führt, nicht jedoch als gelebte Praxis vorexerziert, die ihn zwar als künstlerisches, nicht jedoch als Lebensmodell umsetzt. Ihre aphoristisch grellen Pfiffe auf dem letzten Loch der (Selbst-)Erkenntnis sind einzelne Signale, keine zusammenhängende Melodie, und vor allem: Ihre Schreckensfreudenbotschaft vom allgemeinen Ich-Verlust läßt sich beim genaueren Hinhören fast ausnahmslos reduzieren auf eine Platitüde, die nun wirklich schon seit Menschengedenken von jedem »sensiblen Steinbock-Mann« und jeder »aufregend rothaarigen Mädchenfrau« – wenn nicht lauthals hinausposaunt, so doch, halb rechtfertigend, halb bedauernd, ins Feld geführt wird:

Ich bin immer nur das, was ich zu sein glaube, und das wechselt so unablässig, daß – wäre ich nicht da, um den Verkehr zu vermitteln – oft mein Wesen vom Abend das vom Morgen nicht wiedererkennen würde. Nichts kann verschiedener von mir sein als ich selbst.[29]

Die altbekannte *diachrone* Ich-Segmentierung im neuen Gewand *synchroner* Ich-Dissoziation, damit läßt sich freilich leben, *gut* leben. Auch in den Augen Nietzsches übrigens, der *solche* Veränderungen – »bloße« Meinungsänderungen im Lauf der Zeit – nachgerade zum Programm erhob: »Du widersprichst heute dem, was du gestern gelehrt hast – Aber dafür ist gestern nicht heute, sagte Zarathustra.«[30]

Die postmoderne Patentlösung

Wie rettet man sich vor dem Abgrund, der seit etwa 1900 einer breiteren Kulturelite entgegengähnt? Falls man nicht schwindelfrei ist, tritt man besser einen Schritt zurück:

> Alles im äußeren Zerklüftete muß hineingerissen werden ins eigene Innere und dort in eines gedichtet werden, damit außen Einheit werde, denn nur dem in sich Ganzen wird die Welt zur Einheit.[31]

So goethisch geriert sich derselbe Hofmannsthal, dem einst die Worte im Munde zerfielen »wie modrige Pilze« und dessen 1902 geschriebener Chandos-Brief angesichts jener erschrocken protokollierten Dissoziation von Sprache und Denken den Weg ins Schweigen empfahl. In bewußter Abkehr von seiner damaligen »modernen« Position fordert er 25 Jahre später eine »konservative Revolution« – ein verhängnisvoller Rückschritt, der den Weg nach vorne, trotz allem, lediglich um einige Jahrzehnte verzögern konnte. Den Weg nach vorne, ins äußerlich wie innerlich »Zerklüftete«, auf dem der bereits einmal zitierte Cioran notierte:

> Früher ging man mit feierlichem Ernst von einem Widerspruch zum andern; wir erleben so viele gleichzeitig, daß wir nicht mehr wissen, an welchen wir uns festhalten oder welchen wir auflösen sollen.[32]

Wie also rettet man sich vor dem Abgrund? Indem man beherzt in ihn hinabsteigt. Mittlerweile ist zwar nicht die Talsohle erreicht, aber wohl so etwas wie ein überraschend idyllisches Zwischenplateau – und auf dem Abstieg dorthin hat man bereits dermaßen viele Widersprüche in sich und um sich herum zu ertragen gelernt, daß man nunmehr, wo die Welt nicht nur schwindelerregend grundlos, sondern ersichtlich auch blumenbesät und kuhglockenbetönt schön sein kann, nicht mehr länger daran leiden will. Also erklärt man die Not zur Tugend, so die postmoderne Patentlösung, und freut sich ihrer. Nämlich der bislang als schmerzlich empfundenen Widersprüche, die jetzt kräftig ins Kraut schießen und die bisherigen Anstrengungen überwuchern dürfen, ein Rest-Ich mühsam zusammenzuhalten gegen die Auflösungserscheinungen des grassierenden Perspektivismus – ja, der Föderalismus der Meinungen kann geradezu zwanghaft werden, es lebe die Anarchie in uns: Alles ist möglich, hurra zum dritten! Das einstmals ganze »Ich« ist über das nietzscheanische »ganze vielfache Ich« nur noch »Vielfaches« – ist es da überhaupt noch »Ich«? Aber wen kümmert das schon! Blicken wir also auch auf *seine* Äußerungen:

Und was sehen wir da? Zum Beispiel Peter Greenaways, des britischen Regieexzentrikers, gewaltigen Filmexzeß »Prosperos Bücher«, der Shakespeares Drama »Der Sturm« nicht etwa bloß von den Brettern auf die Leinwand bringt, sondern zum willkommenen Anlaß nimmt, die eignen surrealen Visionen in übervollen Bildern dazu- oder eigentlich dagegenzustellen – und diese Bilder dann zu konterkarieren durch andre, ebenso vollgestopfte Bilder, die wie ein Rahmen um die erste Bildebene gelegt sind: nicht etwa bloß als statischer, sondern als (eigen-)dynamischer Rahmen, als Hintergrunds- und Seitenrand-Film im Film sozusagen: Aber was zuviel an Details ist, ist zuwenig des Ganzen – die Vielfalt ist kaum zu ertragen!

Und was hören wir? Zum Beispiel den Welthit »Sadeness« von »Enigma«, ein Retortenprodukt deutscher Tonmeister,[33] bei dem der gregorianische Gesang einer real existierenden Sängergruppe von deren LP herunterkopiert und, Achtung, mit allerhand New Age-mäßigem Sprechgesang und synthetisch programmierten Klangwolken abgemischt wurde. Klingt gar nicht mal so absurd, wie man's vielleicht erwartet hätte; aber wessen Musik hören wir da eigentlich? Eine Frage, die mittlerweile nicht nur die Feuilletons, sondern auch zahlreiche Gerichte beschäftigt, schließlich ist »Enigmas« gekonnte Neukombination alter Melodienhäppchen kein Einzelfall: Was in der bildenden Kunst bislang scheinbar kein Problem war – man denke nur an Warhols Collagen –, in der Musik ist es jetzt eines, ein Kardinalproblem, denn mit dem Urheberrecht wird ja auch der Urheber selbst zur Debatte gestellt und sein einst »individuelles« Produkt.[34] – Übrigens mußten das die Erfinder von »Enigma« am eigenen Leib erfahren: Aufgrund seines kommerziellen Erfolges wurde »Sadeness« schnell selber plünderungsfähig, sprich: als musikalisches Arrangement glattweg übernommen, mit neuen bierselig-parodistischen Texten versehen und – als »Madness« einer angeblichen Gruppe »Phlegma« unters Volk gebracht ...[35]

Von ähnlicher »Individualität« wie die Musikstücke sind inzwischen nicht selten auch die Musiker, d. h. das, was nach dem Zugriff der Produzenten noch von ihnen übrigbleibt: Man nehme ein Photomodell, bestülpe es mit einem Image, für das man gerade eine Marktlücke sieht, verpasse seiner Stimme am Mischpult einige kräftige Silikonspritzen, unterlege das Ganze mit Schlagzeugmaschine und Computergroove, bebildere es mit irgendwelchen Tänzerdoubles in einem Videoclip, schneide noch ein paar Erotikszenen aus dem Fundus dazu, fertig ist der Hit. Wo dabei die Person, gar die Persönlichkeit des »acts«, wie's so schön unpersönlich heißt, geblieben ist, das ist erneut jene unzeitgemäße Frage, die sich die Registrierkassen der Schallplattengeschäfte jedenfalls nicht stellen.

Um Himmels willen, was lesen wir dann wenigstens? Wenn nicht den Gießener Philosophieprofessor Odo Marquard, den genialen Produzenten postmoderner »Einweggedanken« und »Wegwerftheoreme«, die, anstelle zum Dogma sich zusammenzufügen, ebenso dogmatisch den »Abschied vom Prinzipiellen« verkünden[36] – wenn also nicht Odo Marquard, dann vielleicht Marcel Beyer? Der sich in seinem Debütroman »Das Menschenfleisch« reihenweise Anleihen bei anderen Texten, literarischen wie sogenannten Gebrauchstexten, gestattet; oder gleich Thomas Kling? Der in seinen Gedichten von Lexikonartikeln bis Grabinschriften die abstrusesten Objets trouvés zu schillernden Sprachcollagen verwurstet bzw. »sampelt«, wie der Fachausdruck wohl auch hier heißen müßte? – Wird der Autor, der landläufig bekannte Autor eines vollständig von ihm selbst erstellten Originaltextes, denn bald ganz aus dem Literaturbetrieb verschwinden und durch entsprechende Fertigungsprogramme, wie von Roald Dahl in seiner Geschichte »Der große automati-

sche Grammatisator« befürchtet,[37] ersetzt werden? Oder ist das
Enigma-Prinzip nichts als der »Stil der Zukunft«, den Gottfried
Benn bereits 1950 forderte: »Wenn der Mann danach ist, dann
kann der erste Vers aus dem Kursbuch sein und der zweite eine
Gesangbuchstrophe und der dritte ein Mikoschwitz und das
Ganze ist doch ein Gedicht.«[38]

Aber schon ruft die literarische Kritik wieder nach Besinnung,
nach Besinnung auf traditionelle Formen, schon will sie all das
Spielen mit Entgegengesetztem, das Zusammenbringen des Wi-
dersprüchlichen, das Entgrenzen der schöpferischen Instanz bis
zu dessen Unkenntlichmachung, ja Auflösung, will das alles
nicht mehr aushalten und: sehnt sich zurück zum banal Herun-
tererzählten. Wo man heute doch beides muß, erzählen und nicht
erzählen, also (um die andre Ebene noch einmal darin anzusprechen) die Ich-Instanz wahren und sie preisgeben! Wo man heute
doch nicht etwa, hofmannsthalmäßig, zurück aufs feste Terrain
des traditionellen Erzählens sich ziehen darf, sondern hinunter in
den Abgrund muß und – an der anderen Seite desselben wieder
hinauf! – Meinem ersten Roman, »Aus Fälle / Zerlegung des Regenbogens«, der 1987 erschien, habe ich als Motto ein Nietzsche-Wort vorangestellt: »Das Individuum [ist] ein Irrthum«;[39]
damals war ich mir noch sicher: Zumindet als literarische Figur
hatte es ausgedient, mußte aller psychologisierenden Konkretion
beraubt werden und reduziert zur reinen Spielfigur, zum entper-
sonalisierten Handlanger der fabeltechnischen Sachzwänge: »Si-
tuative Prosa« nannte ich das. Einige dieser äußerst abstrakten
Figuren allerdings gewannen unter der Schreibhand zu meinem
eigenen Erstaunen durchaus Profil; anfangs versuchte ich noch
gegenzusteuern, überraschend bald jedoch war ich meinen Figuren verfallen, die sich gegen die ursprüngliche Intention ihres
Autors durchgesetzt hatten und: »individuell« wurden. In seiner
überkommenen Form war das »Individuum« sicher ein Irrtum,
nämlich als Held einer im Stil des 19. Jahrhunderts linear erzählten Geschichte, war mir aber in einer neuen, in sich völlig ab-
surd-widersprüchlichen Spielart anscheinend ein Bedürfnis.

Daß sich ein Autor während des Schreibens in verschiede Figuren »auflöst«, ist an sich nichts Neues; neu kann immer nur die Art & Weise sein, wie und wie weit er sich auflösen läßt – und, vor allem, auf welche Weise er sich wieder zusammensetzt, seinen Text als Ganzes gestaltet. Im Blick auf die »Aus Fälle« wäre das Ganze wohl am ehesten einem Kaleidoskop zu vergleichen: Einzelne Handlungssteinchen ergeben ein Muster, ordnen sich bei der nächsten Umdrehung – im nächsten Kapitel – neu und anschließend wieder neu. Und wieder. Dieselben bunten Steinchen ließen sich gleichermaßen als Bausteine von Figuren betrachten: und indem sie sich, von Kapitelumdrehung zu Kapitelumdrehung, stets neu gruppierten, vermischten sie gewisse Charakterzüge und gewisse Handlungsvergangenheiten (in denen sich ja auch stets ein Aspekt »Individualität« der Handelnden festschreibt) zu immer neuen – es gibt leider kein besseres Wort: »Individuen«. Übrigens empfand ich ein derartiges Drehen des Kaleidoskops als alles andere denn postmodern, ich habe mich bei diesem Aufsplittern und Neu-Zusammensetzen von Fabelführung und Figuren jahrelang mitgedreht, habe mitgesplittert und mich neu zusammengesetzt – und was dabei geknallt hat, waren gewiß keine Sektkorken. Der Verlust alter Ordnungsformen – und das »Individuum« war solch eine herrlich überschaubare Instanz – ist anscheinend nur zu ertragen, indem man sich eine *neue* Ordnungsform schafft, sei's auch eine derart komplexe, daß man sie am Ende selber nicht mehr entwirren kann.

Wie dem auch sei:

Nehmen wir uns trotz allem nicht so wichtig! Und verfallen nun nicht unserm Scharfsinn, der uns all die vertrauten Denkkrükken ansägt – das »Individuum«, die »Person« usw.; oft ist die Wahrheit abträglicher als eine gelungne (Lebens-)Lüge und die wirkliche Wirklichkeit ist ja auch noch da: »Das was lebt, ist etwas anderes als das, was denkt« (Benn)[40] – vertrauen wir lieber darauf als auf unsern Geist! Allzu hartnäckige Beschäftigung mit dem philosophisch wie biologisch abgesegneten Ich-Zerfall raubt uns die im täglichen Überlebenskampf so notwendige

Dummheit, die Anwendung des Paradigmas auf die eigne Person unterminiert deren »blindes« Streben – zum Beispiel nach »stattlichen Erscheinungen mit höchstem akademischen Niveau«: »Töpfchen will nicht mehr alleine kochen – wo ist der passende Deckel?«[41] Zwar wissen wir, die ewiggleichen »starken Männer mit Schwächen« und »schwachen Frauen mit Stärken«, zwar wissen wir immer seltener, was da in unserm »Selbst« den Ton angibt und in welch verrückter Abfolge obendrein, aber müssen wir deshalb zerknirscht sein? Wir bzw. »wir«: die einstigen Träger des im postmodernen Vergnügungsrausch preisgegebenen »Ichs«, während unser genetisch beherrschtes »Selbst« an gewissen Lieblingsvokabeln der Heiratsanzeigen despotisch deutlich macht, daß es keineswegs in ähnlich desolatem Zustand ist. Denn wo das »Ich« beliebig hin und her schwankt zwischen allen möglichen Meinungen, die meisten davon versteht und bis zu einem gewissen Grade auch teilt (lies: keine wirklich versteht oder gar teilt), da ist sich das »Selbst« stets und sofort sicher: Ob es sich um »die studierte Dame, mal schön, mal zerknittert« handelt oder um den »Akademiker, 40/1,80/85, weder Müsli noch Manta« – es verfolgt über Jahrzehnte beharrlich je eine, eben seine Perspektive. Unterschätzen wir derartige »Nebensächlichkeiten« nicht, sie verbürgen im Kleinen, was wir im Großen verloren haben: die selbstverständliche, die instinktive und durch keinerlei Postmoderne auszurottende Einheit. Sondern ziehen daraus, es wird ja auch höchste Zeit, instinktiv unsre Hauptthese:

Die postmoderne Beliebigkeit des Denkens und Empfindens ist nicht mehr als eine Art Rokoko des Geistes, ein Luxus an Chaos auf dem Weg zu einer neuen Ordnung der Innenwelt. Auch das Dividuum wird irgendwann mal am Ende sein – als dauerhaftes Konstrukt wäre es ein ebensolcher Irrtum wie das Individuum. Seien wir also postmodern *und* modern: Beide Phasen gab es schon immer und wird es immer geben, in der Abfolge historischer Epochen wie in der Entwicklung des einzelnen Menschen – genießen wir sie ganz einfach. Am besten Seite an Seite mit einer anpassungsfähigen Putzhilfe.

Mörike, der dämonische Schwächling

Mörike ist für uns alle, die sein Wesen unmittelbar oder mittelbar berührt hat, das Modell dessen geworden, was wir uns unter einem Dichter denken.

(David Friedrich Strauss)[1]

An Stimmungsreichtum und Stimmungsfülle bleibt hinter Mörike, dem ehrfürchtigen Schüler und Jünger, sogar Goethe, der Meister, zurück [...].

(Wolf von Niebelschütz)[2]

Da lese ich, daß gar Mörike der größte deutsche Lyriker sein soll! [...] was muß da nur in den Köpfen spuken, welcher Begriff von Lyrik! Ich sah mir darauf diesen Mörike wieder an und fand ihn, mit Ausnahme von 4–5 Sachen in der deutschen Volkslied-Manier, ganz schwach und undichterisch. Vor allem fehlt es ganz an Klarheit der Anschauung. Und was die Leute an ihm musikalisch nennen, ist auch nicht viel: und zeigt wie wenig die Leute von der Musik wissen: die mehr ist als so ein süßliches-weichliches Schwimm-schwimm und Kling-kling!

(Friedrich Nietzsche)[3]

Deutliche Aussagen wurden schon immer bevorzugt, wenn es um die Beurteilung Mörikes ging – eines Präzedenzfalles gewissermaßen in der deutschen Kulturgeschichte, der für die Gartenlaubenromantik des ausgehenden 19. wie auch für gewisse Weltfluchtbewegungen des 20. Jahrhunderts mitverantwortlich gemacht werden könnte. »Man sagt mir, er besinge nicht bloß Maikäfer, sondern sogar Lerchen und Wachteln«, spottete Heine bereits 1838 über den Pfarrer von Cleversulzbach,[4] der sich mit seiner zarten Naturlyrik, seinen kleinbürgerlichen Idyllen und »ergreifend schlichten Volksliedtönen« (Martini)[5] zu erkennen gegeben als der »gütigste und leiseste unserer stillen Dichter« (Niebelschütz).[6]

Abseits des jungdeutschen Literaturhochbetriebs besang er eine (inzwischen berühmt gewordene) Lampe,[7] die »Lieblingsbuche meines Gartens«[8] oder verfertigte eine »Inschrift auf eine Uhr mit den drei Horen«.[9] Ein »Mausfallen-Sprüchlein«[10] drechselte er ebenso unbekümmert, wie er seinem Freunde Hartlaub einen flotten Vierzeiler sandte »als Dank für geröstete Mandeln«[11] oder eine zweistrophige »Widmung zum famosen Schönthaler Gurkenrezept« an dessen Gattin.[12] Seinem großen Vorbild Goethe nacheifernd, war er sich für nichts zu schade: verwöhnte Freunde und Bekannte mit einer Unzahl an Gelegenheitsversen, dichtete sogar seine selbstgefertigten Blumentöpfe innig an[13]

Schüsselchen, wie lang du lebst,
Macht mir heut schon Sorgen.
Hältst du nicht mein Leben lang,
Halte doch bis morgen!

und scheute nicht einmal davor zurück, ein Kuchenrezept in Reimen runterzurasseln:

Je aufs Pfund Mandeln akkurat
Drei Vierling Zucker ohne Gnad.
Denselben in den Mörsel bring,
Hierauf ihn durch ein Haarsieb schwing!

Und so leiert es weiter, unbarmherzige 38 Zeilen lang, bis uns das Wasser im Munde zusammenläuft auf »Frankfurter Brenten«,[14] der Appetit auf Lyrik jedoch vorläufig verdorben ist.

Und über dieses schlichte Gemüt soll sich Hofmannsthal einmal im Gepräch geäußert haben: »Mörike erschreckt mich, ich spüre etwas Sadistisches in seiner Natur«?[15]

Kaum vorstellbar auch die folgende Szene, die ein Freund Mörikes brieflich überlieferte[16] – ein nächtlicher Auftritt, bei dem sich der »gütigste und leiseste unserer stillen Dichter« von einer geradezu erfrischenden Derbheit zeigt:

Sodann sang er einen Liedervers, den er einmal gehört hatte, während er das Wasser an einer Kirche abschlug, auf eine so infame, bäurisch trillernde, wasserorgelnde Weise, daß ich fast närrisch wurde. Höre nur etwas davon:

Mein Glaub ist meines Lebens Ruh
und führt mich deinem Himmel –
– dui Staig von Nürtingen muß i au wieder amol woiche
       [= weich machen], dui brunz i voll, daß's pflatscht –
               – zu,
o Gott, an den ich glaube.
Morge um neune ka i dort sei, no wurd uffg'schnallt ...

Und überraschend schließlich das Diktum eines der größten Mörike-Kenners unseres Jahrhunderts: Als »scheu und verletzlich, schwermütig-heiter und hypochondrisch« summiert Niebelschütz Mörikes Wesen und unterstellt ihm, daß »er ganz sicherlich niemals glücklich gewesen«.[17]

Nun gewinnt der »matte Goldglanz« (Maync)[18] seiner harmlos flachen Verse plötzlich eine rätselhaft düstere Tiefendimension – ein zuinnerst sentimentalischer Mensch scheint gegen seinen Weltschmerz anzuschreiben in einer bewußt naiv gehaltenen Lyrik, die gleichwohl den Durchbruch sentimentalischer Elemente nicht immer verhindern kann. Ein selbsttherapeutischer Mechanismus, vergleichbar der oben zitierten Kraftmeierei beim Wasserabschlagen – die im Falle des stillen Mörike nur verstanden werden kann als eine lauthals plötzlich herausplatzende *Sehnsucht* nach Kraft.

Flucht und Angriff:
zwei Möglichkeiten literarischer Selbstbewältigung

Erhellend kontrastiert diese Sehnsucht mit einem Lebenslauf, der eine Versagernatur offenbart, wie sie ihresgleichen sucht. Und scheinbar auch findet: im literarisch zwar donnernden, ansonsten aber ziemlich schüchternen und verletzlichen Nietzsche, der sein Ideal des »Willens zur Macht« selbst sicher am allerwenigsten einlöste. – Zwei konträre Arten also der Sublimierung, sicher, doch frappierende Parallelen in beider Lebenslauf:

• das innige Verhältnis zur Schwester, das sich ausgesprochen störend auswirkte auf Beziehungen zu anderen Frauen;
• bedrückende Armut und ungewöhnlich häufiger Wohnortwechsel, wenngleich bei Mörike nur im süddeutschen Raum;
• mangelndes Glück im Umgang mit dem anderen Geschlecht und ein gesteigerter Freundschaftskult als Kompensation;
• Unzufriedenheit mit dem gewählten Beruf und ständige Krankheit, bei Mörike ergänzt durch ein wehleidiges Kränkeln;
• »unzeitgemäßes« Leben, allem Anschein nach abstrahiert vom politisch-sozialen Tagesgeschehen und herrschenden Zeitströmungen;
• Orientierung an klassischen Idealen, obwohl vom Wesen her eher romantisch veranlagt ...

Doch wie anders verlief Nietzsches Leben und insbesondere seine Entwicklung als Philosoph und Schriftsteller! »Nur noch als Kämpfer haben wir gerade in unserer Zeit ein Recht zu existieren, als Vorkämpfer für ein kommendes Saeculum«, schrieb der Siebenundzwanzigjährige[19] und prägte mit seinem starken Willen den wenig günstigen Lebensbedingungen einen markanten Stempel auf. Genau diese Willenskraft aber, dies Hoffen auf und Kämpfen für eine bessere Zukunft sind es, die in Mörikes Leben so gänzlich fehlen. *Seine* Lyrik ist zu beträchtlichem Teil der Entsagung verschrieben – einem Thema, das sich nicht zufällig auch durch Goethes Alterswerk zieht wie der sprichwörtliche rote Faden! – und fördert auf gefährliche Weise einen in jedem latent vorhandenen Hang zur Passivität. Gefährlich deshalb, weil sie ein ursprünglich negatives Faktum, wie beispielsweise den Verlust einer »Geliebten«, mit kostbaren Worten zu verbrämen und dergestalt umzuwerten vermag zu einem scheinbar Positiven. Ein traditionelles Täuschungsverfahren übrigens einer beträchtlichen Anzahl von Autoren, das auf der lebenslangen Ausbeutung eines bereitwillig anerkannten, ja großzügig geförderten Weltschmerzes beruht, um den literarischen Lebensunterhalt zu gewährleisten. Mit der *Überwindung* des Schmerzes wäre man schließlich arbeitslos ...

Mörike somit als These und Antithese zu Nietzsche? Wohl eher doch nur letzteres, denn nicht unsre Ausgangsbedingungen machen uns zu dem, was wir schließlich »sind«, sondern unser Wille. Und Mörike machte er zum pflichtvergessenen Dorfpfarrer, der sonntags im Garten lag, seine offen bekannte »Kraft der Untüchtigkeit« trainierend, während sein Vikar die Predigt zu halten hatte. Die »edle Weichlichkeit« Goethes, wie sie Nietzsche so treffend analysierte,[20] pervertierte in seinem Jünger zur verzärtelten Abstinenz von jeglicher Tat; mit mimosenhafter Irritierbarkeit registrierte diese Inkarnation des Zu-spät-Geborenen die feinsten Umwelteinflüsse, ohne selbst auf sie zurückwirken zu wollen. Ein sanfter Fatalismus spricht aus seinem Werk, eine geradezu unheimliche Distanz vom Leben, die ein krankes Gemüt vielleicht vorübergehend zu heilen, ein willensstarkes aber andrerseits auch zu infizieren vermag. Und war Nietzsches Denken und Schreiben ein unablässiger Kampf, ein gewaltiger Sturmlauf gegen die Strukturen unsres alltäglich-banalen Dahinlebens, so markieren Mörikes Gedichte die Etappen einer geschickt angelegten – und geschickt dokumentierten! – Fluchtbewegung.

Das Ewig-Weibliche zieht ihn hinab

Am ehesten nachweisen läßt sich dieser Rückzug als Flucht vor dem anderen Geschlecht. Eines seiner (Liebes-)Gedichte »An Luise«[21] verzeichnet nahezu sämtliche Tugenden des Biedermeierweibchens: Reinheit, Gelassenheit, Sanftmut, Heiterkeit, Pflichtbewußtsein, Unschuld, Demut, fromme Treue, ein stilles

Gemüt und zarte Kindlichkeit. *Löbliche* Eigenschaften, gewiß – doch was fehlt in diesem Wunschbild eines madonnenhaften, pflanzenhaften Wesens, für das Ottilie aus Goethes »Wahlverwandtschaften« Pate gestanden hat? Alles Extravagante, Bezaubernd-Verführerische, alles Raffinierte und Interessante – eben alles Weibliche! Und damit selbstredend auch alles Gleichwertig-Gleichberechtigte, Intellektuelle, Ebenbürtige.

Nicht, daß Mörike ein solches Ideal gar nicht gekannt hätte – in seiner umfangreichen Novelle »Maler Nolten« tritt es in die Erscheinung als faszinierender Mittelpunkt eines literarischen Salons, ähnlich demjenigen der Rahel von Varnhagen oder der Caroline Schlegel. Doch Mörikes Held bzw. Anti-Held, der diese rundum aufregende Person anfangs heiß begehrt – er flüchtet sich vor seinen eignen Wünschen und, was noch schwerer wiegt: vor der drohenden Erfüllung dieser Wünsche in den Schoß, vielmehr ans Herz oder zur Seele einer naiven, nahezu dämlich naiven und in jeder Beziehung unterlegenen Försterstochter. Dieser bloße Scherenschnitt von Frau, Mörikes Verlobter Luise Rau treffend nachgebildet, wenn man zeitgenössischen Zeugnissen Glauben schenken darf, begründet die Ära eines neuen Weiblichkeitsideals – des spießbürgerlich-patriarchalischen Ideals von der dienstbaren Gattin, die als unterwürfige Hausmütterchenexistenz zwar ein wenig langweilig, aber jedenfalls nicht bedrohlich werden kann: ein bedauernswertes Gegen-Bild zur Frauenemanzipation, wie sie die gleichzeitig auslaufende literarische Romantik betrieb.

Den wahren Grund für jene reaktionäre Reduktion alles Weiblichen auf eine gleichermaßen kindlich-naive wie mütterlich-sorgende Seele verrät Mörike, wenn er in einem der zahlreichen Gedichte »An Luise« erst ausführlich über seinen liebestollen »irren« Sinn klagt, um dann in den Schlußstrophen davon Erlösung zu ersehnen:[22]

So denk ich oft: dies schnell bewegte Herz,
Vom Überglück der Liebe stets beklommen,
Wird wohl auf Erden nie zur Ruhe kommen;

Im ewgen Lichte löst sich jeder Schmerz,
Und all die schwülen Leidenschaften fließen
Wie rosge Wolken, träumend, uns zu Füßen!

Die Angst vor den »schwülen Leidenschaften« ist es also, die
den armen Eduard peinigt – die Angst vor allem Körperlichen
und einer von vornherein negativ besetzten Sinnlichkeit! Neu ist
diese Angst natürlich nicht in literarischen Kreisen; auch der andere große Autor des Biedermeier, Adalbert Stifter, predigt in geradezu aufklärerischer Manier ein Primat des Sittlichen. Ja, er
setzt die weibliche Schönheit sogar mit dem Sittlichen gleich –
während z. B. Schillers philosophische Entwürfe noch auf einen
Form und Inhalt *synthetisierenden* Schönheitsbegriff abzielten:
Schönheit war für ihn »Freiheit in der Erscheinung«,[23] also sichtbar! Und während Stifter zumindest als kontrastierendes Gegen-
stück zu seiner äußerlich häßlichen, aber seelisch »schönen«
(Was heißt dieses Wort hier eigentlich?) Brigitta in der gleichna-
migen Erzählung die totale Sinnlichkeit, einen »Abgrund an
Unbefangenheit« entwirft und dominanten Einfluß auf das Le-
ben seines Protagonisten gewinnen läßt, so geht der ängstliche
Mörike diesem Konflikt lieber aus dem Wege. – In Überschätzung seines »Ersten Liebesliedes eines Mädchens« nennt ihn
Niebelschütz einen »Zauberer des erotisch Verhüllten« und verbindet damit die rhetorische Frage: »Was wäre Mörike ohne die
Sinnlichkeit?«[24] Worauf sich nur erwidern ließe: Was wäre
Mörike ohne die Alternative eines völlig entsinnlichten Frauen-
ideals?

Die hohe Kunst der Lyrik

Doch was, vor allem, wäre Mörike ohne seine vielgelobte Lyrik? »Der ganze Mörike ist Musik«,[25] summiert Niebelschütz
das gängige Urteil: »Mörike ist für mich der Mozart der Poesie.«[26] Und so kann ihm natürlich nur die Musik »der Schlüssel
[sein], der alles aufschließt, was für uns Mörike heißt.«[27]
    Abgesehen davon, daß diese Wertung auf einem zwar nahelie-

genden, jedoch einseitigen Lyrik-Begriff fußt – ist ein streng ge-
fügtes barockes Sonett etwa kein Gedicht, ist Schiller etwa kein
Lyriker (wie es Niebelschütz ja tatsächlich behauptet)?[28] –, abgesehen also von einer vereinseitigenden Fixierung von Lyrik
auf einen »musikalischen« Impetus[29] und abgesehen auch von
der wütenden Polemik Nietzsches gegen die darauf beruhende
Hochschätzung Mörikes:[30] Wie musikalisch, wie melodiös sind
dessen Gedichte denn wirklich, gemessen beispielsweise an denjenigen eines Eichendorff?

Wisse nur, daß, wenn, ohne durch Schönheit dich zu
                                                    verdienen,
Keine die deinige wird, – keine die deinige wird.

Bezaubernd, nicht wahr? Neinnein, das Zitat ist weder gefälscht
noch aus irgendwelchem Zusammenhang gerissen; es handelt
sich vielmehr um den vollständigen Abdruck einer »Vers-Tän-
delei«, die Mörike recht langatmig rechtfertigt, bevor er sich
dann für zwei Verse in Mozart verwandelt.[31] – Das halten Sie
für einen Einzelfall? Bitte sehr:[32]

Eins von diesen guten Brötchen
Habe ich, damit dus weißt,
Mit Verlaub von unsrem Gretchen
Auf dein Wohlsein aufgespeist. –
Wohl bekomm der ander Teil
Zur Gesundheit und zum Heil!

Das war Ihnen noch immer nicht genug? Keine Sorge, Großvä-
terchen Mörike (tatsächlich war er gerade 40 Jahre alt!) besingt
eine »Tabakspfeife von Zucker«:[33]

Steck deinen Schnuller in den Mund
Und mach nur rechte Wolken!
Mein Arzt sagt selbst, das sei gesund,
Und’m Arzt, dem muß man folgen.

Seniler reimte wohl keiner. Natürlich gibt es auch Musik, *große* Musik in seinen Gedichten, genial rhythmisierte Wortfügungen, die auf engstem Raum ein präzise beobachtetes Stimmungsbild einfangen, Passagen seines lyrischen Dramas »Der letzte König von Orplid« nicht zu vergessen, die sich tatsächlich mit romantischer Sprachmagie messen können – jedoch sie sind auf erschreckende Weise selten. *Ohne* diese Handvoll Gedichte, die längst schon in den Seiten der Schulbücher platt gedrückt wurden, wäre der Name Mörike zurecht schon vergessen.

Statt dessen und zu unrecht vergessen wurde sein bedenklicher Hang zur Gebrauchslyrik, seine Überproduktion an Belanglosigkeiten, mit der sich der »Musiker« unter den deutschen Autoren sicherlich auch das komplementäre Prädikat eines unmusikalischen Antilyrikers verdient hätte. Wurde vergessen, freilich nicht von ihm selbst: Den Bruch zwischen dem wenigen, was vollendet, und dem vielen, dem viel-zu-vielen, was mißlungen, unnötig, albern in seinem Werk, den hat er vermutlich sogar deutlicher wahrgenommen, als es ein rückblickendes »Gedicht« des 67jährigen andeutet:[34]

Mein Wappen ist nicht adelig,
Mein Leben nicht untadelig,
Und was da wert sei mein Gedicht,
Fürwahr, das weiß ich selber nicht.

Enthemmte Inkompetenz als Erzähler

Bliebe immerhin noch seine Prosa – eine »meisterhafte Prosa«, wie Martini beteuert,[35] schließlich ist sie dem Meister persönlich nachempfunden: In jeder Zeile spürt man das Vorbild des klassischen Goethe, einer statisch-apollinischen Literatur also, die das Dionysische bewußt ausspart und damit jede Form von Bewegung: Betuliche Leseradressen, moralisierende Charakterschilderungen und maximenartige Belehrungen durchziehen Mörikes größtes Textkorpus, den »Maler Nolten«; laufend verselbständigen sich dessen Einzelteile auf Kosten des Ganzen, und nur notdürftig schleppt sich die Fabel voran. Was bei Goethe noch zu akzeptieren ist als Reihe ruhender Bilder eines episch-gemessenen Erzählflusses, was bei Stifter gestaltet wird als überzeugende Weite eines räumlich-plastischen Stils – bei Mörike wird die Dynamik *nicht* durch weite, in sich schwingende Sätze verhindert: »Vielmehr entdeckte jener auch diesfalls an den Versuchen des letzteren …«, derartige Verdrehungen und Plumpheiten trüben das Bild nur allzu häufig,[36] ein Mosaik-Bild, das mittels ständiger Rückblenden mehr schlecht als recht zusammengeleimt wird. Zu keinem Zeitpunkt lebt die Geschichte aus sich selbst, ständig leistet der Autor sichtbare Hilfestellung für seine unbewegliche Fabel, indem er drohende dynamische Erzählpartien überspringt und die unvermeidlich dabei entstehenden Löcher im nachhinein behelfsmäßig stopft und stopft und stopft. Nein, Mörike ist sicherlich kein geborener Erzähler, dazu denkt und schreibt er viel zu unbeweglich, umständlich, lust-los. »Vater Goethe«, wie ihn sein Famulus verehrungsvoll nannte, hat ihm hier nur geschadet: Aus dessen betulicher »Prosa in ihrer Mischung von Steifheit und Zierlichkeit« (Nietzsche)[37] filterte Mörike akkurat die Schadstoffe aus – mangelnde Eigendynamik, unpräziser Diktierstil, dürftige Phantasie, auch in der Wortwahl – und gewann eine hölzern verschnörkelte literarische Form, die nur Mittel zum Zweck ist: die einen Inhalt nur transportiert, selbst aber nicht lebt.

In einer noch zu schreibenden Antiliteraturgeschichte jedenfalls, die endlich einmal alles Kleine, Mißglückte, Durchschnittliche und Banale aufzuzeigen hätte in den Werken unserer »Klassiker« – der Name Mörike wäre hier fast so häufig zu nennen wie derjenige seines Weimarer Vorbilds. Und bringt man abschließend gar das große Nietzsche-Wort in Anschlag –

Man ist um den Preis Künstler, daß man das, was alle Nicht-Künstler »Form« nennen, als Inhalt, als »die Sache selbst« empfindet […], nunmehr wird einem der Inhalt zu etwas bloß Formalem.[38]

– ist dann nicht zu hoffen, daß der von Niebelschütz vorschnell mit dem Prädikat »Formfanatiker« ausgezeichnete Mörike, der so selten nur zur künstlerischen Form vorstieß, wenigstens als »Nicht-Künstler« einen überzeugenden Inhalt, einen überzeugenden Denkansatz aufzuweisen hat?

Exklu

ist ein triadischer Cocktail. Seine Bestandteile werden individuell gemixt.
ist keine Gebrauchsanweisung, sondern
ist ein Modell der Erzeugung von perspektivischem Schein.
Exklu predigt keine Weltanschauung, Exklu predigt Präsens, Leute!

I. Exklu geht in den Punkt: Wortvollzug

1) Das Wort ist ausreichend. Sprachkrisengetue ist immer Krise der Sprechenden, nicht der Sprache.
2) Das Wort ist Notdurft, kein Gewerbe. Es genügt nicht, Worte auf exzentrischen Abstellgleisen zu verkuppeln (»Experimentalliteratur«). Eine Kette von Worten ist noch keine Liebe, sondern Prostitution. Ein gewerblicher Wortverwalter ist noch kein Autor, sondern Zuhälter (»Traditionalliteratur«).
3) Exklu bekämpft die grassierende Wortimpotenz: bekämpft das Ekelwort, bekämpft das abstrakte Wort, bekämpft Worthülsen aller Art.
4) Auch das Komma zwischen zwei Worten ist ein Wort, das Semikolon – Neger der Satzzeichen! – erst recht. Am allermeisten Wort ist: der weiße Raum zwischen den Worten. Selbst eine leere Menge lebt.
5) Das Wort wird zur Tat. Es handelt, ohne Erklärungen abzugeben. Exklu ist Krieg gegen jede prästabilierte Harmonie. Durch Wortvollzug wird das permanente Wortverbrechen punktuell gemildert.

6) Wortvollzug ist Wortverzug: Exklu befreit das Wort von seinen amtlichen Verwendungsregeln, ist Emanzipation vom Duden-Deutsch. Abstellgleise werden zu Hauptbahnhöfen.

7) Das Wort ist ein Knoten von Bedeutungen: kein Ausschnitt, sondern Querschnitt. Wortkreuzungen. Wortzimmer.

8) Die Zukunft des Wortes liegt in seiner Kombination, liegt im Kompositum.

9) Das Wort ist kein Werkstoff, sondern Organismus. Aus Affinität zu anderen Organismen resultiert Molekülbildung: Das Wort wird nicht kombiniert, es kombiniert sich selbst. Need Your Love So Bad …[1]

10) Der Autor verschwindet im Wortvollzug. Als Katalysator der Wortsprünge hat er nurmehr das Recht, mit zu springen oder dagegen.

II. Exklu zieht Linien: Satzvollzug

11) Der Satz ist eine Möglichkeit. Der Unsatz ist vielleicht die bessere. Der ungesetzte Satz ist Exklu: Syntax, Orthographie, Interpunktion sind Spielregeln. Exklu behält sich das Recht zu spielen vor, macht aber Ernst.

12) »Wir betrachteten nach dem Altare auch noch die Kirche, betrachteten das Steinbild des Mannes, der sie hatte erbauen lassen, und betrachteten noch andere alte Grabdenkmale und Inschriften.«[2]
Solche Sätze sind kein Zustand, sondern ein Notstand. Man muß das Kriegsrecht über sie verhängen.

13) Exklu ist Überwindung der stilistischen Unschuld, ist Überwindung der stilistischen Schuld: Jedes Tagesschau-Deutsch wird in Frage gestellt.

14) Exklu ist gepflegte Parklandschaft, Exklu ist Urwald.

15) Wahlverwandtschaften zwischen Worten, Wahlbekanntschaften: Eine Linie wird nicht gefunden, sondern findet sich selbst.

16) Satzpointillismus: Kein Detail ist bloß Mittel zum Zweck, sondern selber Zweck, selbständiges Ganzes. Bild im Bild

im Bild … und jeder Satz eine Monade (freilich eine mit Fenster, mit möglichst vielen Fenstern), jeder Satz ein Aphorismus!

17) Im Satzorganismus werden Aussagen nicht dargestellt, sondern sie stellen sich selbst dar. Eine Situation muß nicht nur vorstellbar sein, nicht nur fühlbar, sondern sie selbst muß sein.

18) Der Satz ist ein Freifahrtschein. Damit wird so schnell gefahren gesprungen geflogen wie möglich. Gutmütigkeit ist aller Laster Anfang.

19) Unmöglichkeit des lyrischen Segelfluges, des dramatischen Seiltanzes, des epischen Schachspiels.[3]
Es gibt keine Sondersprachen; Exklu sondert Sprache, so daß es sie gibt.

20) Dissonanz ist eine gesteigerte Form von Harmonie. A Saucerful Of Secrets …[4]

21) Der Autor verschwindet im Satzvollzug: Als Nachvollzieher von Linien hat er nurmehr das Recht, mit zu ziehen oder dagegen.

III. Exklu schraffiert Flächen: Schichtvollzug

22) Ge-Schichten gibt es schon viel zu viele. Der bereits geschichteten Handlung fehlt die Luft zum Atmen. Die lineare – auf einen Anfang, ein Ende zurechtgestutzte – Geschichte ist erlogen.

23) Wer Exklu schreibt, schreibt Schichten. Exklu häuft Ungeschichtetes an, faßt es zu einzelnen Schichten zusammen. Und vergißt dabei die Zwischenräume nicht.[5]

24) Ein Prost auf alle blinden Motive!

25) Erst aus Punkten werden Linien, aus Linien Flächen: Im einzelnen Punkt ist bereits die Grundemotion und also die ganze Fläche enthalten.
Der Wille zum Wort reitet auf dem Willen zum Satz reitet auf dem Willen zur Schicht.

26) Eine Schicht muß nicht interessant sein, interessant sein

muß nur ihre Form. Selbst eine Geschichte wird ja um des Erzählens, nicht um des Erzählten willen erzählt.

27) Ein Text darf alle Fragen stellen, aber beantworten darf er sie nicht. Das Ende ist niemals das Ende. Die Nach(ge)-schichten sind die Haupt(ge)schichten.

28) Gattungsgrenzen gelten nur für Oberschüler. Werden Formen gemischt, dann entsteht Form.

29) Kopernikanische Wende von der personellen zur situativen Prosa: Der Roman, beispielsweise, ist in der Hauptsache nicht mehr *eine* (gar durchgehende) Handlung, sondern ein kubistisches Gebilde. Er stellt keine Charaktere mehr dar (denn auch davon gibt es schon viel zu viele), sondern Situationen.

30) Absurdität – als höhere Ausdrucksform der Objektivität – dient dem Ziel der Entindividualisierung. Keine Person ist so wichtig, als daß sie Individualitätsansprüche geltend machen könnte.[6]
Bloß keine Gefühlsduseleien gegenüber Figuren aufkommen lassen!

31) Durch Entpersonalisierung des Textes abstrahiert Exklu von den Erscheinungen und zielt auf die Situation an sich.

32) Völlige Unmöglichkeit einer (thomasmannhaften) Personenbeschreibung. Die Personenbeschreibung ein zeittotschlagendes Flanieren auf dem Bahnsteig: Wann fährt die Geschichte ein, auf die ich aufspringen kann? Baby, Won't You Let Me Rock 'N' Roll You …[7]

33) Der Autor verschwindet im Sog des Schichtvollzugs. Als ausführendes Organ, als einer, dem die Worte wie Wellen über dem Kopf zusammenschlagen, hat er nurmehr das Recht, eine plötzliche Insel am Horizont zu entdecken.

Alle Angaben ohne Gewähr. Exklu behält sich das Recht auf Änderungen vor. – Und sonst? Es wird Präsens, Leute!

ANHANG

NEUE ÄUSSERLICHKEIT

Geschrieben: Mai 1998.

Dieser Band umfaßt die zwischen 1980 und 1998 entstandnen Essays, Reden, Poetik-Vorlesungen und Zeitungsartikel, sofern sie sich mit literarischen Themen befassen, dazu ein Manifest (»Exklu«) und zwei weitere bislang ungedruckte Texte. Bei der Überarbeitung derselben wurden Verkürzungen o. ä., die durch die vorgegebne Zeilenzahl oder andre »Zwänge« öffentlichen Sprechens vorgegeben waren, wieder rückgängig gemacht. Einige Korrekturen, Ergänzungen, Nachbemerkungen im Anhang waren nicht zu vermeiden. Die Anordnung entspricht der Chronologie der Veröffentlichungen, freilich einer reziproken.

1 Das egoistische Gen. Übers. von Karin de Sousa Ferreira. Berlin/ Heidelberg/New York 1978, insbes. S. 223 ff.
2 Francis Ponge: Schreibpraktiken oder Die stetige Unfertigkeit. Übers. von Felix Philipp Ingold. München 1988, S. 65.
3 Richard Dawkins: A. a. O., S. 224.
4 »An den sechs Enden der Sackgasse«, S. 177.
5 »Form ist Wollust«, S. 149
6 Iris Radisch: Der Herbst des Quatschocento. In: DIE ZEIT, 17.10.1997.
7 Ebd.
8 Dann wären die Ost-Autoren Sparschuh, Brussig & Co. nämlich (stilistische) Wessis, wären die West-Autoren Hettche, Kling usw. Ossis.
9 Z. B.: »Alle Menschen der Tiefe [...] schätzen als das Beste an den Dingen, – dass sie eine Oberfläche haben: ihre Hautlichkeit [...].« (Die fröhliche Wissenschaft. In: Ders.: Sämtliche Werke. Kritische Studienausgabe in 15 Bänden. Hg. von Giorgio Colli u. Mazzino Montinari. München u. Berlin/New York 1980, Bd. 3/S. 517)

10 Buch der Freunde. In: Ders.: Gesammelte Werke in zehn Einzel-
    bänden. Hg. von Bernd Schoeller. Frankfurt 1980, Bd. »Reden und
    Aufsätze III«/S. 268.
11 Die Lust am Text. Übers. von Traugott König. Frankfurt 1974,
    S. 10.
12 A. a. O., S. 87.
13 Zit. nach: Francis Ponge: A. a. O., S. 52.
14 Roland Barthes: A. a. O., S. 75, 98.

DAS GEQUAKE VON SATTEN FRÖSCHEN
*Die Generation der Vierzigjährigen und ihre Angst
vor der Verantwortung*

Geschrieben: August 1997; veröffentlicht in:
Süddeutsche Zeitung, 30./31.8.1997.

»Ohne Utopie ist die Welt nur ein Scheißhaufen« – mit diesem starken
Satz gleich zu Beginn seines Essays über die »Notwendigkeit der Utopien nach deren Bankrott« bezeugt Peter Buchka, wie sehr das Prinzip
Hoffnung für ihn auch noch in unsrer skeptisch-pragmatischen Zeit
vonnöten ist; und im folgenden führt er dann auf glänzende Weise aus,
daß es, auch nach »den gründlich gescheiterten Hoffnungen der 68er-
Generation« ein »Urbedürfnis des Menschen [sein müsse] – *vielleicht
sogar das maßgebliche* –, über das […] geheimnislose Diesseits hinaus-
zugehen und etwas Besseres […] zu antizipieren« (Übernehmt endlich
Manhattan! In: Süddeutsche Zeitung, 19.9.1997). Könnte's sein, daß
Buchka beim Schreiben an uns, die nahezu utopie*feindlichen* 78er, gedacht hat?
    »Was erklärt diese scheinbar individuelle und doch *geradezu sche-
matisch ablaufende Bewegung*, diesen Eifer, diese Lust und Angst […],
mit der die viele Menschen um ihr eigenes Leben bangen und ringen?« –
mit dieser starken Frage zielen Ulrich Becks »Skizzen zu einer biogra-
phischen Gesellschaftsanalyse« (so der Untertitel) gleich zu Beginn ins
Zentrum des Problems: ins Problem der »Egoismus-Epidemie«, des
»Ich-Fiebers«, das die westliche Welt seit den 60er Jahren erfaßt habe.
Von einer »neuartigen ›Ortlosigkeit‹« sei unser Leben geprägt – U.
Beck meint das natürlich nicht nur geographisch –, von der daraus resultierenden »Sicherung eines *inneren* Raumes« bzw. der »abnehmen-
den Bereitschaft, […] sich einzuordnen«: was schon jetzt zu einem
»Gleichgewicht der Nörgler« geführt habe, irgendwann freilich auch in
»die Unberechenbarkeit des Sozialen« münden werde (Eigenes Leben.
In: Ulrich Beck u. Ulf Erdmann Ziegler: Eigenes Leben. München

1997, S. 9, 10, 14, 13, 33, 10, 113, 33). Könnte's sein, daß er beim Schreiben an uns, die in ebenjenen 60er Jahren geprägt wurden, daß er an uns 78er gedacht hat und daß uns, aufgrund des umfassenden Rückzugs aus der Gesellschaft, die soziale »Unberechenbarkeit« bereits unmittelbar und im unerquicklichsten Sinne »ins Haus steht«?

»Vielleicht ist [der] Verlust der Visionsmacht die grundlegende Erfahrung am Ende des 20. Jahrhunderts« – vermutet Wolfgang Frühwald gleich zu Beginn seines Buches »Zeit der Wissenschaft« (Köln 1997) und stellt die starke These auf von dem »für frühindustrielle Kulturen kennzeichnende[n] lineare[n] Forschrittsglauben, *wie er in jeder Hochkultur nur einmal auftritt«.* Müssen wir uns wirklich noch fragen, wer da gemeint sein könnte, dessen Leben trotz aller individueller Selbstabgrenzungsversuche »wissenschaftlich vorwegdefiniert, oft genug standardisiert« und warum »die einst periodisch wiederkehrende Generationenablösung [...] tiefgreifend gestört« ist (S. 8, 12, 9, 11)?

Die Zeit, Fragen zu stellen, hatten wir eigentlich lange genug. Wie wär's, wenn wir auch mal Antworten riskieren würden?

1 Berlin 1997.
2 A. a. O., S. 205.
3 Frankfurt 1992.
4 S. »Endlich aufgetaucht: die 78er-Generation«, S. 21.
5 Albert Einstein, zit. nach: Thomas Bührke: Sternstunden der Physik von Galilei bis Lise Meitner. München [2]1997, S. 198.
6 Alternde Peinsäcke. In: Die Woche, 1.8.1997.
7 In Schönheit gescheitert. In: Die Woche, 8.8.1997.
8 Ich hier unten, ihr da oben. In: Die Woche, 8.8.1997.
9 Das Paradies ist, wo ich bin. In: Die Woche, 15.8.1997. – *Nach* Erscheinen des SZ-Artikels gab's dann freilich doch noch substantiellere Wortmeldungen (vgl. S. 230).

Endlich aufgetaucht: die 78er-Generation

Geschrieben: Juli 1997; veröffentlicht unter dem Titel
»Die 78er sind da!« in: Die Woche, 25.7.1997.

Am 18. Juli, wenige Tage nach Auslieferung des »Weiberromans«, erschien in der »Woche« eine Rezension von Stephan Wackwitz, über die ich mich sehr freute. Weniger erfreut war ich, als ich darin auch einige kurze Zitate aus meiner »Kalbfleisch mit Reis«-Vorlesung entdeckte, die – aufgrund der Begrenztheit des zur Verfügung stehenden Raumes – ein etwas schräges Licht auf die 78er warfen: Wackwitz sollte im übrigen nicht der einzige bleiben, der Theorie gegen Praxis ausspielte, Thesen *über* die 78er gegen deren – angebliche! – Umsetzung im »Weiberroman«; und weil bei derlei Auf- und Gegenrechnung auch in Zukunft nicht nur Gutes zu erwarten war, mußte schnell reagiert werden: Bis zum nächsten Tag schrieb ich ein kleines Thesenpapier, auf daß in der darauffolgenden »Woche« mein *ursprünglicher* Gedankengang, sozusagen maßstabsgetreu verkleinert und *ohne* direkte Verkopplung mit konkreter literarischer Praxis, gedruckt erscheinen konnte.

Der Artikel, der über Nacht entstand, kam natürlich nicht ohne Verkürzungen, Entdifferenzierungen und, vor allem, ohne wörtliche Anleihen beim (dato unveröffentlichten) Originaltext aus; und da die Argumentationsstruktur des poetologischen Kalbsbratens dabei ohnehin schon auf Döner-Größe verhackstückt werden mußte, hätte eine nunmehrige Entfernung der Überschneidungen wahrscheinlich bloß den nackten Spieß übriggelassen, an dem einmal der Braten hing...

Obwohl »Endlich aufgetaucht: die 78er-Generation« also nichts weiter ist als ein mundgerechter Vorlesungsverschnitt, war es ausgerechnet dieser Artikel, von dem die weitere Debatte ihren Ausgang nahm. »Woche« für »Woche« meldeten sich neue Generationsvertreter zu Wort; bald kamen Podiumsdiskussionen auf Poeten-Festivals, im ZDF oder Deutschlandfunk dazu ...

- Thomas Meinecke: Alternde Peinsäcke. In: Die Woche, 1.8.1997.
- Helmut Ziegler: In Schönheit gescheitert. In: Die Woche, 8.8.1997.
- Matthias Altenburg: Ich hier unten, ihr da oben. In: Die Woche, 8.8.1997.
- Hans Pleschinski: Das Paradies ist, wo ich bin. In: Die Woche, 15.8.1997.
- M. P.: Das Gequake von satten Fröschen. In: Süddeutsche Zeitung, 30./31.8.1997. – S. S. 13 ff.
- Rainer Moritz: Spätentwickler an die Macht? In: Stuttgarter Zeitung, 31.10.1997.
- Dagmar Leupold: Lauter Waisenknaben. In: Die Weltwoche, 4.12.1997.
- Usw. usf. ...

... hinzuweisen bleibt (neben all den generationskonstituierenden Rezensionen, die Reinhard Mohrs »Zaungäste« seinerzeit bewirkten) auf einen kleinen Artikel, der während der 1995er-Debatte zwischen 68ern und 89ern in der Münchner »Abendzeitung« erschien (11./12.2.1995) und unter dem Titel »Die beleidigten Salon-Kämpfer« – gemeint waren natürlich die 68er – auf die Zwischen- und Schlüsselrolle der 78er hinwies: Zwar hießen sie darin *79er*, der Verfasser des Artikels aber heißt

noch immer Hannes Hintermeier. Und der war im Sommer '97 –
Kulturredakteur bei der »Woche«.

1 Zaungäste. Die Generation, die nach der Revolte kam. Frankfurt
   1992.
2 A. a. O., S. 10.

Kalbfleisch mit Reis!
Die literarische Ästhetik der 78er-Generation

Geschrieben: Juni 1997; als Münchner Poetik-Vorlesung
in der Reihe »Literatur als Unterhaltung und Vergnügen«
gehalten am 9.6.1997; veröffentlicht in: Schreibheft.
Zeitschrift für Literatur. Hg. von Norbert Wehr.
Nr. 50/November 1997; als erweiterter Rundfunkessay
gesendet von DeutschlandRadio Berlin am 19.3.1998.

Das bislang Erstaunlichste an der 78er-Generation ist nicht so sehr ihre begriffliche Verkopplung mit dem Jahr 1978 – insbesondre denen,
die sich ihr Geschichtsbewußtsein von historisch greifbaren Großereig-
nissen diktieren lassen, wäre's lieber gewesen, man hätte wenigstens
von einer *77er*-Generation gesprochen (so wie's in Italien seit langem
üblich ist). Nein, das Erstaunlichste ist, daß es so lang gedauert hat,
den Begriff und damit die Sache durchzusetzen, und daß es nicht zuletzt die 78er selbst waren, die sich in bemerkenswertem Masochismus
nachzuweisen mühten, es gäbe sie gar nicht.

Denn die entsprechende These wurde ja bereits 1992 formuliert – eine Kardinalthese, mit der zwar nicht alles, aber doch sehr vieles plötzlich (besser) erklärbar wurde: Seit dem Sommer '94 (»Und grausig
gutzt der Golz«) habe ich sie den meisten meiner Äußerungen zugrunde gelegt. Doch es mußte ein weiteres Jahr vergehen, bis die Zeit reif
war für die entsprechende Feuilleton-Debatte (vgl. die Nachbemerkung
zu »Endlich aufgetaucht: die 78er-Generation«), und selbst dann wurde erst einmal monatelang versucht, die *Sache* mit ihrem *Begriff* totzu-
schlagen: »1978 – fällt irgend jemandem dazu irgendwas ein? Quod er-
at demonstrandum, also gibt's auch keine 78er-Generation.«

Noch ein Jahr später, da der Begriff endlich durchgesetzt ist – man
verwendet ihn inzwischen sogar im »Literarischen Quartett«, der Ge-
nerationsforscher Heinz Bude stellt ihn in den Mittelpunkt eines Artikels zur kommenden Bundestagswahl und erhebt die 78er-Generation
»in Ost- *und* Westdeutschland« sogar zur »wirklichen Generation
der Bundesrepublik« (Löwen und Füchse. In: Süddeutsche Zeitung,

21./22.3.1998)! –, jetzt, da der Begriff auch endlich seine ersten praktischen Anwendungen erfährt, nur noch ein Nachtrag:

Im Editorial des 132. »Merkhefts« (März/April 1998), dem legendären Fortsetzungsroman von Zweitausendeins, gedenkt Lutz Kroth des 30jährigen Jubiläums, das dem *68er*-Begriff gerade widerfährt, und fragt sich:

> Warum die Generation ausgerechnet nach dem Jahr 68 benannt wurde, stimmt uns übrigens nach wie vor ratlos. Im Jahr davor wurde bei der Anti-Schah-Demonstration in Berlin Benno Ohnesorg erschossen; 1966 hatte die Große Koalition den Notstandsgesetzen den Weg geebnet; Studentenunruhen gab's schon vorher. Sei's drum, man hat sich auf 68 geeinigt, und auch jetzt soll es dabei bleiben.

Sieh an, wie war das mit der einzig möglichen Herleitung von Generationsbegriffen aus ihrem jeweiligen Großereignis? Sei's drum, man hat sich mittlerweile ja auch auf '78 und die 78er geeinigt, und dabei soll es bleiben.

1   Frei nach: Peter Koch, Thomas Krefeld, Wulf Oesterreicher: Neues aus Sankt Eiermark. Das kleine Buch der Sprachwitze. München 1997, S. 37.
2   Burkhart Müller-Ullrich: Gut Neid, Germany. In: Süddeutsche Zeitung, 18.4.1997.
3   These von Friedhelm Rathjen in: Crises? What Crises? In: Christian Döring (Hg.): Deutschsprachige Gegenwartsliteratur wider ihre Verächter. Frankfurt 1995, S. 9.
4   Martin Walsers Überfluß. In: Süddeutsche Zeitung, 24.3.1997. – Witzigerweise bezeichnet Kaiser die großen Witze-Erzähler in seinem Artikel als »große Autoren«.
5   In den Wind geschrieben. In: Süddeutsche Zeitung, 27.5.1997.
6   Frankfurt 1992.
7   Georg Heinzen u. Uwe Koch: Von der Nutzlosigkeit, erwachsen zu werden. Reinbek 1985. – Bereits 1987 waren 85 000 Exemplare verkauft!
8   A.a.O., S. 10.
9   Titel eines Essays von Odo Marquard wie auch einer Auswahl seiner philosophischen Schriften (Stuttgart 1981). Marquard ist sicherlich – ob gewollt, ob ungewollt – einer der Wegbereiter der Postmoderne.
10 Gefälschtes Zitat einer Zitation durch Nietzsche, die wahrscheinlich selber gefälscht ist: »Misstrauen wir vor Allem […] unsren

ersten Regungen [...], sie sind fast immer gut« (Zur Genealogie der Moral. In: Sämtliche Werke. Kritische Studienausgabe in 15 Bänden. Hg. von Giorgio Colli und Mazzino Montinari. München und Berlin/New York 1980, Bd. 5/S. 387).

11 Nr. 14/1. 4.97.

12 Zu *jeder* Art Ironie? »Alles, was Brecht ist« – die grassierende Witzigkeit unsrer Schlagzeilen- und Litfaßsäulentexter hat das Wortspiel wohl – vorübergehend – zu Tode gekalauert.

ABSCHIED VON DER LITERATUR
*Was wir schon viel zu lange lesen müssen –
ein fast frei erfundnes Gespräch*

Geschrieben: März 1996; veröffentlicht
in: Süddeutsche Zeitung, 12.6.1996.

Von meinen Eltern, beides Vertreter der Kriegsgeneration, habe ich zwei Eigenschaften geerbt bzw. aufgrund ihres »leuchtenden Beispiels« verinnerlicht, zwei Verhaltensmuster, die auf ein & demselben Prinzip beruhen:

Erstens: kann ich nichts (Altes) wegwerfen; und wenn ich's denn doch einmal »übers Herz bringe«, so nur mit erheblichen Gewissensbissen. Denn *eigentlich*, das wurde mir früher tagtäglich vorgelebt und das weiß ich folglich noch heute, denn *eigentlich* gehört sich das ja nicht.

Zweitens: kann ich nur sehr schwer etwas Neues in mein Leben hineinlassen; und wenn ich's denn doch einmal tue, dann brauche ich dazu eine wochen-, monatelange Anlaufzeit, in der das neu Erworbne, vorzugsweise als Hemd, auf den Tag X hofft und dabei ebenso heftig geschont wird wie das Alte »abgetragen«: Schließlich wollen die Dinge geliebt werden bis zu ihrem natürlichen Ende, auch wenn durch diese doppelte Schonzeit ein neuer Anfang unnatürlich lang hinausgezögert wird.

Erstens und zweitens: Indem mein Vater im Lauf der Jahre ein Arsenal an Schrauben, Nägeln, Winkeleisen, Beilagscheiben in seinem »Bastelraum« anlegte, einen Schatz an Altmetall, der auf jede Frage mindestens drei Antworten gab – freilich keine einzige, die so hundertprozentig gepaßt hätte wie ein neugekaufter Dichtungsring auf ein neugekauftes Gewinde; indem meine Mutter Bett- und Tischwäsche, Topf- und Tupperwaren- und diverse zwölfteilige Geschirr-Sets ansammelte, bis alle verfügbaren Schränke, Sideboards, Kommoden bis obenhin gefüllt waren: hortete ich also dunkelblaue Nickis, dreiviertellange Feinrippunterhosen, karierte Hemden und mühte mich nach Kräften, sie

235

ordnungsgemäß abzutragen, während sämtliche Neueinkäufe auf ihren Einsatz warteten und dabei selber älter und schließlich alt wurden. Wenn eines der karierten Hemden dann endlich einmal am Kragen, wenn einer der gestreiften Pullover endlich einmal am Ellbogen aufgab und damit der lang ersehnte Tag X anbrach, dann war nicht selten auch schon die einstige Neuerwerbung »aus der Mode« gekommen, müde lächelte sie einem vom Kleiderbügel entgegen, und der Wettlauf zwischen dem Alten (das es zu bewahren galt) und dem Neuen (das statt dessen stattzufinden drängte) ging in eine neue Runde.

Lang brauchte ich, um zu begreifen, daß es im Leben, Tag für Tag, Abschied zu nehmen gilt, *rechtzeitig* Abschied zu nehmen; *noch* länger dauerte es, bis ich die Erkenntnis in Taten umzusetzen wagte – im Grunde tue ich mir, gerade *weil* ich das Abschied-Nehmen so laut verkünde, noch immer schwer damit: Die Schonfrist für Hemden hat sich zwar inzwischen deutlich verkürzt; neu gekaufte Bücher geraten aber noch immer in eine jahrelange Warteschleife und bei den meisten habe ich die Hoffnung längst verloren, daß ich sie je lesen werde. Aber um mich von all meinen *schlechten* Büchern rechtzeitig zu trennen, ja: um die Lektüre schlechter Bücher sofort abzubrechen, auf daß der Blick frei werde für etwas Neues, womöglich Unerhörtes – dazu fehlt mir bis heute meist der Mut.

1   Addio. Abschied von der Literatur. Variationen über ein altes Thema. München 1995.
2   Tabu I. Tagebücher 1989–1991. Reinbek 1995, S. 245.
3   A.a.O., S. 619, 256.
4   A.a.O., S. 239.
5   Z.B. in: Andreas Neumeister, Marcel Hartges (Hg.s): Poetry! Slam! Texte der Pop-Fraktion. Hamburg 1996.

Die 78er und der Untergang des Hauses Usher
Was dahintersteckt, wenn sich Kritiker und Lektoren um die neuere deutsche Literatur streiten

Geschrieben: März 1996; veröffentlicht in:
Frankfurter Rundschau, 6./7./8.4.1996.

»Bücher *wegwerfen*«, so schilderte man mir die Entrüstung eines politisch besonders Korrekten über meinen Artikel, »das ist ja schon fast wie Bücher*verbrennung*!« Denn Bücher, ausnahmslos alle Bücher, die seien Kulturgüter und folglich schützenswert, obendrein in Zeiten, da sie auszusterben drohten.

Jedes, *ausnahmslos* jedes Buch ein Kulturgut? frage ich mich seitdem: Ist ein Buch nicht mitunter, ja eigentlich: in der Regel, und wenn wir politisch besonders unkorrekt sein wollen: in den allermeisten Fällen ein *Un*kulturgut? Nämlich entweder ein exoterischer Trivialtext fürs Massenpublikum oder ein esoterisch verpackter Kultur*simulator* für die unhappy few, die auch ihren Rasenmäher mit einer Nähmaschine verwechseln und ihre Frau mit einem Hut. Tun wir nicht gut daran, uns von *beiderlei* Unbüchern schnell und schmerzlos zu trennen, auf daß sie nicht unsre Regale verstopfen und als nächstes unsre Wahrnehmung von Literatur »als solcher« und irgendwann dann auch unsre kritische Urteilskraft darüber? Immerhin schafft ein weggeworfnes Unbuch physischen wie geistigen Frei-Raum für ein Buch – vielleicht sogar für ein Buch, nach dem wir uns schon ein halbes Leben lang gesehnt haben; und schließlich: Ist die gezielte Entsorgung nicht geradezu Bedingung der Möglichkeit, sich aus einem amorphen Haufen von jährlich 70 000 deutschsprachigen Neuerscheinungen überhaupt erst heraus- und zu so etwas wie einem kulturellen Profil emporzuarbeiten?

Behielte man dagegen all die zusammengeschluderten bzw. krampfhaft auratisierten Wegwerfbücher und hielte sie solcherart künstlich am Leben, müßte man sich da nicht jedesmal schämen, sobald der Blick über einen ihrer Buchrücken glitte? Müßte sich schämen und, vor allem, ärgern über die Lebenszeit, die man mit ihnen einst vergeudet, statt den seit Jahren anstehenden Dostojewskij-Roman anzupacken oder den »Don Quijote« oder …? Brächte man sie aber zum Antiquar (und der nähme sie ausnahmsweise an), wäre man dann nicht einer, der andern eine Grube gräbt? Kaum auszudenken, wie viele potentielle Leser man bereits vergrault haben könnte, weil sie auf diese Weise dreimal hintereinander an Werke gerieten, die von enttäuschten, erbosten Käufern zurückgeschmuggelt wurden in den ewigen Kreislauf von Lesen und Lesen-(bleiben-)Lassen!

Nein, Vernichten ist hier ein Dienst am Nächsten, eine indirekte Steigerung seiner Lebensqualität, ist auf lange Sicht nicht nur ein sozialer, sondern auch ein kultur*fördernder* Akt und also Pflicht für jeden Leser, der sich noch mit Leib & Seele be- und entgeistern kann. Daß es dabei nicht um die Vernichtung einer »Freiheit des Worts«, des Gedankens oder wessen immer geht, wie sie in diesem Lande einst betrieben wurde, versteht sich doch eigentlich von selbst. Nein, eine Bücherwegwerfung ist nicht mehr, aber auch nicht weniger als die indirekte Beförderung einer handwerklich solide gearbeiteten und also formal befriedigenden Literatur. Ein Beispiel:

Unlängst hatte ich, als Vorbereitung für eine Rundfunkveranstaltung, das Buch eines Autors zu lesen, der – trotz hoher Auszeichnungen – offensichtlich einer literarischen Sprache nicht mächtig war: Das begann bei den immergleichen Kommafehlern und endete bei ausgelatschten Satzkonstruktionen und schiefgetretnen Metaphern; als ich zu der Stelle kam: »Ihre zerwühlten Laken, ihre naß geweinten Kopfkissen waren eine Wüste«, da beschloß ich – daß es sich ganz offensichtlich bloß um die *israelische* Wüste handeln konnte, die ja bekanntlich recht gut bewässert ist, will sagen: beschloß, dies Buch *nicht* wegzuwerfen, weil es, gewissermaßen in allen Zweifelsfällen der deutschen Recht-Schreibung, als kleine Anti-Ästhetik konsultiert werden konnte, als Lehrstück darüber, wieviel Mißliches einem Autor – und damit seinem arglosen Leser – Seite für Seite unterkommen kann.

Nun hatte ich für die Rückfahrt am nächsten Tag noch ein zweites Buch desselben Autors im Gepäck – und, wahlweise, einen Gedichtband von Alexander Nitzberg. Übrigens war auch jenes »zweite Buch« *nicht* bei Suhrkamp erschienen; deshalb machte es nur ein kleines trauriges »Plöp«, als es im Papierkorb des Hotelzimmers verschwand.

Die Gedichte von Nitzberg, die ich statt dessen dann im Zug las, gehören zum Besten, was ich an zeitgenössischer Lyrik während der letzten Jahre in die Hände bekam.

1   Über den Grund des Vergnügens an tragischen Gegenständen. In: Ders.: Sämtliche Werke. 5 Bde. Hg. von Gerhard Fricke und Herbert G. Göpfert. München 1975, Bd. 5/S. 358 ff.
2   Uwe Wittstock: Leselust. Wie unterhaltsam ist die neue deutsche Literatur? Ein Essay. München 1995.
3   A. a. O., Bd. 5/S. 359.
4   Ab in die Nische? Über neueste deutsche Literatur und was sie vom Publikum trennt. In: Neue Rundschau. Hg. von Günther Busch, Elisabeth Ruge u. Uwe Wittstock. Heft 3/1993, S. 52.
5   In: Frankfurter Allgemeine Zeitung, 18.8.1993.
6   Sprüche. In: Goethes Werke. Hamburger Ausgabe in 14 Bänden. Hg. von Erich Trunz. München [8]1978, Bd. 1/S. 325.
7   Vgl. Also sprach Zarathustra. In: Friedrich Nietzsche: Sämtliche Werke. Kritische Studienausgabe in 15 Bänden. Hg. von Giorgio Colli u. Mazzino Montinari. München u. Berlin/New York 1980, Bd. 4/S. 101, 245.
8   Thomas Kling: zeiss-ikon-photo. südsucht. In: Ders.: brennstabm. Frankfurt 1991, S. 29.
9   In: Ders.: Starckdeutsch. Oine Orrswuhl dörr schtahurcköstn Gedeuchten. Berlin [1983], S. 13.
10 fom winde ferfeelt. Berlin 1995, S. 203.
11 Hamburg 1995, S. 21.
12 Edgar Allan Poe: Der Fall des Hauses Ascher. In: Ders.: Gesammel-

te Werke in 5 Bänden. Übers. von Arno Schmidt u. a. Zürich 1994, S. 36 f.
13 Crises? What Crises? In: Christian Döring (Hg.): Deutschsprachige Gegenwartsliteratur wider ihre Verächter. Frankfurt 1995, S. 9.
14 Frankfurt 1992, S. 10.

LYRIK UND JAZZ? LYRIK UND ROCK!

Geschrieben: Oktober 1995; veröffentlicht unter dem Titel »Rock'n'Lyrik? Klar doch!« in: Stuttgarter Zeitung, 11.11.1995.

Kaum war mein kleiner Artikel – ich hatte ihn vor allen Dingen deshalb geschrieben, weil für den Abend des 11. November eine Lesung im Stuttgarter Schriftstellerhaus angesetzt war, in dessen Keller anschließend verschiedne DJs zu Werke gehen sollten – kaum war mein Artikel erschienen, passierte etwas ganz Wunderbares: Unter der Überschrift »Rockmusik macht blöd« veröffentlichte ein gewisser Armin Ayren eine Art Gegendarstellung (Stuttgarter Zeitung, 18.11.1995), deren abgründiger Humor von ferne an die Subtilitäten erinnert, mit denen wir in einem früheren Leben von wohlmeinenden Erziehungsberechtigten bedacht wurden. Und weil dieser (übrigens völlig ironiefreie) Humor aus dem Gespräch über »Kultur« allmählich zu verschwinden droht und man also dankbar zu sein hat, wenn ihn die Ayrens dieser Welt ins 21. Jahrhundert hinüberzuretten sich mühen, deshalb hier das Kernstück von – »Rockmusik macht blöd«:

[…] Was tut Politycki [in *seinem* Artikel]? Nachdem er nicht nur gegen Lyrik mit Klassik polemisiert, sondern gleich noch gegen klassische Musik überhaupt ein paar alberne Sottisen losgelassen hat (Klassik, Verehrter, wird es noch geben, wenn alles heute Moderne längst verschwunden ist), plädiert er – für Lyrik mit Rock. Will sagen: er nimmt die Pfanne, in die er seine schreibenden Kolleginnen und alle Freunde von Jazz und klassischer Musik gehauen hat, und haut sie sich selber auf den Kopf. Mit Wucht. Nur merkt er's überhaupt nicht. Er kann ja nicht. Denn wer regelmäßig Rock zu hören kriegt, ist längst verdummt – und das, mein lieber Politycki, ist nun keine Gegenpolemik und nicht die Retourkutsche eines vergreisten Klassikliebhabers, sondern unumstößliche wissenschaftliche Erkenntnis. Es gibt auf der Welt keinen einzigen hochintelligenten Menschen, der für Rockmusik schwärmt und sie regelmäßig hört. Täte er es, wäre es mit seiner Intelligenz bald vorbei. Ich zitiere eine Hirnforschungskoryphäe, den Tübin-

239

ger Professor Niels Bierbaumer: »Die Komplexität und Variabilität von Tonfolgen spiegelt sich direkt im Gehirn wider. Dies in verstärktem Ausmaß bei Personen, die eher klassisch-komplexe Musik hören. Personen, die Klänge bevorzugen, die sich durch hohe Repetitivität und Vorhersagbarkeit auszeichnen, reagieren mit ihrem Gehirn auf solche Klänge mit einem Einbruch ihrer Hirnkomplexität, so als würden die Zellen in das Stampfen des blechernen Rhythmus einstimmen und im selben stumpfsinnigen Takt mitmarschieren.«
Gemeint sind Marschmusik, Pop und Rock, die der Professor [...] später beim Namen nennt. Und ein Gehirn, das sich damit berieseln läßt, bezeichnet er als »Müllplatz akustischen Gestanks«. Da werden Sie, lieber Matthias Politycki, entrüstet aufschreien, aber was wollen Sie schon machen gegen die Tatsache, daß »jede Art von repetitiven Bild- und Schallmustern unsere Hirnstruktur so verändert, daß eben nur solche repetitiven Sprach-, Denk- und Bewegungsmuster aus diesem Gehirn produziert werden«?

Ist das nicht alles ganz großartig, geradezu klassisch-komplex? Pop und Rock, sind sie nicht wirklich ein »geisttötender Lärm« (ebd.)? Jajaja und minder intelligente Autoren, die ihn irrtümlicherweise als Musik rezipieren, schreiben zwangsläufig nurmehr »Wumm-Wumm« (ebd.). Zugabe!

1 In: »Zwischen den Zeilen«. Eine Zeitschrift für Gedichte und ihre Poetik. Hg. von Urs Engeler. Nr. 6/1995, S. 29.

LITERATUR MUSS SEIN WIE ROCKMUSIK

Geschrieben: August 1995; veröffentlicht in:
Frankfurter Rundschau, 7.10.1995.

Der Untertitel, den der Redakteur meinem Artikel für den Abdruck im Rundschau-Feuilleton verpaßte – »Ein Plädoyer für das Ekstatische in der Poesie« – sorgte nicht selten für Mißverständnisse: Ist Led Zeppelin etwa andauernd ekstatisch? und die Literatur, sollte's *die* wenigstens sein? Nein und abermals nein; die Stücke von Led Zeppelin sind ja alles mögliche, sind mystisch, verhalten, melancholisch, affektiert, traurig, wütend, lüstern, enttäuscht ... mitunter wirken sie fast gleichgültig, mechanisch, um dann wieder, von einem Ton zum andern, die Auflösung der vorangegangenen Gleichgültigkeit zu feiern; und schließlich, das ist nicht zu leugnen, sind sie durchaus auch mal »ekstatisch«.

Freilich, ums Ekstatische war's mir in meinem Artikel gar nicht so sehr gegangen, sondern um das gesamte Spektrum, um die »Fülle menschlicher Regungen« und wie man sie mit Tönen oder Worten glaubwürdig abbilden könne: nämlich durch das Bewahren ihres jeweiligen existentiellen Moments, durch die Transformation ihrer jeweiligen Leidenschaft vom privat Erlebten zur künstlerischen Gestalt. Womit mein Aufsatz vielleicht besser untertitelt gewesen wäre mit: »Ein Plädoyer für das Existentielle in der Literatur«.

Ein weiteres Mißverständnis, das mir zu Ohren mitunter kam, habe ich ganz alleine zu verantworten: Wieso denn ausgerechnet Led Zeppelin? Ist es nicht »schlimm genug«, wie Stephan Wackwitz auf Anfrage der »Kultur!News« (Chefred.: Jutta Rossellit. Nr. 10/1997, S. 9) zu Protokoll gab, »daß Led Zeppelin seinerzeit waren wie Led Zeppelin«? Und überhaupt: Ist es nicht arg rückwärtsgewandt, heutzutage eine Literatur zu fordern, die sein solle wie: Musik, die vor 30 Jahren zur Avantgarde gehörte; wäre eine solche Literatur nicht im schlechtesten Sinne unzeitgemäß, also epigonal?

Abgesehen davon, daß sich die Begriffe »Avantgarde« und »Epigonentum« im Lauf der 90er Jahre in ihr Gegenteil verkehrt haben, daß mittlerweile gerade derjenige avantgardistisch schreibt, der's scheinbar ganz & gar nicht tut: hätte ich natürlich genausogut sagen können: »Literatur muß sein wie Nirvana!« Genausogut? »Literatur muß sein wie Janet Jackson!« Wie bitte? »Literatur muß sein wie Papa Bear!« Moment mal, da stimmt was nicht. »Literatur muß sein wie DJ Bobo!« Nein, das hätte ich ganz gewiß nicht schreiben können.

Es geht ja schließlich auch nur um den Vergleich.

Oder geht's vielleicht doch um mehr? Wenn ich mir die orientalisierte Neueinspielung alter Led Zeppelin-Stücke auf der Page/Plant-CD »No Quarter« anhöre: dann bin ich mir nicht so sicher, ob einer Literatur, die »nur« so gut ist wie Nirvana, nicht doch eine ganze Menge fehlt und ob sie also nicht noch ein bißchen besser sein sollte. »Literatur muß sein wie – Jimmy Page & Robert Plant!«

1 Er hält »das moderne Gedicht nicht für vortragsfähig«. (Probleme der Lyrik. In: Ders.: Gesammelte Werke in vier Bänden. Hg. von Dieter Wellershoff. Stuttgart o. J., Bd. 1/S. 529)

2 Götzen-Dämmerung. In: Friedrich Nietzsche: Sämtliche Werke. Kritische Studienausgabe in 15 Bänden. Hg. von Giorgio Colli u. Mazzino Montinari. München u. Berlin/New York 1980, Bd. 6/S. 64.

3 Frank Schäfer: Ille Harry Rowohlt. Annäherungen an einen schwierigen Autor nebst Aufruf zur Gründung eines Harry-Ro-

wohlt-Decodierungskartells. In: Griffel. Magazin für Literatur und Kritik. Hg. von Frank Schäfer und Rüdiger Wartusch. Heft 1/Juni 1995, S. 32 ff. – Freilich war Schäfers Vorschlag nicht ganz ernst gemeint.
4 Sigrid Löffler in der Süddeutschen Zeitung, 11.8.95.
5 »Volkstümlich«: ist natürlich *nicht* dasselbe wie »völkisch«!
6 Nämlich bei seinem 1995 erschienenen Roman »Ein weites Feld«.
7 Vgl. Anm. 6.

GEMISCHTE GEFÜHLE BEIM VERZEHR VON HUMMERSCHWÄNZEN
Über das Vergnügen an poetischen Gegenständen

Geschrieben: November 1994; veröffentlicht in: Neue Rundschau. Hg. von Günther Busch u. Uwe Wittstock. Heft 2/1995.

Zweierlei fällt mir beim Wiederlesen früherer Vorträge, Essays und kleinerer »Einlassungen« wie den »Hummerschwänzen« auf:

Zum einen: ein jahrelanges Insistieren auf der »Vergnüglichkeit« *deutsch*sprachiger Literatur bei gleichzeitig sich verschärfender Abwehrhaltung gegen (fast) alles, was uns aus transatlantischen Gefilden empfohlen wurde. War ich – wie's mir allen Ernstes mal vorgehalten wurde –, bin ich etwa ein Nationalist, weil ich mich gegen die Vereinnahmung durch US-Kultur wehr(t)e? Gewiß nicht; freilich bin ich überzeugter Föderalist, auch und gerade in kultureller Hinsicht. Als Föderalist aber kann man sich's zur Zeit in keiner der sogenannten westlichen Industrienationen leisten, *nicht* gegen US-Kultur zu sein; ein grundsätzlicher Anti-Amerikanismus oder gar Nationalismus haben damit nichts zu tun.

Noch in der Programmvorschau IV/1997 des Rowohlt-Verlages las ich, und zwar anläßlich der Ankündigung eines Buches von Ulrich Greiner über Amerikanische Schriftsteller (dessen wahrhaft gotteslästerlicher Titel »Gelobtes Land« eigentlich schon alles sagt) die völlig ernstgemeinten Sätze: »Alle Welt redet hierzulande davon, die amerikanische Literatur sei der deutschen haushoch überlegen. Hier erfährt man, warum.«

Las es und – konnte nur deswegen an mich halten, weil's im Verlauf der letzten ein, zwei Jahre endlich auch einmal eine Reihe *deutsch*sprachiger Bestseller gab, *vergnüglich* zu lesender Bestseller, und weil also sowieso jeder weiß, daß besagte Behauptung nicht (mehr) stimmt: Selbst in den kleinsten Buchhandlungen feiert die deutsche Literatur ein Comeback, und man wundert sich, warum da einer wie ich in sei-

242

nen essayistischen Äußerungen derart massiv für sie wirbt. Worauf ich nur sagen kann: Weil von dieser Trendwende vor ein, zwei Jahren noch nichts zu spüren war.

Und das zweite, das mir auffällt? ist mein notorischer Griff zu leicht verdaulichen oder jedenfalls eßbaren Metaphern, wenn's darum geht, literarische Stilrichtungen, Lesevorlieben, »Geschmäcker« zu versinnbildlichen. Hat sich denn am Leben eines Autors seit dem Erscheinen von Reiner Kunzes Erinnerungsbuch »Die wunderbaren Jahre« nichts geändert? Als sich Kunze, so berichtet er darin (Zit. nach: Frankfurt 1986, S. 121), einem Tschechen vorstellte und dabei auch seinen Beruf nannte, wurde sein Gesprächspartner sofort von Mitleid übermannt: »Was bist du – Schriftsteller?« fragte er besorgt: »Hast du Hunger?«

1 Ab in die Nische? Über neueste deutsche Literatur und was sie vom Publikum trennt. In: Neue Rundschau. Hg. von Günther Busch, Elisabeth Ruge u. Uwe Wittstock. Heft 3/1993, S. 45–58.

2 Nicht etwa »experimentieren«! Das tut inzwischen ja bloß noch die unexperimentelle Literatur.

3 Aus dem Vorwort des entsprechenden Handbuchs; Ashleywilde Inc., Malibu.

4 Gierig. Übers. von Eike Schönfeld. Reinbek 1993, S. 17.

5 Platon: Das Gastmahl [Symposion], 210A-212B. In: Ders.: Sämtliche Werke. 3 Bde. Hg. von Erich Loewenthal. Heidelberg 1982, Bd. 1/S. 708–711; Hofmannsthal: Der Dichter und diese Zeit. In: Ders.: Gesammelte Werke in zehn Einzelbänden. Hg. von Bernd Schoeller. Frankfurt 1979, Bd. »Reden und Aufsätze I«/S. 63 f.

6 S. »Das Individuum ist ein Irrtum«, S. 196 ff.

7 Wie sie der englische Utilitarist Jeremy Bentham – und nicht nur er! – vertritt.

8 Also sprach Zarathustra. In: Ders.: Sämtliche Werke. Kritische Studienausgabe in 15 Bänden. Hg. von Giorgio Colli u. Mazzino Montinari. München u. Berlin/New York 1980, Bd. 4/S. 244.

9 In seinem Aufsatz »Über die tragische Kunst«. In: Sämtliche Werke. 5 Bde. Hg. von Gerhard Fricke u. Herbert G. Göpfert. München 1975, Bd. 5/S. 372 ff.

»ICH LIEBE DICH.«
Über die Schwierigkeiten, einen einfachen Satz zu Papier zu bringen

Geschrieben: Juni 1994; als Münchner Poetik-Vorlesung gehalten am 8.6.1994; veröffentlicht in: Neue Rundschau. Hg. von Günther Busch u. Uwe Wittstock. Heft 3/1995.

Der Abschied von einer Stadt, einem Roman, einem darin »aufgehobenen« Stil. Wenige Wochen später saß ich in einer neuen Stadt, an einem neuen Roman – und hatte also auch ein neuer Schreibabschnitt begonnen: Im Umfeld von Hafen und Reeperbahn *muß* man andres und auf andre Weise wahrnehmen als in demjenigen von Biergärten und Alpenpanorama; der Rhythmus einer Stadt diktiert den Rhythmus der Perzeption, den Rhythmus der Apperzeption ... und schließlich auch den (daraus sich ableitenden) Rhythmus der Sätze: Die Stadt diktiert den Stil, in dem man sich beim Schreiben »zu Hause« fühlt.

Naja, natürlich nicht in dieser Ausschließlichkeit, aber doch zu einem gewissen, zu einem ungewissen Teil.

Damals, im Juni '94, war ich noch ganz zu Hause in einer Schreibweise, die mit den herkömmlichen Satzperioden von Gebrauchsanleitungen und Ballettkritiken nichts zu tun haben wollte, und dazu waren mir alle Abweichungen von der grammatikalischen DIN-Norm willkommen. Im Grunde wollte ich wohl auf der »Politycki-Skala« deutlich *über* Eins gelangen, schließlich glaubte ich mit Francis Ponge (Schreibpraktiken oder Die stetige Unfertigkeit. Übers. von Felix Philipp Ingold. München 1988, S. 52), es gäbe gar keine andern literarischen Gegenstände als die Summe der möglichen »Sprachtöne«. Bei ihm fand ich – im nachhinein – auch die Letztbegründung all meiner Satzbauprobleme:

> Man muß so schreiben, daß jedes einzelne Wort im Satz eins nach dem andern ohne lächerlich zu werden kursiv gedruckt werden könnte (und kursiv setzt man das wichtigste Wort das Wort für das der Satz gebaut ist) alle Wörter müssen diese Qualität, dieses Potential des kursiven Worts haben. (A. a. O., S. 94)

Was ja wohl bedeutet, daß ein kleines unscheinbares »man« oder »des« genauso geliebt werden will wie das große auffällige »Potential« oder das noch auffälligere »kursiv« – geliebt und entsprechend ernst genommen als je eigenständiger Gegenstand, über den man beim Schreiben nachdenkt, nach*fühlt* und vielleicht sogar ins Träumen gerät. Die Leidenschaft für den Kursivstil – in den Augen des »traditionellen«

Sprachverwenders wohl eine »amour fou« – kann einige Jahre lang sehr aufregend sein; letztlich ist diese Liebe eine unglückliche. Aber damit auch eine, von der man den Rest seines Lebens »zehren« kann.

1 Hugo von Hofmannsthal: Ein Brief. Zit nach: Ders.: Gesammelte Werke in zehn Einzelbänden. Hg. von Bernd Schoeller. Frankfurt 1979, Bd. »Erzählungen, erfundene Gespräche und Briefe, Reisen«/S. 465.

2 »Und grausig gutzt der Golz«, S. 106.

3 Vgl. »Romane (nicht) lesen, Romane (nicht) schreiben«, S. 133 ff.

4 Benn hat sogar ein Gedicht mit dem Titel »Satzbau« geschrieben – in: Ders.: Gesammelte Werke in vier Bänden. Hg. von Dieter Wellershoff. Stuttgart o. J., Bd. 3/S. 249 f.

5 Das (unverfälschte) Nietzsche-Zitat steht auf S. 125.

6 Der *frühe* Lenz ist natürlich hier nicht gemeint; »Katz und Maus«, die ersten beiden Drittel der »Blechtrommel« – sind weltmeisterlich.

7 Kalbfleisch mit Reis!

8 Bemerkungen zum Roman. – Zit. nach: Hans Ulrich Lindken: Theorie des Romans. Stuttgart 1977, S. 78.

9 Aus Fälle / Zerlegung des Regenbogens. München 1987, S. 98.

10 Kritik der Urteilskraft, § 6. In: Ders.: Werke in zehn Bänden. Hg. von Wilhelm Weischedel. Darmstadt 1983, Bd. 8/S. 288.

11 Walter Benjamin: Einbahnstraße. Frankfurt 1955, S. 52.

12 Wer ist Ponkie? Die Leser der Münchner »Abendzeitung« wissen's.

13 Hamburg 1993, S. 7.

14 Hannes Hintermeier in der »Abendzeitung«, 8.2.1994.

15 Probeübersetzung von Mary-Ann Gilbert.

16 Baron Dravnidschek, Wien, 13.2.1976, mdl. Mitteilung.

»Und grausig gutzt der Golz«
S-Bahn-Lyrik, U-Bahn-Lyrik und das radikalsymmetrische Ende der Sanftmut

Geschrieben: Mai/Juni 1994; als Münchner Poetik-Vorlesung gehalten am 6. Juni 1994; veröffentlicht in: Freibeuter. Vierteljahreszeitschrift für Kultur und Politik. Hg.: Klaus Wagenbach u. a. Nr. 61/September 1994.

Bereits in meiner Vorrede zu den »Hundert notwendigen Gedichten« hatte ich mich radikalsymmetrisch betätigt (»Form ist Wollust!«, S. 152); in der ersten von zwei zusammengehörenden Poetik-Vorlesun-

gen des Sommersemesters '94 führte ich das Übersetzungsprinzip aus-
führlicher vor: als das einer leicht zu handhabenden »Quatsch-Probe«,
die bei allfälligen Seminaren und Tagungen seither oft die wunderbar-
sten radikalpoetischen Ergebnisse gezeigt hat. Freilich geht's bei dieser Quatsch-Probe *nicht* primär darum, wie manchmal unterstellt
wird, sich über die Lyrik lustig zu machen, sondern darum, sie vermit-
tels eines »Bauernopfers« dem »gesunden Menschenverstand« wieder
ein Stückchen näher zu bringen: der sich von ihr ja bekanntlich im Verlauf der letzten Jahrzehnte weitgehend abgewandt hat. »Die Zeit des
Gedichtes als Kunstform ist vorüber«, verkündet man bereits mit Eifer,
übrigens anläßlich einer Rezension ausgerechnet des aktuellen »Lyrik-
Jahrbuchs« (Klaus Georg Koch in der Berliner Zeitung, 24.3.1998),
»die Zeit ist vorüber für das Gedicht«. Das will ich nicht hoffen! Vorüber ist sie freilich für einen gewissen *Typus* von Gedicht, den Typus
»Traumkraut« – nur *ihn* gibt die Quatsch-Probe dem allgemeinen Gelächter preis, um die Gattung als Ganzes davor zu bewahren.

Apropos »Ganzes«: Im Gegensatz zur Parodie wird beim radikalsymmetrischen Übersetzen nicht das *komplette* Gedicht – unter Beibe-
haltung der Tonlage – in sein (komisches) Gegenteil verkehrt, sondern,
sozusagen in einzeln abgeschlossenen Arbeitsschritten, jedes seiner Elemente. D. h. *fast* jedes, denn ein bißchen Schummelei muß schon sein,
wenn die solcherart gewonnenen Roh-Übersetzungen sinnvoll gram-
matikalisiert werden sollen. Ausschließlich kann die Radikalsymmetrie
folglich bei Werken gelingen, deren quasi-autonome Teile *auf Kosten
des ganzen Gedichts* ein kryptisches Eigenleben führen und in ihrer Gesamtheit – eben kein Ganzes, sondern bloß eine surreal-pathetisch anmutende Summe ergeben: einen heiligen Blödsinn, der – und das ist der
springende Punkt – in der Übersetzung ebenso surreal-pathetisch wirken muß wie beim Original.

Keine gute Idee? Zumindest bescherte sie uns, Albrecht Oldenbourg
und mir, in den Wintermonaten 83/84 eine Reihe von langen, richtig
langen Abenden; schließlich wollten wir's wissen und boten unsre im
Lauf der Zeit entstandne Sammlung radikalsymmetrischer Gesänge –
als ernst gemeinte Originale eines von uns erfundenen Originallyrikers,
versteht sich – mehreren Verlagen an. Als wir eine erste Zusage erhiel-
ten, verließ uns allerdings der Mut; unser Anti-Lyrikband ist also –
ähnlich dem zweiten Projekt jener Jahre, der Anti-Literaturgeschichte
(Vgl. »Mörike, der dämonische Schwächling«, S. 219) – niemals realisiert worden: was sicherlich seine Richtigkeit so hat.

Obwohl ... Gerade lese ich ein »Gedicht« von Heiner Müller – in einer Rezension von Michael Basse in der Süddeutschen Zeitung
(25.3.1998) –, und ich kann der Versuchung kaum widerstehen, Hand
anzulegen:

ALLEIN MIT DIESEN LEIBERN
Staaten Utopien
Gras wächst
Auf den Gleisen
Auf dem Papier
Die Augen der Frauen
Werden kälter
Abschied von morgen
STATUS QUO

Oh ja, ZURÜCK AUF LOS, die Begrüßung des Gestern: GEMEINSAM MIT ALL JENEN GEISTERN … immer hurtig voran!

1   Dieses Gedicht – wie auch die beiden auf S. 106 und 113 folgen-den – aus: M. P.: Jenseits von Wurst und Käse. München 1995.
2   Alle Galgenlieder. Frankfurt 1947, S. 309.
3   Nikomachische Ethik; mdl. Mitteilung von Thomas Buchheim.
4   Gorgias 487A. – Zit. nach: Platon: Sämtliche Werke. 3 Bde. Hg. von Erich Loewenthal. Heidelberg 1982, Bd. 1/S. 356.
5   Um keine Mißverständnisse aufkommen zu lassen: In »zwei Minu-ten« findet der Primärschub eines Gedichts statt; die Ausarbeitung zum tatsächlichen Endprodukt kann sich über Jahre hinziehen.
6   Vgl. S. 157 f.
7   »Meldungen vom lyrischen Betrieb«. In: Frankfurter Allgemeine Zeitung, 14.3.1989. Vgl. S. 166.
8   Verteidigung des Gedichts. Eine Polemik und ein Vorschlag. Göt-tingen 1990.
9   A. a. O., S. 11 f.
10 A. a. O., S. 8.
11 A. a. O., S. 20.
12 Jenseits von Gut und Böse: In: Ders.: Sämtliche Werke. Kritische Studienausgabe in 15 Bänden. Hg. von Giorgio Colli und Mazzi-no Montinari. München u. Berlin/New York 1980, Bd. 5/S. 98.
13 Verteidigung des Gedichts. A. a. O., S. 15.
14 A. a. O., S. 17, 15.
15 A. a. O., S. 25 f., 21 f., 24.
16 Probleme der Lyrik. In: Ders.: Gesammmelte Werke in vier Bän-den. Hg. von Dieter Wellershoff. Stuttgart o. J., Bd. 1/S. 508.

DAS KAMERUN-PRINZIP
*Einige Vorurteile über Vorurteile über »amerikanische«
und »deutsche« Literatur*

Geschrieben: März 1993; veröffentlicht in: Neue Rundschau.
Hg. von Günther Busch, Elisabeth Ruge u. Uwe Wittstock.
Heft 3/1993.

Der Streit um amerikanische und deutsche, um E- und U-Literatur bzw.
deren zulässigen Höchstunterhaltungswert war gerade mal wieder (von
Biller, Altenburg etc.) neu in den Feuilletons entfacht; in selbiger Nummer der »Neuen Rundschau« veröffentlichte Uwe Wittstock seinen Fun-
damentalessay »Ab in die Nische? Über neueste deutsche Literatur und
was sie vom Publikum trennt«; unter der Überschrift »Literatur im Abseits – und wie sie herauskommt« meldete sich eine ganze Reihe weiterer Autoren zu Wort: beileibe nicht etwa nur im Sinne Wittstocks, auch
wenn sich die Diskussion in ihrem weiteren Verlauf stark polarisierte.

In dieser für die deutsche Literatur lebens-, vielleicht *über*lebensnot-
wendigen Diskussion gab's natürlich nicht nur Pro & Contra, obwohl
man von Hardlinern beider Seiten gern dem entgegengesetzten Lager
zugeschlagen wurde, sobald man sich um einen dritten Standpunkt
mühte. Schließlich ging's um weit mehr als das Klein-Klein individueller Positionsabgrenzung, schließlich ging's um das Ende der alten und
den Anfang einer neuen, *lesbaren* Literatur; und wenn man heute, da
sich die Neue Deutsche Lesbarkeit längst durchgesetzt und sogar schon
einen Namen gemacht hat, wenn man heute die damaligen Debatten-
beiträge durchblättert, so erschrickt man fast über den rhetorischen
Aufwand, mit dem da offensichtliche Gemeinplätze eines jahrhunder-
te- (wenn nicht: jahrtausende-)alten Kulturverständnisses wieder einge-
klagt werden mußten.

Aber *ohne* diesen Aufwand, das ist sicher, hätten wir heute weiterhin
nicht etwa bloß den alten, überlebten *Begriff* von »deutscher Literatur«, sondern auch – nämlich als das, was vom Zeitgeist entsprechend
wahrgenommen und für repräsentativ erklärt wird – die dazu passenden »Neu«-Erscheinungen.

1 Walther Killy (Hg.): Literaturlexikon. 15 Bde. München 1988 ff.,
   Bd. 14/S. 302 ff.
2 Eine Aussage, zu der sich Urs Widmer – gemäß telephonischer
   Auskunft vom 19.5.1998 – noch immer bekennt, wenngleich er
   selber nicht mehr weiß, wo er sie gemacht haben könnte. Wahrscheinlich hinken sogar die Pfleger!

3 Übers. von Werner Schmitz. Reinbek 1992. – Die folgenden Auszüge aus Rezenzionen finden sich alle auf dem Buchumschlag.
4 A. a. O., S. 46.
5 A. a. O., S. 30.
6 A. a. O., S. 108.
7 A. a. O., S. 235.
8 A. a. O., S. 176.
9 A. a. O., S. 106.
10 A. a. O., S. 122.
11 A. a. O., S. 188.
12 A. a. O., S. 218.
13 A. a. O., S. 25.
14 A. a. O., S. 160.
15 A. a. O., S. 243.

ROMANE (NICHT) LESEN, ROMANE (NICHT) SCHREIBEN
Eine Selbstvergewisserung

Geschrieben: Mai/Juni 1992; bislang unveröffentlicht.

Unmittelbarer Anlaß dieser kleinen Selbsterkundung war ein Wolfenbütteler »Literatur-Dialog« der Stiftung Niedersachsen, international besetzt, zum Thema »Der Roman« (1.–3.5.1992). Der deutsche Vertreter wußte in seinem Vortrag nämlich nichts Klügeres zu tun, als sich in den sattsam bekannten Kreativitätsmythos von der Sprachlosigkeit der Sprachkünstler zu flüchten, zu insistieren auf einem berufsbedingten Nichts-sagen-Können über Sagen und Können. Schreiben täte man wohl, aber darüber reden, das sei zuviel verlangt – ja, da wird man schnell einig mit den Kollegen, da braucht man anschließend nicht lange herumzustreiten mit dem Publikum: Ein Minimalkonsens ist gestiftet, die Nüsse sind im Handumdrehen vergoldet, und dann werden die Honorare versoffen.

Damals, als Zuhörer von München extra angereist, war ich sauer. Ein gewisser Autorentypus reklamiert gegenüber der Öffentlichkeit nach wie vor den blauen Blick, sprich, den Status eines genialnaiven, jenseits aller bürgerlichen Arbeitsvorstellungen Schaffenden, reklamiert den quasigöttlichen Gestus des Ich-weiß-auch-nicht-wie-ich-das-wieder-hingekriegt-habe-aber-am-siebten-Tage-war's-plötzlich-ein-Roman.

Sicher, eine lebensdienliche Blindheit gibt's bzw. Dummheit: Wer *zuviel* über den Roman reflektiert, der wird ihn nicht mehr schreiben. Wenn aber Wissen lähmt, so wirkt Halbwissen geradezu beflügelnd:

Warum also sollte man nicht nachdenken über den Roman, *in Maßen* und *bis zu einer gewissen Grenze*, anstatt wortreich sich davon zu distanzieren? Die Antwort könnte lauten: Weil die Ergebnisse, die man auf derlei Selbstbefragung erhält, gegenüber denjenigen der Philologen, Soziologen, Psychologen erschreckend bescheiden ausfallen, erschreckend unbescheiden und letztlich auf nichts andres hinauslaufen als eine ins Allgemeine hinaufstilisierte Fehlein- und Überschätzung der eignen Arbeit.

Sei's drum. So zu tun, als habe man dazu nichts zu sagen, ist *noch* überheblicher.

1 Als ehemaliger Philologie-Student wüßte ich natürlich schon eine Antwort: um die schlußendliche Erstürmung der »Festung« namens Toby motivisch vorzubereiten, *deshalb*. Aber ist das wirklich eine Antwort?

2 Ecce homo. In: Ders.: Sämtliche Werke. Kritische Studienausgabe in 15 Bänden. Hg. von Giorgio Colli u. Mazzino Montinari. München u. Berlin/New York 1980, Bd. 6/S. 292. – Vgl.: »Vieles niemals sehn, Vieles falsch sehn, Vieles hinzusehn … Oh wie klug man [noch] ist […]« (Nachgelassene Fragmente Herbst 1885 bis Anfang Januar 1889. A. a. O., Bd. 13/S. 193).

3 Ein derartiger »Text der Wollust« ist auch für Roland Barthes befriedigender als ein »Text der Lust: der [nur] befriedigt, erfüllt, Euphorie erregt« (Die Lust am Text. Übers. von Traugott König. Frankfurt 1974, S. 22).

4 Wilhelm Meisters Wanderjahre. In: Ders.: Gedenkausgabe der Werke, Briefe und Gespräche. 24 Bde. Hg. von Ernst Beutler. Zürich u. Stuttgart 1949, Bd. 8/S. 285.

5 Also sollte jeder Gelehrte ein Handwerk lernen. In: Ders.: Patriotische Phantasien. Hg. von J. W. J. v. Voigts. 4 Bde. Berlin 1842, Bd. 3/128 ff.

6 Zit. nach: Klaus Siblewski: Vom Ich und von der Welt. Eine Tagung zum Thema »Der Roman« in Wolfenbüttel. In: Neue Zürcher Zeitung, 8.5.1992.

7 »Hat der Geist sich lange genug genährt und erregt, kann der entäußernde und schöpferische Genuß einsetzen.« (Francis Ponge: Über die Inspiration. In: Ders.: Schreibpraktiken oder Die stetige Unfertigkeit. Übers. von Felix Philipp Ingold. München: 1988, S. 44)

8 Francis Ponge begreift die Inspiration als erotischen Akt: »Unfehlbar kommt es zum Erguß« etc. – A. a. O., S. 43.

9 James Kirkup: Japan ohne Fächer. Übers. von Dieter Flamm. München 1964, S. 209.

10 Einbahnstraße. Frankfurt [11]1991, S. 39 f. – Vgl. Schiller an Goethe, 18.3.1796. In: Der Briefwechsel zwischen Schiller und Goethe. Hg. von Paul Stapf. München o. J., S. 141.

11 25.7.1845 an Elise Lensing. In: Friedrich Hebbel: Sämtliche Werke. Historisch-kritische Ausgabe. Hg. von Richard Maria Werner. Berlin 1905, Dritte Abt.: Briefe/Bd. 3/S. 250.

12 Bielefeld 1991, 54. Szene.

13 In den Jahren 1994–97 hat sich dieser Aufgabe das Marbacher Literaturarchiv in einer fünfteiligen Ausstellungsserie »Vom Schreiben« angenommen – vorzüglich dokumentiert in: Marbacher Magazin. Hg. von Ulrich Ott. Marbach 1994 ff., Nr. 68, 69, 72, 74, 80.

14 Behauptet jedenfalls Donald W. Goodwin: Alkohol & Autor. Zürich 1995. S. dazu: Süddeutsche Zeitung, 18./19.5.1996. – Die Liste der heiligen Trinker ist wahrlich lang: Joseph Roth, Bukowski, Poe, Jack London, Chandler, Hemingway, Faulkner, Steinbeck usw. usf.

15 M. Walser benötigt eine amerikanische High-Tech-Kugelschreibermine, bei der die Tinte nach oben fließt. – SZ-Magazin Nr. 40, 8.10.1993.

16 A. a. O., S. 47.

17 Feb. 1884 an Graf Yorck. In: Briefwechsel zwischen Wilhelm Dilthey und dem Grafen Paul Yorck v. Wartenburg 1877–1897. Hg. von Erich Rothacker. Halle 1923, S. 38 f.

18 Der literarische Arbeiter. Bd. 1: Arbeit, Zeit und Werk im literarischen Beruf. Göttingen/Zürich 1976, S. 353.

FORM IST WOLLUST!
Vorrede zur Anthologie »Hundert notwendige Gedichte.
Und ein überflüssiges«

Geschrieben: Oktober 1990; veröffentlicht: März 1992.

Als ich »meine« hundert notwendigen Gedichte zusammensuchte, hatte ich bereits – meist für die »Stuttgarter Zeitung« – einige kritische Rezensionen lyrischer Neuerscheinungen verfaßt: u. a. auch zu Bänden von Th. Kling oder D. Grünbein, um nur die beiden wichtigsten Vertreter einer Richtung zu benennen, vor der ich allen Respekt habe, die ich aber, trotz oder vielleicht auch wegen des Respekts, einfach nicht lieben konnte und kann. Gedichte allerdings, die man nicht lieben, sondern bestenfalls achten kann, die man nicht auswendig lernt, sondern bestenfalls interpretiert, an denen man sich nicht berauscht, sondern bestenfalls erhitzt: derartige Gedichte sind, angesichts *notwendiger* Gedichte (die in ihrer jeweiligen Einmaligkeit durch nichts zu ersetzen und ohne deren – wiederholte – Lektüre das Leben ein Stückchen leerer, geheimnisloser, *prosaischer* verlaufen wäre), derartige Gedichte sind eben *für mich* letztlich überflüssig.

Wie überrascht war ich freilich, als die Rezensenten, die sich meiner »Best of«-Anthologie annahmen, nicht etwa gezielt das *eine* überflüssige Gedicht darin geißelten, sondern alles mögliche und jedenfalls für mich notwendige! Mit Ausnahme eines einzigen Rezensenten, der ... natürlich nicht verraten wird.

Überrascht – und belehrt – war ich auch, als mir jemand zum Erscheinen des Bandes gratulierte. Mit großem Vergnügen und durchaus mit Gewinn habe er darin gelesen; nur der Titel, der sei irreführend: »Hundert überflüssige Gedichte« hätte ich ja wohl ausgesucht – »und ein notwendiges«. Aber was mein Vorwort betreffe, meine theoretischen Vorüberlegungen, so stimme er mir gerne zu.

Wie ist das möglich, dachte ich damals: daß man mit (nahezu) der gleichen Ästhetik zum entgegengesetzten Urteil über einen Text, über 101 Texte gelangen kann?

1 Sprüche und Widersprüche. – Zit. nach: Frankfurt 1986, S. 126.

2 Trennt ihr vom Inhalt die Form ... In: Gesammelte Werke in zehn Einzelbänden. Hg. von Bernd Schoeller. Frankfurt 1979, Bd. »Gedichte, Dramen I«/S. 155.

3 Vgl. »[Metren, Reime, Rhythmen bzw. die Sätze/Satzinhalte, die aus ihnen gebildet werden:] Keins ist vom andern zu lösen, und also sind diese nicht Inhalt und jene nicht Form.« (Grundbegriffe der Poetik. Zürich 1946, S. 22)

4 Friedrich Nietzsche: Nachgelassene Fragmente. Herbst 1885 bis Anfang Januar 1889. In: Ders.: Sämtliche Werke. Kritische Studienausgabe in 15 Bänden. Hg. von Giorgio Colli u. Mazzino Montinari. München u. Berlin/New York 1980, Bd. 13/9 f.

5 Titel eines seiner Gedichte in »Der Aufbruch« (1914), z. B. in: Ernst Stadler: Der Aufbruch und ausgewählte Gedichte. Hg. von Heinz Rölleke. Stuttgart 1976, S. 16.

6 Sonett-Sonett. In: Ders.: Lockruf der Liebe. Zürich 1988, S. 105.

7 Ebd., S. 119, 123.

8 Odo Marquard: Ende des Schicksals? In: Ders.: Abschied vom Prinzipiellen. Philosophische Studien. Stuttgart 1981, S. 84.

9 Den betreffenden Band mit Brinkmann-Gedichten, aus dessen Vor- oder Nachwort ich seinerzeit zitierte, hatte ich mir von einem Freund entliehen. Inzwischen ...

10 ... ist der Band in irgendeiner Umzugskiste auf dem Dachboden

besagten Freundes verschwunden, und zwar seit Jahren. Was nicht gerade für Brinkmanns »snap-shots« spricht.

11 Keto von Waberer: Das Nomadische spielt eine Rolle von Anfang an. Interview mit Joseph Beuys (1979). In: Joseph Beuys. Eine innere Mongolei. Hg. von Carl Haenlein. Katalog der Kestner-Gesellschaft Hannover 1990, S. 214.

12 Die Lust am Text. Übers. von Traugott König. Frankfurt 1974, S. 10 f.

13 In: Ders.: so zier so starr – so form so streng. Bielefeld 1988, S. 17.

14 Meldungen vom lyrischen Betrieb. In: Frankfurter Allgemeine Zeitung, 14.3.1989.

15 Satzbau. In: Ders.: Gesammelte Werke in vier Bänden. Hg. von Dieter Wellershoff. Stuttgart o. J., Bd. 3/S. 249 f.

16 Ebd.

17 Menschliches, Allzumenschliches II. A. a. O., Bd. 2/S. 612.

18 Bewunderung soll dem freien Vers gehören … In: Ders.: Gedichte. Französisch und deutsch. Hg. und übers. von Hanneliese Hinderberger. Heidelberg 1979, S. 311.

19 A. a. O., S. 149.

20 Die Methode der Radikalsymmetrischen Übersetzung wird erläutert in »Und grausig gutzt der Golz«, S. 103 ff. bzw. 243 f.

21 Vgl. »Und grausig gutzt der Golz«, S. 105.

22 Faust. Der Tragödie dritter Teil. – Zit. nach: Stuttgart 1978, S. 138, 141.

23 In: A. a. O., Bd. 1/S. 505.

24 »Wer einst fliegen lernen will, der muss erst stehn und gehn und laufen und klettern und tanzen lernen – man erfliegt das Fliegen nicht!« (Also sprach Zarathustra. In: Ders.: Sämtliche Werke. Kritische Studienausgabe in 15 Bänden. Hg. von Giorgio Colli u. Mazzino Montinari. München u. Berlin/New York 1980, Bd. 4/S. 244)

25 Anfangszeilen von Pierre Albert-Birots Gedicht »Für das Eßzimmer«; in: Ders.: Setzt euch hin und redet nicht so viel von Dingen, die man nicht essen kann. Übers. u. hg. von Eugen Helmlé. München 1985, S. 251.

Wenn du zum Dichten gehst, vergiss die Feile nicht
Herr Auerhahn und das »Jahrbuch der Lyrik 1988/89«

Geschrieben: Februar 1989; erschienen unter dem Titel
»Nr. 3049 oder Wenn du zum Dichten gehst, vergiß die Feile nicht«
in: Luchterhand Jahrbuch der Lyrik 1989/90. Reste / Schichten.
Hg. von Christoph Buchwald u. Rolf Haufs.
Frankfurt 1989, S. 149 ff.

Schon immer war das »Lyrikjahrbuch« für mich *die* Instanz in Sachen
Lyrik, und sie ist es bis heute geblieben: Ja, ich bin überzeugt, daß die
Germanistik des 21. Jahrhunderts das »Lyrikjahrbuch« als ein maßgeb-
liches Organ begreifen wird, in dem die deutschsprachige Nachkriegs-
dichtung seit 1979 ihren Ort gefunden hat und auch weiterhin findet.

Trotzdem mußte dieser Aufsatz sein; und die Herausgeber des
darauffolgenden Jahrbuchs druckten ihn sogar ab: wenngleich, ver-
ständlicherweise, mit einer distanzierenden Nachbemerkung und,
unverständlicherweise, in einer ziemlich (an manchen Stellen sogar un-
ziemlich) stark redigierten Fassung. Und: unter weitgehender Streichung von Namen.

Was aber ist eine Polemik noch wert, die Roß & Reiter nicht benennt?
Folglich habe ich in der hier vorliegenden Fassung alle Namen wieder
in den Text hineingenommen und eine ganze Latte an Quellenangaben
in den Anmerkungsteil: Schließlich muß auch ein durch und durch emo-
tionaler Text sein sachliches, überprüfbares Fundament haben.

Aber Achtung: Wenn ich Namen nenne, so meine ich niemals die Tä-
ter, meine lediglich ihre Spuren an diesem oder jenem Tatort. In manchen Fällen – z. B. dem von Ernst Jandl – schätze ich die Person (und
damit die *Summe* seiner Tatbestände) sogar außerordentlich; nur eben
nicht das singuläre Faktum, das im Lyrikjahrbuch 88/89 dokumentiert
ist.

Dabei sollte es dann übrigens nicht bleiben. Heinrich Vormweg veröffentlichte 1990 eine Gegenschrift (Verteidigung des Gedichts. Eine
Polemik und ein Vorschlag. Göttingen), von deren Existenz ich zwar einige Jahre lang gar nichts mitbekam, dann aber immerhin noch rechtzeitig genug, um in einer Münchner Poetik-Vorlesung des Sommers '94
darauf eingehen zu können (»Und grausig gutzt der Golz«, S. 108 ff.).

Bei aller Polemik indessen, bei aller Gegenpolemik und Gegengegen-
polemik: *Keiner* von uns schreibt *freiwillig* Gedichte; selbst wenn wir
uns dabei mitunter auf eine Weise behelfen, die einem andern suspekt,
ja zuwider ist, sollten wir nie vergessen, daß es genau *das* ist, was uns
verbindet: das große Unglück, Gedichte schreiben zu müssen, und das
große Glück, es zu tun.

1   Christoph Buchwald u. Friederike Roth (Hg.s): Luchterhand Jahr-
     buch der Lyrik 1988/89. Reifenspuren / Brachpfade. Darmstadt
     1988.
     Das »Jahrbuch der Lyrik« erschien zunächst bei Claasen, dann bei
     Luchterhand und seit 1995 bei C.H. Beck; sein Erfinder ist Chri-
     stoph Buchwald, der – zusammen mit einem jährlich wechselnden
     Lyriker – auch als Herausgeber fungiert.
2   A.a.O., S. 28 f.
3   Monika Köhn: sackfarben ... A.a.O., S. 118.
4   Günter Kunert: Eintagsfliegen. A.a.O., S. 47.
5   Andreas van Düren: Der Abgeschiedene. A.a.O., S. 73.
6   Titanic. Das endgültige Satiremagazin. Hg. von Lionel van der
     Meulen. Nr. 11/80, 2/81, 8/81, 11/81.
7   James Macpherson, schottischer Theologe und Lehrer, gab um
     1760 eigene Gedichte und Epen unter dem Namen Ossians heraus,
     eines schottisch-gälischen Barden aus dem 3. Jahrhundert, und
     prompt wurde er damit berühmt.
8   Sudelbücher. In: Ders.: Schriften und Briefe. 6 Bde. Hg. von
     Wolfgang Promies. München 1968, Bd. 1/S. 840.
9   Grönländische Prozesse. In: Ders.: Sämtliche Werke. Historisch-
     kritische Ausgabe. 33 Bde. Hg.: Preußische Akademie der Wissen-
     schaften. Weimar 1927 ff., Erste Abteilung/Bd. 1/S. 132.
10 Nachgelassene Fragmente. Herbst 1885 bis Anfang Januar 1889.
     In: Ders: Sämtliche Werke. Kritische Studienausgabe in 15 Bän-
     den. Hg. von Giorgio Colli u. Mazzino Montinari. München u.
     Berlin/New York 1980, Bd. 13/S. 9 f. – Mein Lieblingszitat; jahre-
     lang wußte ich keinen Essay zu schreiben, wenn ich es nicht we-
     nigstens einmal darin anbringen konnte.
11 Probleme der Lyrik. In: Ders.: Gesammelte Werke in vier Bänden.
     Hg. von Dieter Wellershoff. Stuttgart o. J., Bd. 1/S. 512.
12 Brigitte Oleschinski: Weglos. A.a.O., S. 17.
13 Thomas Rosenlöcher: In wirrer Nacht ... A.a.O., S. 14.
14 Wolfgang Hermann: Auf meinem Marsch. A.a.O., S. 67.
15 Gerlind Reinshagen: Erinnerung. A.a.O., S. 56.
16 Gabriele Eckart: In Oregon. A.a.O., S. 65.
17 Michael Buselmeier: NadelWortTod. A.a.O., S. 47.
18 Die Geburt der Tragödie. In: Ders.: A.a.O., Bd. 1/S. 44.
19 Monika Köhn: sackfarben ... A.a.O., S. 119. – Wie die Säurelan-
     zen ausgerechnet Glutkeile ausgerechnet brechen sollen, bleibt
     Köhns Geheimnis.
20 Heinz Czechowski: Engel. A.a.O., S. 105. – Immer, immer müssen
     sie Nein sagen, die Dichter! Jedenfalls bis sie sich zum Oberdich-
     ter gemausert haben, dann verwandeln sie sich in ... s. Anm. 24.

21 Sarah Kirsch: Der Frühling. A. a. O., S. 69. – Mal ehrlich, haben wir nicht alle schon irgendwann mal Lava unter die Baumrinden gepustet?

22 Gerhard Bolaender: Der Schatten des Körpers. A. a. O., S. 72. – Spätestens in der zweiten Schulstunde und allerspätestens *vor* der großen Pause hatten wir unsre von »Muttern« geschmierten Pausenstullen immer schon verzehrt. Ja, auch (m)ich hungerte viel vor der Zeit!

23 Wolfgang Hermann: Ein Baum am Wegrand. A. a. O., S. 67. – Das Jahr, was tut es nicht alles! Es klopft mir auf die Schulter, es bietet mir eine Zigarette an, es hängt sich bei mir ein ... und, nunja, es lehnt sich halt auch mal an mein Holz.

24 Uwe Hübner: Heimat. A. a. O., S. 71. – Immer, immer müssen sie Ja sagen, die Oberdichter, vor allem zum Sein: »Aber ja doch, gut gemacht, Mutter Erde, alles bestens!«

25 Uwe Kolbe: Worpsweder Kunststück. A. a. O., S. 25.

26 Friederike Mayröcker: Salzburg Pachermadonna Franziskanerkirche. A. a. O., S. 104.

27 Prof. Lichtenbergs Antwort auf das Sendschreiben eines Ungenannten über die Schwärmerei unserer Zeiten. In: Ders.: Schriften und Briefe. 6 Bde. Hg. von Wolfgang Promies. München 1972, Bd. 3/S. 423.

28 Michael Krüger: Aus dem Tagebuch. A. a. O., S. 101.

29 Ebd.

30 Kurt Drawert: Vom Gehen, und vom Zurückbleiben. A. a. O., S. 36.

31 Wolfgang Utschick: Vater unser Exil. A. a. O., S. 83.

32 Märkische Metropole. A. a. O., S. 58.

33 Tongesichter muß ich machen. A. a. O., S. 93.

34 A. a. O., S. 91.

35 eine Postkarte aus Treviso. A. a. O., S. 103.

36 Friedrich Nietzsche: Götzen-Dämmerung. In: Ders.: A. a. O., Bd. 6/S. 153.

37 Sarah Kirsch: Verstohlen geht wieder der Mond auf ... A. a. O., S. 69.

38 Ebd., S. 70.

39 Titanic Nr. 11/80.

40 Inbild. A. a. O., S. 92.

41 Anna Rheinsberg: Wind sanfte. A. a. O., S. 90.

42 déjà-vu. A. a. O., S. 32.

43 Buch. A. a. O., S. 38 f.

44 doktorgedichte. A. a. O., S. 41 f.

45 déjà-vu. A. a. O., S. 32.

46 Marcel Beyer: Schlafendes Gespräch. A. a. O., S. 29 f.; Adolf Endler: Im Pamir, S. 77 f. – u. a.!

47 Elke Erb: Freude hin, Freude her. A. a. O., S. 118.

48 Peter Waterhouse: Leibniz. Nacht. O. A. a. O., S. 79. – Waterhouse ist ein, wenn nicht *der* Großmeister im Kombinieren der Methoden a) und b)!

49 A. a. O., S. 57.

50 Tatsächlich war der Erstabdruck des hier vorliegenden Gedichts, Pardon: des hier vorliegenden Essays mit ebenjener Nummer betitelt.

51 Peter Härtling: Abendlicher Entwurf. A. a. O., S. 74.

52 Thomas Kling: winterkrieg; survival storalånggatan. A. a. O., S. 112.

53 Ebd.

54 Der Misanthrop, IV/1. Zit. nach: Molières sämtliche Werke in sechs Bänden. Hg. von Eugen Neresheimer. Berlin [1912], Bd. 4/ S. 66.

55 Kallias oder Über die Schönheit. In: Friedrich Schiller: Sämtliche Werke. 5 Bde. Hg. von Gerhard Fricke u. Herbert G. Göpfert. München 1975, Bd. 5/S. 403.

56 Yaak Karsunke: nur gutes über die toten. A. a. O., S. 45.

57 Jutta Schutting: Worte, die nicht nur Worte gewesen wären ... A. a. O., S. 107 f.

58 Schon damals regten mich unmotivierte englische Einsprengsel in deutschsprachigen Texten auf (z. B. bei Felix Philipp Ingold: Wer ... A. a. O., S. 85); inzwischen haben ganze Lyrik- und auch Prosabände englische Titel: auf daß jeder gleich beim ersten Blick bemerkt, wie verdammt *hip* sie sind.

59 Friedrich Nietzsche: A. a. O., Bd. 4/S. 225.

60 In: Frankfurter Allgemeine Zeitung, 14.3.1989. – Enzensbergers Artikel erschien knapp fünf Wochen, nachdem ich meinen Aufsatz abgegeben hatte; in den Fahnen konnte ich dann nur kurz darauf eingehen.

61 Wilhelm Meisters Lehrjahre. In: Ders.: Gedenkausgabe der Werke, Briefe und Gespräche. 24 Bde. Hg. von Ernst Beutler. Zürich u. Stuttgart 1949, Bd. 7/S. 87.

DIE FARBE DER VOKALE

Geschrieben: Juli 1988; veröffentlicht in: Hessischer Literatur Bote. Hg. vom Förderverein deutscher Schriftsteller in Hessen e. V. Nr. 11/September 1988.

Ein Jahr nach Erscheinen der »Aus Fälle«, in denen ich – wie im Essay, S. 174, »befürchtet« – einen ganzen Roman lang um die Farben von Vokalen herumgeschrieben und dabei keine einzige befriedigende Definition erhalten hatte, allenfalls vielfach einander widersprechende Fehldefinitionen –, eineinhalb Jahre nach Beendigung der »Aus Fälle« ließ mich dieses Thema noch immer nicht los. Wie überrascht – und auch empört – war ich freilich, als ich, beim Blättern in ebenjener Nummer des »Hessischen Literatur Boten«, für den ich meinen kleinen Aufsatz damals geschrieben, als ich dort einen Text von Nabokov entdecken mußte, der dieselbe Sache nicht etwa nur zu *seinem* Thema gemacht, sondern sich auch gleich noch der Konsonanten angenommen hatte, der *Farbe* von Konsonanten, versteht sich.

Nabokov unterteilt die Buchstaben in schwarze, weiße, blaue, grüne, gelbe, braune, rote Gruppe; und sicherlich assoziiert er nicht weniger präzis als ein Rimbaud, wenn er z. B. dem – französisch nasalierten – ON die »Oberflächenspannung von Alkohol in einem randvollen kleinen Glas« zuordnet (Erinnerung, sprich. Übers. von Dieter E. Zimmer. Reinbek 1991, S. 40). Erstaunlich präzis; doch präzis genug? Denkt er an Himbeergeist, Kirschlikör oder an Blue Curaçao? Und *riecht* er das ON, *schmeckt* er's entsprechend? Oder ist das Glas nicht *so* klein und folglich mit etwas völlig Andersfarbigem gefüllt?

Es scheint, daß der Fragen nicht weniger werden, wenn man die Augen schließt und sich die Konsonanten, die Vokale auf der Zunge zergehen läßt. Und gar ein O, also das, was vielleicht einmal mein Lieblingsbuchstabe gewesen! Die »elfenbeinerne Rückseite« eines Handspiegels, wie Nabokov vorschlägt (ebd.)? Nein, nein und abermals nein, ein O ist und bleibt für mich ein sehr präziser Farbton »zwischen Grün und Grün«... Mit Nabokov geht es mir heute genauso wie seinerzeit mit Rimbaud: Ich kann seine Assoziationen beim besten Willen nicht teilen; und obwohl ich mich damit beruhigen sollte, daß der eine seine Buchstaben eben französisch ausspricht, hört, fühlt, der zweite amerikanisch-englisch (Nabokov), der dritte deutsch – und daß bereits dadurch ein jeweils völlig verschiedner Assoziationsraum aufgespannt wird: obwohl ich mich also beruhigen sollte, ist da etwas in mir, das keine Ruhe geben will.

1 Sämtliche Dichtungen. Französisch und Deutsch. Hg. u. übers. von Walther Küchler. Heidelberg 1978, S. 106.

2 Stefan George: Werke. Ausgabe in zwei Bänden. Düsseldorf u. München ²1968, Bd. 2/S. 426.

3 Arthur Rimbaud: Sämtliche Dichtungen. A. a. O., S. 107.

4 Zitiert wird hier und im folgenden nach der Übersetzung von Walther Küchler.

5 Er ist bzw. sie sind Teil seiner Prosaaufzeichnung »Eine Zeit in der Hölle«, der auch die folgenden Zitate entnommen sind. A. a. O., S. 299.

6 Nein, »eigenmächtig« tat er das nicht: Ohne das französische Originalgedicht *selber* einmal Wort für Wort ins Deutsche zu übertragen, verließ ich mich während der Arbeit am »Lob der Vokale« auf Küchlers Übersetzung. Bei Rimbaud steht an der fraglichen Stelle freilich »violet«, was in der Tat im Deutschen nichts andres heißt als »violett, veilchenblau«. – Der sich anschließende Absatz über das Blau »im Auge der originalen, der französischen Frau« hätte damit eigentlich gestrichen oder grundsätzlich überarbeitet werden müssen. Beides erschien mir jedoch, sozusagen aus supravioletten Gründen, unmöglich.

7 Zit. nach: Georges Perec: Anton Voyls Fortgang. Hg. u. übers. von Eugen Helmlé. Frankfurt 1986, S. 355.

8 Ideal: Blaue Augen (1980).

9 Pariserblau ist freilich nur eine andre Bezeichnung für Preußischblau, der Farbton ist der gleiche.

10 Fast so bunt wie bei Nina Hagen: TV-Glotzer (1978).

11 Goggelmoggel alias Lewis Carroll ist da freilich andrer Meinung: »Sie [=die Wörter] sind ja recht widerspenstig, manchmal – besonders die Verben, die bilden sich am meisten ein – Adjektive lassen ja alles mit sich geschehen, aber die Verben haben ihre Zicken […]«(Alice hinter den Spiegeln. Übers. von Christian Enzensberger. Frankfurt 1974, S. 88).

12 Professor Froeppel [= Un mot pour un autre]. Übers. von Marlis und Paul Pörtner. Köln/Berlin 1966, S. 21 f.

13 Oder ein dickes, ein 320 Seiten dickes Sachbuch: Angelika Lochmann und Angelika Overath (Hg.): Das blaue Buch. Lesarten einer Farbe. Nördlingen 1988.

14 Es *ist* jedenfalls der Ausgangspunkt der »Aus Fälle«.

15 In den »Aus Fällen« lauten die Bezugswörter: B rock, Zusamm nhang, W rt, Bl me, T d.

16 Vgl. im folgenden: Aus Fälle, S. 185 ff., und »An den sechs Enden der Sackgasse«, S. 183 ff. bzw. S. 260, Anm. 20.

17 Stefan George, a. a. O.

AN DEN SECHS ENDEN DER SACKGASSE
Rede anläßlich der Verleihung eines Literaturpreises

Geschrieben: Juli 1987; veröffentlicht unter dem Titel
»Rede anläßlich der Verleihung des Civitas-Preises für Literatur,
10.7.1987, Bayerische Akademie der Schönen Künste« in: Sirene.
Zeitschrift für Literatur. Hg. von Chantal Estran et. al. Nr. 1/88.

Mein erster Roman war über weite Strecken »konkrete Prosa« und also eine ganz schöne Zumutung. Wider Erwarten wurde er gedruckt, wider Erwarten bekam er zweieinhalb literarische Auszeichnungen, wider Erwarten fand er seine Käufer und – ich habe das Ergebnis durch Wissensfragen abgesichert – fand zweieinhalb Leser, die bis zur letzten Seite »dranblieben«. Was mich natürlich nicht gerade beglückte, schließlich hatte ich während des Schreibens tatsächlich geglaubt, Kapitel für Kapitel eine spannende Geschichte zu erzählen, eine *für viele* spannende Geschichte. Als sich ihrer dann aber keine einzige Rezension auch nur mit einem einzigen Satz annahm, sondern immer nur deren formaler Aufbereitung, kapierte ich langsam, daß ich etwas falsch gemacht haben mußte: Denn ein »experimenteller Autor« (der vornehmlich »Sprachgefühl« und nichts zu erzählen hat), das wollte ich ganz gewiß nicht sein.

So weit aber war's am 10. Juli '87 noch nicht. An diesem Tag, etwa drei Monate vor Erscheinen des Romans, hielt ich sozusagen eine Werberede für etwas, das es gar nicht gab – und für das man sich, so meinte ich, desto programmatischer ins Zeug legen mußte. Folglich setzte ich mich »*zwischen* alle Stühle«, glaubte an die Moderne und wollte von einer möglichen Literatur der Postmoderne nichts wissen. Damals – so glaube ich auch heute – *gab*'s die Moderne, in ihren allerletzten Ausläufern, nach wie vor, wenigstens in der *deutschsprachigen* Literatur (Heißenbüttel, Paul Wühr etc.), die noch nicht ganz den Anschluß an die weltliterarische Entwicklung geschafft hatte. Spätestens mit den Publikationen der 90er Jahre ist jedoch auch für sie die Postmoderne angebrochen und *derjenige* Epigone, der – in Umkehrung meiner damaligen These – noch immer in »modernen« Denk- bzw. Schreibmustern befangen ist.

Und was hatte ich falsch gemacht, im Roman wie auch in der Rede darüber? Das, was fast alle in ihrem ersten Buch falsch machen, bei ihrem ersten öffentlichen Auftritt: nichts – aber dabei hatte ich viel zu viel gewollt und also mächtig übertrieben.

1 Friedrich Nietzsche: Nachgelassene Fragmente. Herbst 1885 bis
   Anfang Januar 1889. In: Sämtliche Werke. Kritische Studienausga-

be in 15 Bänden. Hg. von Giorgio Colli u. Mazzino Montinari. München u. Berlin/New York 1980, Bd. 12/S. 376.

2 Reinhard Löw (1949–1994) war Professor für Philosophie in München, später Hannover, und Mitglied der »Civitas. Gesellschaft zur Förderung von Wissenschaft und Kunst e. V.«. Er hielt – nach einigen Begrüßungsworten von Heinz Friedrich, dem damaligen Präsidenten der Bayerischen Akademie der Schönen Künste (»Herr Präsident«) – die Laudatio.

3 Zit. nach: Nietzsche: Ecce homo. In: A. a. O., Bd. 6/S. 319.

4 Nicht zu verwechseln mit Neuer Äußerlichkeit (S. S. 8 ff.)!

5 Trio: Da Da Da – ich lieb dich nicht du liebst mich nicht aha aha aha (1982), Turaluraluralu – ich mach Bubu was machst du (1986).

6 Mündl. Mitteilung, März 1987. – Dieter Borchmeyer war seinerzeit Professor der Theaterwissenschaft in München.

7 Gottfried Benn: Doppelleben. In: Ders.: Gesammelte Werke in vier Bänden. Hg. von Dieter Wellershoff. Stuttgart o. J., Bd. 4/S. 164.

8 Vgl. »Exklu«, S. 223, Nr. 17.

9 Friedrich Nietzsche: Also sprach Zarathustra. A. a. O., Bd. 4/S. 110, 163.

10 Paracelsus. In: Ders.: Das dramatische Werk. 8 Bde. Ohne Hg. Frankfurt 1978, Bd. 2/S. 240.

11 Georg Christoph Lichtenberg: Sudelbücher. In: Ders.: Schriften und Briefe. 6 Bde. Hg. von Wolfgang Promies, Bd. 1/S. 384 f.

12 Nachgelassene Fragmente. Herbst 1885 bis Anfang Januar 1889. In: A. a. O., Bd. 13/S. 9 f.

13 Probleme der Lyrik. A. a. O., Bd. 1/S. 507; vgl. Bd. 1/S. 508: »Form ist der höchste Inhalt.«

14 Z. B. Raymond Federman: Alles oder Nichts. Übers. von Peter Torberg. Nördlingen 1986.

15 Doch! Z. B. Georges Perec: Anton Voyls Fortgang. Hg. u. übers. von Eugen Helmlé. Frankfurt 1986.

16 »Normal« kalkuliert hätte das Buch rund 400 DM gekostet – was natürlich niemand für einen Erstling gezahlt hätte.

17 U. a. deshalb, weil er dort Verlagsleiter von Rogner & Bernhard wurde. – Als Lektor des Weismann Verlags (heute Antje Kunstmann Verlag) hatte er das Buch fürs Herbstprogramm '87 angenommen.

18 Hugo von Hofmannsthal: Der Dichter und diese Zeit. In: Ders.: Gesammelte Werke in zehn Einzelbänden. Hg. von Bernd Schoeller, Frankfurt 1979, Bd. »Reden und Aufsätze I«/S. 67.

19 Maximen und Reflexionen. In: Goethes Werke. Hamburger Ausgabe in 14 Bänden. Hg. von Erich Trunz. München 81978, Bd. 12/S. 466.

20 An dieser Stelle folgte unsprünglich eine etwa eineinhalbseitige Passage, die ich in ihren wesentlichen Teilen den »Aus Fällen«, S. 185 ff., entnommen hatte – und wenig später, mit geringen Modifikationen, auch in »Die Farbe der Vokale« einbaute (s. S. 173 f.). Um Dopplungen zu vermeiden, habe ich die Originalpassage hier durch eine ähnlich geartete Zitatcollage (vgl. »Aus Fälle«, S. 93, 98, 186) ersetzt.

21 Werke. Ausgabe in zwei Bänden. Düsseldorf u. München ²1968, Bd. 2/S. 426; das komplette Gedicht findet sich auf S. 168 f.

22 Zit. nach: Reinhard Löw: Leben aus dem Labor. Gentechnologie und Verantwortung – Biologie und Moral. München 1985, S. 223.

23 Selbstcharakteristik von Odo Marquard in seinem Aufsatz »Inkompetenzkompensationskompetenz? Über Kompetenz und Inkompetenz der Philosophie«. In: Ders.: Abschied vom Prinzipiellen. Philosophische Studien. Stuttgart 1981, S. 106.

24 A. a. O., Bd. 12/S. 536.

25 Hans Robert Jauß: Literaturgeschichte als Provokation der Literaturwissenschaft. In: Ders.: Literaturgeschichte als Provokation. Frankfurt 1970, S. 176.

26 A. a. O., S. 178.

27 A. a. O., S. 187.

28 A. a. O., S. 177.

29 Vgl. dessen »Erkenntnis für freie Menschen« (Frankfurt 1979, S. 272).

DAS INDIVIDUUM IST EIN IRRTUM
Heiratsanzeigen, Nietzsche und die Postmoderne

Geschrieben: November/Dezember 1985;
als Vortrag gehalten am 28.11.1991; bislang unveröffentlicht.

Eine mißliche, eine lehrreiche, eine endliche Geschichte! Als Teilnehmer eines germanistischen Oberseminars hatte ich am 18.12.85 ein Referat über die wesentlichen Ergebnisse oder zumindest Gedanken oder zumindest Thesen meiner Dissertationsarbeit zu halten. Ich betitelte das Ganze mit einem Zitat von Paul Valéry – »Im Bordell der Möglichkeiten« – und eckte bei meinem Doktorvater heftig an: *Der* hatte nämlich, so erscheint mir's im Rückblick, eine ziemlich »moderne« Auffassung von Nietzsche und nicht die *prä*moderne, mit der ich, zu seiner hellen Entgeisterung, aufwartete.

Das Thema ließ mich freilich auch *nach* Abgabe der Dissertation (in deren erstes Kapitel Teile des umstrittnen Referats trotzigen Eingang fanden) nicht los; und als ich von der DFG-Forschergruppe »Weltbild-wandel« der Universität Bayreuth die Einladung erhielt, einen Vortrag zum Thema »Individualismus und die Kulturkrise um 1900« zu halten, verwandelte ich das Referat in den gewünschten Vortrag, betitelte ihn mit einem Nietzsche-Zitat und – diesmal, sechs Jahre später, eckte ich nicht an. Ein Abdruck meines Textes – gemeinsam mit dem der andern Tagungstexte in einem jener berühmt-berüchtigten Sammelbände – wurde versprochen und: steht bis heute aus.

Weil ich das wohl schon damals ahnte, rief ich nach dem Jahres-wechsel Herrn P. an, den zuständigen Redakteur einer überregionalen Zeitung, und vereinbarte einen Abdruck in der Wochenendbeilage: ei-nen stark gekürzten und überarbeiteten Abdruck, versteht sich, um zahlreiche Quellenbelege und Querverweise erleichtert, dafür mit einer völlig neuen Exposition versehen – einen *ent*wissenschaftlichten Ab-druck sozusagen. Was nach einigen Wochen von meinem einstigen Re-ferat übriggeblieben und was dazugekommen war: schickte ich am 16.3.1992 ab.

Woraufhin erst einmal lange nichts geschah.

Woraufhin ich manchmal mit Herrn P. telephonierte, der mir den Abdruck stets aufs neue in Aussicht stellte und überhaupt sehr freund-lich war.

Woraufhin ich am 28.9.1994 wieder einmal einen Brief an ihn schrieb.

Woraufhin ich einen Brief von Herrn Z. bekam, dem ebenfalls zu-ständigen Redakteur der Wochenendbeilage, datiert vom 12.10.1994:

Sehr geehrter Herr Politycki,
bei uns ist unter dem angegebenen Titel nirgends ein Artikel aus Ihrer Feder zu finden. Herrn P. selbst können wir nicht fragen, da er in Kur ist und auch noch einige Zeit dort bleiben wird. Bitte schicken Sie uns doch eine Kopie des Schreibens, in dem er Ihnen den Abdruck zugesichert hat.

Wer aber hätte eine derartige Zusicherung je *schriftlich* erhalten?

Woraufhin ich nicht nur etwas über Nietzsche und die Postmoderne gelernt hatte, sondern auch übers Leben.

1 Alle Zitate – hier und im folgenden – aus dem Heiratsmarkt der ZEIT vom 12./13.3.1992.
2 Friedrich Nietzsche: Also sprach Zarathustra. In: Ders.: Sämtliche Werke. Kritische Studienausgabe in 15 Bänden. Hg. von Giorgio Colli u. Mazzino Montinari. München u. Berlin/New York 1980, Bd. 4/S. 20.

3 Eine weitere Ursache für das Verschwinden des Ichs – das »kosmische Erschrecken« angesichts einer nicht mehr zu bewältigenden »Explosion der Erkenntnis«, wie es in Büchners »Woyzeck« seinen ersten literarischen Niederschlag findet – benennt Wolfgang Frühwald in seiner Münchner Ringvorlesung über »Ichzerfall – Literarische Menschenbilder in der Auseinandersetzung mit der modernen Naturwissenschaft«; vgl. Süddeutsche Zeitung, 28.11.1991.

4 Richard Dawkins: Das egoistische Gen. Übers. von Karin de Sousa Ferreira. Berlin/Heidelberg/New York 1978.

5 Friedrich Nietzsche: Gedanken über Moral aus der Zeit der Morgenröthe. In: Ders.: Gesammelte Werke. Musarionausgabe. München 1924, Bd.10/S. 397.

6 Friedrich Nietzsche: Götzen-Dämmerung: In: Sämtliche Werke, Bd. 6/S. 91.

7 Friedrich Nietzsche: Also sprach Zarathustra. In: A.a.O., Bd. 4/S. 39.

8 Zur Genealogie der Moral. In: A.a.O., Bd. 5/365.

9 Nachgelassene Fragmente. Herbst 1885 bis Anfang Januar 1889. In: A.a.O., Bd. 13/S. 371.

10 A.a.O., Bd. 13/S. 234.

11 A.a.O., Bd. 12/S. 190.

12 Menschliches, Allzumenschliches. In: A.a.O., Bd. 2/S. 544.

13 Ebd., Bd. 2/S. 362.

14 Zur Genealogie der Moral. In: A.a.O., Bd. 5/S. 364.

15 Die fröhliche Wissenschaft. In: A.a.O., Bd. 3/S. 626.

16 Beim Wort genommen. – Zit. nach: Gerhard Fieguth (Hg.): Deutsche Aphorismen. Stuttgart 1978, S. 228.

17 Götzen-Dämmerung. In: A.a.O., Bd. 6/S. 119.

18 Vom Nutzen und Nachtheil der Historie für das Leben. In: A.a.O., Bd. 1/S. 319.

19 Menschliches, Allzumenschliches. In: A.a.O., Bd. 2/S. 490.

20 Nachgelassene Fragmente. Herbst 1885 bis Anfang Januar 1889. In: A.a.O., Bd. 13/S. 249.

21 Letzte Lockerung. Ein Handbrevier für Hochstapler und solche die es werden wollen. Hg. von Thomas Milch. München 1984, S. 46.

22 Zit. nach: Michaela Wiesner: Lou Andreas-Salomé: Die Erotik. Zum Verhältnis von literarischem Werk und theoretischen Äußerungen. München (Unveröff. Mag.arb.) 1984, S. 4.

23 Roman des Phänotyp. In: Ders.: Gesammelte Werke in vier Bänden. Hg. von Dieter Wellershoff. Stuttgart o.J., Bd. 2/S. 185.

24 Aphorismen. In: Robert Musil: Gesammelte Werke in neun Bänden. Hg. von Adolf Frisé. Reinbek 1978, Bd. 7/S. 811 ff.

25 Friedrich Nietzsche: Der Fall Wagner. In: A.a.O., Bd. 6/S. 52.

26 Arzt wider Willen. – Zit. nach: Hugo von Hofmannsthal: Buch der Freunde. In: Ders.: Gesammelte Werke in zehn Einzelbänden. Hg. von Bernd Schoeller. Frankfurt 1980. Bd. »Reden und Aufsätze III«/S. 236.

27 Die Falschmünzer. Übers. von Ferdinand Hardkopf. München 1970, S. 169.

28 Syllogismen der Bitterkeit. Übers. von Kurt Leonhard. Frankfurt 1980, S. 12.

29 André Gide: A. a. O., S. 63.

30 Nachgelassene Fragmente. Anfang 1880 bis Sommer 1882. In: A. a. O., Bd. 9/S. 598.

31 Hugo von Hofmannsthal: Das Schrifttum als geistiger Raum der Nation. A. a. O., Bd. »Reden und Aufsätze III«/S. 40.

32 A. a. O., S. 80.

33 War 1990 ein ziemlicher Hit von Sandra und ihrem produzierenden Ehemann Michael Cretu.

34 Die Entwicklung ist inzwischen natürlich weiter: Das Hineinsampeln musikalischer Zitate gehört bei den Rappern längst zum guten Ton; das anspielende Vermixen von Titeln aller Alters- und Genreklassen ist zur Basistätigkeit fast jeden DJs geworden.

35 *Diese* Platte wurde allerdings als »Plagiat« vom Oberlandesgericht München verboten. – Süddeutsche Zeitung, 21./22.12.1991.

36 Ende des Schicksals? In: Ders.: Abschied vom Prinzipiellen. Philosophische Studien. Stuttgart 1981, S. 67, 86.

37 In: Ders.: Eine Kleinigkeit. Reinbek 1963, S. 59 ff.

38 Doppelleben. In: A. a. O., Bd. 4/164.

39 Nachgelassene Fragmente. Anfang 1880 bis Sommer 1882. In: A. a. O. Bd. 9/442 f. – Vgl. Götzendämmerung. In: A. a. O., Bd. 6/S. 132; und: Nachgelassene Fragmente. Herbst 1885 bis Anfang 1889. Bd. 12/S. 349.

40 Doppelleben. In: A. a. O., Bd. 4/S. 128.

41 Vgl. Anm. 1.

MÖRIKE, DER DÄMONISCHE SCHWÄCHLING

Geschrieben: Juni 1982; veröffentlicht unter dem Pseudonym
Wrigley Couchhauser in: Der Elephant.
Hg. von Hermann Kühnhackl. Nr. 1/82.

Meine erste Prosa-Veröffentlichung war eigentlich kaum mehr als eine etwas aufsässig geratne Seminararbeit. Für mich war sie natürlich *viel* mehr, mindestens das Gegenteil einer Seminararbeit – und *ganz* eigentlich der allererste Baustein einer großangelegten Antiliteraturgeschichte, wie sie gegen Ende des Essays ja auch erwähnt wird. Anfang der 80er Jahre hatte man nämlich sehr viel Zeit – ein Regelstudium gab's noch nicht, dafür gab's, jedenfalls für Albrecht Oldenbourg bzw. mich, gab's viel zu trinken und viel zu tun: Ein erster Roman wollte entstehen (»Aus Fälle«); ein entsprechendes Manifest wollte geschrieben werden (»Exklu«, S. 221 ff.); und weil wir uns bei all dem für verdammt wichtig hielten, de facto aber nichts weiter waren als ein paar verdammt unwichtige Hinterbänkler in einem germanistischen Oberseminar, versuchten wir wenigstens derer habhaft zu werden, die womöglich *wirklich* wichtig waren: versuchten, sie – durch radikalsymmetrische Übersetzung (»Form ist Wollust«, S. 152 ff.) oder eben durch antiliterarhistorisches Herumwühlen in den Abfallhalden der Klassiker – ein Stück weit zu uns herunterzuziehen.

Als sich für Albrecht Oldenbourg im Sommer '82 die Möglichkeit eröffnete, eine Zeitschrift für Lancia-Fahrer redaktionell zu unterwandern, kam das also gerade recht, um gleich in deren erster Nummer ein bißchen Schall & Rauch zu erzeugen. In Heft Nr. 2, so wäre's geplant gewesen, hätte ich mich dann Mörikes »Denkansatz« widmen sollen, und zwar als Sammy O. Sofaburger und unter dem Titel »Mörike, der schwächliche Dämon«. Dazu kam's, obwohl die Zeitschrift durchaus noch eine Weile brauchte, bis sie eingestellt wurde, dazu kam's freilich nicht mehr; und wenn ich *heute* Mörikes Werke nach Gedanken durchsuche und nach dem, was womöglich ihr gemeinsamer »Ansatz« sein könnte, dann will's mir scheinen, als ob der zweite Teil meines Aufsatzes nicht ganz zufällig ungeschrieben blieb.

1 David Friedrich Strauss: Ludwig Bauer (1847). – Zit. nach: Hans Egon Holthusen: Eduard Mörike in Selbstzeugnissen und Bilddokumenten. Reinbek 1971, S. 164 f.

2 Eduard Mörike. Vortrag in westdeutschen Städten (1947). In: Ders.: Über Dichtung. Frankfurt 1979, S. 135.

3 Nachgelassene Fragmente Anfang 1875 bis Ende 1879. In: Ders: Sämtliche Werke. Kritische Studienausgabe in 15 Bänden. Hg. von Giorgio Colli u. Mazzino Montinari. München u. Berlin/New York 1980, Bd. 8/S. 128.

4 Heinrich Heine: Schriftstellernöte 1832–1855. In: Ders.: Sämtliche Schriften in 12 Bänden. Hg. von Klaus Briegleb. München u. Wien 1976, Bd. 9/S. 60.

5 Fritz Martini: Deutsche Literaturgeschichte. Stuttgart 1961, S. 355.

6 Eduard Mörike. Ansprache vor Studenten der Sorbonne während des Krieges (1943). In: A. a. O., S. 83.

7 Auf eine Lampe. – Zit. hier und im folgenden nach: Eduard Mörike: Sämtliche Werke in vier Bänden. Hg. von Herbert G. Göpfert. 4 Bde. München 1981. Bd. 1/S. 85.

8 An eine Lieblingsbuche meines Gartens in deren Stamm ich Höltys Namen schnitt. In: A. a. O., Bd. 1/S. 76 f.

9 A. a. O., Bd. 1/S. 85.

10 A. a. O., Bd. 1/S. 216.

11 *An Hartlaub als Dank für geröstete Mandeln*
    Heil der Pfanne,
    Wo solche schwitzen und gleißen!
    Wohl dem Manne,
    Der da Zähne hat zu beißen!
                    (A. a. O., Bd. 1/S. 370)

12 A. a. O., Bd. 1/S. 370.

13 A. a. O., Bd. 1/S. 340.

14 A. a. O., Bd. 1/S. 258 f.

15 Daran jedenfalls meint sich Carl J. Burckhardt in einem Brief vom 21.12.1967 an Hans Egon Holthusen zu erinnern. In: Holthusen: A. a. O., S. 159.

16 Ludwig Bauer am 9.10.1829 an Wilhelm Hartlaub. In: Holthusen: A. a. O., S. 160.

17 Eduard Mörike. Ansprache vor Studenten der Sorbonne während des Krieges (1943). In: A. a. O., S. 78.

18 Harry Maync: Eduard Mörike. Sein Leben und Dichten. Stuttgart 1901. – Zit. nach: [5]1944, S. 326.

19 Friedrich Nietzsche an seinen Freund Carl v. Gersdorff, 18.11.1871. In: Friedrich Nietzsche: Sämtliche Briefe. Kritische Studienausgabe in 8 Bänden. Hg. von Giorgio Colli u. Mazzino Montinari. München u. Berlin/New York 1986, Bd. 3/S. 242.

20 Schopenhauer als Erzieher. In: A. a. O., Bd. 1/S. 375.

21 A. a. O., Bd. 1/S. 302 f.

22 A. a. O., Bd. 1/S. 245.

23 Kallias oder Über die Schönheit. In: Friedrich Schiller: Sämtliche Werke. 5 Bde. Hg. von Gerhard Fricke u. Herbert G. Göpfert. München 1975, S. 400 u. a.

24 Eduard Mörike. Vortrag in westdeutschen Städten (1947). In: A. a. O., S. 139.

25 Edouard Mörike. Conférence, faite à Bordeaux en langue française (1944). In: A. a. O., S. 107.

26 Ebd., S. 95.

27 Nachwort zu Eduard Mörikes Gedichten. In: A. a. O., S. 157.

28 Eduard Mörike. Ansprache vor Studenten der Sobonne während des Krieges. In: A. a. O., S. 89.

29 *Vereinseitigend* finde ich diese Fixierung inzwischen längst nicht mehr, sondern: *richtig.*
30 S. seinen dem Essay vorangestellten Aphorismus aus dem Nachlaß.
31 A. a. O., Bd. 1/S. 247.
32 Der lieben Constanze. In: A. a. O., Bd. 1/S. 372.
33 [Marie Hartlaub verehrt eine Tabakspfeife von Zucker]. In: A. a. O., Bd. 1/S. 350.
34 [In Autographenalben]. In: A. a. O., Bd. 1/S. 342.
35 A. a. O., S. 355.
36 Maler Nolten. In: A. a. O., Bd. 2/S. 438.
37 Jenseits von Gut und Böse. In: A. a. O., Bd. 5/S. 46.
38 Nachgelassene Fragmente 1887 bis 1889. In: A. a. O., Bd. 13/S. 9 f.

EXKLU

Entstanden Mai/Juni 1980; bislang unveröffentlicht.

Im Sommer 1980 war ich offiziell ein Germanistikstudent im 12. Semester und hatte – inoffiziell – gerade erst gemerkt, daß sich die Geschichten, die ich in den letzten Monaten geschrieben, als Kapitel eines Romans zusammenschließen wollten. Gemeinsam mit meinem Freund Albrecht Oldenbourg saß ich regelmäßig beim Biere und bastelte an dem, was das theoretische Konzept ebenjenes ersten Romans sein sollte: eine kleine Fanfare. Ohne uns um praktische Umsetzbarkeit zu scheren, formulierten wir unsre ästhetischen Prämissen ... und so entstanden, im Lauf der Wochen, insgesamt *drei* Fassungen von »Exklu« (samt zahlreichen späteren Ergänzungen): deren letzte ich hiermit der allgemeinen Verwunderung preisgebe, wie viel Aufgeregtes und Aufregendes, Erhellendes und Verdunkelndes im Manifest zweier Mitzwanziger alles enthalten sein kann.
Ja, Exklu – so erscheint's mir heute, nach 18 Jahren des Weiterschreibens und Weiterdenkens-übers-Schreiben – ist kein ganz untypisches Produkt von Stürmern und Drängern, die vor allem aus Zukunft bestehen: größenwahnsinnig, apodiktisch, mitunter ein wenig arg martialisch; und doch und doch! war's über Jahre hinweg mein Glaubensbekenntnis. *Ohne* Exklu, das steht fest, wäre mein erster Roman niemals in der Form entstanden, in der er seit 1987 als »Aus Fälle / Zerlegung des Regenbogens« vorliegt: Bereits das Postulat Nr. 17 (»Eine Situation muß nicht nur vorstellbar sein ...«), das im Wesentlichen auf Albrecht Oldenbourg zurückgeht, sorgte sowohl für eine grundsätzliche Neu-Bearbeitung des damaligen Textkonvoluts als auch, Jahre später, dafür, daß sich Verleger, Hersteller und Setzer die Haare rauften.

Und wie kam unser Programm zu seinem Namen? »Exklu«, das hatte Albrecht Oldenbourg zwischendurch an meine Klotür geschrieben, denn dort, auf der Toilette, lag eine Streichholzschachtel voller »*Exklusiv-Hölzer*«. *Was* ihn daran zum (Ab-)Schreiben animiert hatte, war bereits in jener Nacht nicht mehr aus ihm herauszubekommen; *weiter* als bis zum »Exklu« sollte er's jedenfalls bei keinem der Besuche bringen, die noch folgten – und das fanden wir damals eminent zwingend.

1   Fleetwood Mac (Single) 1968.
2   Adalbert Stifter: Der Nachsommer. Hg. von Hans Hümmler. Düsseldorf ²1949, S. 312.
3   Gemeint war hier nicht etwa die Unmöglichkeit von Lyrik, Drama, Roman schlechthin, sondern nur diejenige spezieller, sehr spezieller Spielarten derselben.
4   Pink Floyd: A Saucerful Of Secrets (LP) 1968.
5   Empörenderweise findet sich im Umfeld dieser Überlegung – empörenderweise deshalb, weil ich dachte, erst bei der Arbeit am »Weiberroman« die Technik des Filmschnitts für mich entdeckt zu haben –, die folgende lapidare Bleistiftnotiz: »Filmschnitte statt Dauereinstellungen!«
6   Bleistifterergänzung dazu: »Individualismuskult bedingt entindividualisiertes Schreiben als einzige Verständigungsmöglichkeit.«
7   Ten Years After: A Space In Time (LP) 1971.

INHALT